ANDREA ALLERKAMP AND MARTIN ROUSSEL (EDS.) – ETHOLOGY

MORPHOMATA
EDITED BY GÜNTER BLAMBERGER
AND DIETRICH BOSCHUNG
VOLUME 54

EDITED BY ANDREA ALLERKAMP
AND MARTIN ROUSSEL

ETHOLOGY

Claims and Limits of a Lost Discipline

WILHELM FINK

GEFÖRDERT VOM

Bundesministerium
für Bildung
und Forschung

unter dem Förderkennzeichen 01UK1505. Die Verantwortung für den Inhalt der Veröffentlichung liegt bei den Autoren.

Bibliografische Informationen der Deutschen Nationalbibliothek: Die Deutsche Nationalbibliothek verzeichnet diese Publikation in der Deutschen Nationalbibliografie; detaillierte Daten sind im Internet über www.dnb.d-nb.de abrufbar.

(Koninklijke Brill NV, Leiden, Niederlande; Brill USA Inc., Boston MA, USA; Brill Asia Pte Ltd, Singapore; Brill Deutschland GmbH, Paderborn, Deutschland)
Internet: www.fink.de

Lektorat: Amelie Liebst und Martin Roussel
Gestaltung und Satz: Kathrin Roussel, Sichtvermerk
Printed in Germany
Herstellung: Brill Deutschland GmbH, Paderborn

ISBN 978-3-7705-6653-2

INHALT

ETHOLOGISCHE INTERFERENZEN UND PRAKTIKEN
ETHOLOGICAL INTERFERENCES AND PRACTICES

ZEITGESTALTEN
Einleitung — Introduction

I. ÖFFNUNGEN

Die Geschichte der Ethologie ist eine Baustelle. Dieses Bild einer vorübergehenden, nicht selten gefahrvollen und unfertigen Produktionsstätte beschreibt die Ethologie, in der Regel enggeführt als Biologie des Verhaltens.[1] Ihr weit aufgespanntes Wissensfeld fügt sich jedoch nicht in die Grenzen einer einzigen Disziplin und zeigt immer wieder Risse bzw. Zwischenräume. Wie unterscheiden und ähneln sich Arten, Kulturen, Tier und Mensch in ihren Handlungen und Reaktionen? Wie greifen Rationalität und Emotionalität, Selektion und Entscheidungsfreiheit,

---

I. OPENINGS

The history of ethology is a place of permanent construction and reconstruction, and perhaps has always been. This image of a temporary, not infrequently perilous and unfinished production site describes ethology, usually narrowly defined as the biology of behavior.[1] The wide-ranging field of knowledge, however, does not fit into the boundaries of a single discipline and always shows cracks or gaps. How do species, cultures, animals, and humans differ and resemble each other in their actions and reactions? How do rationality and emotionality, selection and freedom of choice, determinism and the ability to learn, problem-solving and adaptive skills intertwine, and what makes them incompatible? Ethological questions like these show the scope of an endeavor that, per John Stuart Mill, had the lofty goal of bringing into being an exact "Science of Human Nature."[2]

Determinismus und Lernfähigkeit, Problemanlagen und Anpassungskompetenzen ineinander, was macht sie inkompatibel? Ethologische Fragen wie diese zeigen den Umfang eines Vorhabens, das sich, so bei John Stuart Mill, das hohe Ziel gesetzt hatte, eine exakte „Wissenschaft von der menschlichen Natur"[2] ins Leben zu rufen.

In der Beschreibung von Körpern, leiblichem Wissen und leiblichen Interaktionen stellt die Ethologie anders als der biologische Begriff es suggeriert eine eigene Form des menschlichen Wissens dar, die – erinnern kann man an die einschlägigen Arbeiten Philippe Descolas[3] – eine hervorgehobene Position des Menschen in der Natur kritisch hinterfragt und umgekehrt den Naturbegriff in seinen sozialen Plateaus verkompliziert. Bis heute ist die Ethologie im öffentlichen Bewusstsein mit der Instinktforschung verbunden, zum Beispiel mit Oskar Heinroth, dem „erste[n] Ethologe[n]"[4], vor allem aber mit Konrad Lorenz, Nikolaas Tinbergen und Klaus von Frisch, die 1973 zusammen mit dem Nobelpreis ausgezeichnet wurden. Das Feld der „Bionomie (Oekologie oder Ethologie der Organismen)", wie es bei Ernst Haeckel 1874 ohne Differenzierung heißt,[5] wird von Insektenforschern wie Heinroth oder William Morton Wheeler ab der Schwelle zum 20. Jahrhundert mit dem Studium der Gewohnheiten, Instinkte und Intelligenzen der Tiere verbunden.[6] Der ursprüngliche

---

In the description of bodies, bodily knowledge, and bodily interactions, ethology, unlike the classic notion in biology, represents its own form of human knowledge, which – one can refer to the pertinent works of Philippe Descola[3] – critically questions an emphasized position of man in nature and, conversely, complicates the concept of nature in its social plateaus. To this day, ethology is associated in the public consciousness with instinct research, for example with Oskar Heinroth, the "first ethologist,"[4] but above all with Konrad Lorenz, Nikolaas Tinbergen and Klaus von Frisch, who together were awarded the Nobel Prize in 1973. The field of "bionomy (ecology or ethology of organisms)," as Ernst Haeckel called it in 1874 without differentiation,[5] was associated with the study of the habits, instincts, and intelligences of animals by entomologists such as Heinroth or William Morton Wheeler from the threshold of the 20th century.[6] The original more general ecological concept of ethology is thereby pushed into the background – probably also due to Ernst Haeckel's preference of his own classificatory setting of the concept of ecology.[7] Not dead material, but the living organism in its natural environment and in the comparison of "inherited" and allgemeinere ökologische Begriff von Ethologie gerät dabei – wohl auch bedingt durch Ernst Haeckels Präferenz der eigenen klassifikatorischen Setzung des Begriffs der Ökologie – in den Hintergrund.[7] Nicht totes Material, sondern der lebendige Organismus in seiner natürlichen Umwelt, im Vergleich von „angeborenem“ und „erworbenem“ Verhalten (Lorenz), sollte den Gegenstand der „Lehre von den gesammelten Lebensgewohnheiten“[8] bilden.

Im zweiten Band seiner *Histoire naturelle générale des règnes organiques* (1859) hatte Isidore Geoffroy Saint-Hilaire erstmals von *éthologie* als einer Beziehungslehre gesprochen – „l'étude des relations des êtres organisés dans la *familie* et la *société*, dans l'*agrégat* et la *communauté*“[9]. Geoffroy Saint-Hilaires erstaunlich weit gefasste Definition der „*Ethologie als Bewegungslehre*“[10] schließt anders als etwa die Ethologie Mills nicht direkt an „die antike Bedeutung der Ethologie als Charakterlehre“ an, die unter einem Ethologen „dementsprechend ein[en] Charakterdarsteller auf der Bühne“ verstand.[11] Gegenüber beispielsweise einer Zooethik als Lehre von den Aktivitäten, Gebräuchen und Gewohnheiten der Tiere (D. de Blainville, 1829) verändert sich bei Geoffroy Saint-Hilaire der Bezugsrahmen, der im Kontext früher soziologischer Milieutheorien und wohl ohne Rekurs auf die frühen Instinkttheorien des 19. Jahrhunderts zu sehen ist, was dann

---

"innate" behavior (Lorenz) should form the subject of the "doctrine of the collected habits of life."[8]

In the second volume of his *Histoire naturelle générale des règnes organiques* (1859) Isidore Geoffroy Saint-Hilaire had spoken for the first time of *éthologie* as a theory of relations – "l'étude des relations des êtres organisés dans la *familie* et la *société*, dans l'*agrégat* et la *communauté*."[9] Geoffroy Saint-Hilaire's astonishingly broad definition of "*ethology as the study of locomotion*,"[10] unlike Mill's ethology, for example, does not directly follow "the ancient meaning of ethology as the study of character," which understood an ethologist to be "a character actor on the stage."[11] Compared to, for example, a zooethics as a doctrine of the activities, customs, and habits of animals (D. de Blainville, 1829), Geoffroy Saint-Hilaire's frame of reference changes, to be seen in the context of early sociological theories of milieu and probably without reference to early 19th-century theories of instinct, which became central in 20th-century ethology.[12] According to this, ethology would have to start from a material observation of an isolated being, in order to make it possible that one works up step by step from the abstract observation up to a whole empire ("de l'observation in der Ethologie des 20. Jahrhunderts zentral wird.[12] Demzufolge wäre in der Ethologie von einer materiellen Beobachtung eines isolierten Wesens auszugehen, um so zu ermöglichen, dass man sich stufenweise von der abstrakten Betrachtung bis zu einem gesamten Reich hoch arbeitet („de l'observation matérielle d'un être isolé [...] on s'élève graduellement à la contemplation abstraite d'un règne tout entier"[13]). Ein solch stufenweise fortschreitender ethologischer Verhaltensbegriff geht von ‚unbeschriebenen' Körpern aus, deren einzelne Bewegungs-Verhältnisse im sozialen Raum untersucht werden. Komplexere kollektive Gefüge bis hin zur hierarchischen Größenordnung eines Königreichs ergeben sich damit aus der Frage, wie individuelle Körper sich zueinander verhalten. Aus ethologischer Perspektive erscheint das Verhaltenswissen jedoch solange als Leerstelle, bis die Beobachtung von Körpern Rückschlüsse auf die Ganzheit des sozialen Gefüges erlaubt. Geoffroy Saint-Hilaire spürt insofern bereits unterschwellig eine Spannung auf zwischen der *observation matérielle* und der *contemplation abstraite*, zwischen dem Einzelkörper und dem ganzen Staatswesen: Wie kann das Verhalten von Körpern im Verhältnis zu den sozialen Regeln, die das Gemeinwesen ausmacht, beschrieben werden?

Die heuristische Annahme eines *être isolé* – in der vermutlich die naturrechtliche Debatte des 18. Jahrhunderts um eine vorsoziale *condition*

---

matérielle d'un être isolé [...] on s'élève graduellement à la contemplation abstraite d'un règne tout entier").[13] Such a gradually progressive ethological concept of behavior starts from 'undescribed' bodies whose individual relations of movement in social space are investigated. More complex collective structures up to the hierarchical scale of a kingdom thus result from the question of how individual bodies relate to each other. From an ethological perspective, however, behavioral knowledge appears to be an empty space until the observation of bodies allows conclusions to be drawn about the wholeness of the social structure. In this respect, Geoffroy Saint-Hilaire already subliminally senses a tension between *observation matérielle* and *contemplation abstraite*, between the individual body and the whole state: How can the behavior of bodies be described in relation to the social rules that constitute the polity?

The heuristic assumption of an *être isolé* – which presumably echoes the 18th-century natural law debate about a pre-social *condition humaine* – implicitly assumes that the correspondence of physical and social bodies does not proceed according to natural laws, nor according to social rules that are fixed once and for all, but that the nature of the interplay of bodies *humaine* anklingt – geht implizit davon aus, dass die Übereinstimmung von physischem und sozialem Körper nicht nach Naturgesetzen und auch nicht nach ein für alle Mal feststehenden sozialen Regeln abläuft, sondern dass die Art des Zusammenspiels von Körpern und sozialen Regeln auch Brüche, genauer dysfunktionales ‚Verhalten', einschließt. Allgemeiner ausgedrückt: Der ökologische Verhaltensbegriff Geoffroy Saint-Hilaires stellt eine Formalisierung des Verhaltensparadigmas dar. Das zeigt den Versuch, Verhaltensbeobachtung aus der Alternative einer normativen (beispielsweise idealistischen) oder einer deskriptiven (beispielsweise entlarvenden) Charakter-, Verhaltens- und Klugheitslehre herauszulösen.

Geoffroy Saint-Hilaire zieht daraus systematisierende Schlussfolgerungen für ein neues Teilgebiet der Biologie. Die Entdeckung der ökologischen Dimension im Zeichen des Milieubegriffs geht auf Jean-Baptiste de Lamarcks Transformationstheorie zurück. Sein immer wieder zitiertes Beispiel lautet: Um in den Baumkronen Nahrung zu finden, müssen Giraffen ihre Hälse ausstrecken. Der häufige Gebrauch führt zu einem längeren Hals, diese Veränderung wird an die nächste Generation weitergegeben. Auch wenn sich Darwins Selektionstheorie durchsetzen wird – Giraffen haben zufallsbedingt längere Hälse und dadurch einen Selektionsvorteil, ihre Gene vererben sie deshalb häufiger an die nächste

---

and social rules also includes ruptures, more precisely dysfunctional 'behavior.' More generally, Geoffroy Saint-Hilaire's ecological concept of behavior represents a formalization of the behavioral paradigm. This shows an attempt to detach behavioral observation from the alternative of a normative (for example, idealistic) or a descriptive (for example, expository) theory of character, behavior, and prudence.

Geoffroy Saint-Hilaire draws systematizing conclusions for a new subfield of biology. The discovery of the ecological dimension under the sign of the milieu concept goes back to Jean-Baptiste de Lamarck's transformation theory. His repeatedly cited example is: In order to find food in the treetops, giraffes have to stretch out their necks. Frequent use leads to a longer neck, and this change is passed on to the next generation. Even if Darwin's selection theory will prevail – giraffes have longer necks by chance and thus a selection advantage, their genes are therefore passed on more often to the next generation, which in turn is explained by the fact that they are better nourished – both the questioning of the concept of behavior by the importance of the milieu, starting from Lamarck, and the conceptual naming by Geoffroy Saint-Hilaire,

Generation, was sich wiederum dadurch erklärt, dass sie besser ernährt sind –, so bleiben sowohl die von Lamarck ausgehende Infragestellung des Verhaltensbegriffs durch die Bedeutung des Milieus als auch die von dieser Erschütterung ausgehende begriffliche Benennung bei Geoffroy Saint-Hilaire grundlegend und aktuell für den ethologischen Fragenkatalog. Denn während Geoffroy Saint-Hilaire sogar die Pflanzen eingeschlossen hatte,[14] blieb der Diskussionsrahmen der Instinktforschungen in der Lorenz-Tradition zwischen Tier- und Humanethologie enger und war vor allem auf ein normativ-biologistisches Argumentationsgefüge verwiesen, dessen Problematik im ökologischen Kontext – etwa in Lorenz' Veröffentlichung zum *Sogenannten Bösen*[15] auch einem breiteren Publikum zugänglich – offensichtlich wurde.

II. ZERSTREUUNG

In seinem klassisch gewordenen Aufsatz über „Das Kunstwerk im Zeitalter der mechanischen Reproduzierbarkeit" beschrieb Walter Benjamin den Zuschauer im Kino als zerstreuten Examinator: „Das Publikum ist ein Examinator, doch ein zerstreuter",[16] weil es den Bilderfluss in der

---

starting from this conceptual shift, remain fundamental and topical for the ethological catalog of questions. For while Geoffroy Saint-Hilaire had even included plants,[14] the framework of discussion of instinct research in the Lorenz tradition remained narrower between animal and human ethology and was above all referred to a normative-biological argumentation structure, the problem of which became obvious in the ecological context – for example in Lorenz's publication *On Aggression*,[15] which was also accessible to a broader public.

II. DISTRACTION

In his essay on "The Work of Art in the Age of Mechanical Reproduction," which has become a classic, Walter Benjamin described the spectator in the cinema as a distracted examiner: "The public is an examiner, but an absent-minded one,"[16] because it cannot grasp the flow of images in the dark cave of the cinema; on the contrary, its attention is constantly and inexorably – because there is no other focus – controlled and distracted dunklen Höhle des Kinos nicht erfassen kann, sondern im Gegenteil seine Aufmerksamkeit ständig und unaufhaltsam (es gibt keinen anderen Fokus) durch den Wechsel der Bilder kontrolliert und abgelenkt wird. Im Zuschauerraum ist er oder sie sowohl aufmerksam als auch abgelenkt. Dass hier eine aufmerksame Kontrollfunktion des ‚Examinators' einhergeht mit dem zerstreuten Kontrollverlust, spitzt Benjamins Analyse der modernen Erfahrung paradox zu. In der Zerstreuung zeigt sich überhaupt die Fähigkeit zu gewohnheitsmäßigem Verhalten:

> Gewöhnen kann sich auch der Zerstreute. Mehr: gewisse Aufgaben in der Zerstreuung bewältigen zu können, erweist erst, daß sie zu lösen einem zur Gewohnheit geworden ist. Durch die Zerstreuung, wie die Kunst sie zu bieten hat, wird unter der Hand kontrolliert, wie weit neue Aufgaben der Apperzeption lösbar geworden sind.[17]

Hierin liegt das ethologische Moment von Benjamins Betrachtung der Medientechnik. Es ergibt sich aus der Frage, wie Gemeinschaft und zukünftiges Handeln in einem Wissensdispositiv begründet werden können: Was weiß der Einzelne über sich selbst? Und, wenn man die Frage verschärfen will: Was weiß eine individuelle Handlung oder

---

by the change of images: He or she is both attentive and distracted. That here an attentive control function of the 'examiner' is accompanied by the distracted loss of control paradoxically sharpened Benjamin's analysis of modern experience. In the distraction at all the capacity for habitual behavior shows itself:

> The distracted person, too, can form habits. More, the ability to master certain tasks in a state of distraction proves that their solution has become a matter of habit. Distraction as provided by art presents a covert control of the extent to which new tasks have become solvable by apperception.[17]

Herein lies the ethological moment of Benjamin's consideration of media technology. It arises from the question of how community and future action can be grounded in a dispositif of knowledge: What does the individual know about himself? And, if one wants to sharpen the question: what does an individual action or situation, a singular will, a vector of force know beyond the limits of its effect?

Situation, ein singulärer Wille, ein Kraftvektor über die Grenzen seiner Wirkung hinaus?

Heinrich von Kleist greift diese Frage schon um 1800 in Selbstbeobachtungen auf, die nicht selten vom Scheitern des eigenen Lebensentwurfs berichten. Die daraus resultierenden Krisensymptome – Kleist nennt es „die gebrechliche Einrichtung der Welt" – stellen jedoch nur eine Seite des experimentellen Schreibens dar. Zu Wort kommen außerdem tastende Erfahrungen, Erprobungen im Verhältnis von Sprache und Körper: Etwa wenn Kleist sich vorstellt, dass sich seine Gedanken erst „allmählich" beim Sprechen bilden. Gedanken entstehen demnach erst aus und in Reaktion auf die Unwägbarkeiten eines Gesprächs. Die Sprache und ihr Gebrauch, die Hingabe an sie – all das wird zu einem unkalkulierbaren Risiko. Kleist vergleicht es mit einer Prüfungssituation, in der alle Beteiligten, Prüfling und Prüfende, gleichermaßen der Kontingenz – beispielsweise in Gestalt eines kleinen aber umso eminenteren Tropfens – ausgesetzt sind. Ein flüchtiger Gedanke und schon ist man abgelenkt!

Im Essay „Über das Marionettentheater", der erst Jahrzehnte später klassisch wurde, wird ein gewisser Herrn C., Primaballerino an der Oper, in solch eine Prüfungssituation geschickt. Es geht ums Paradoxe: Der Tanz der Marionetten ist notwendigerweise viel anmutiger als der eines

---

Heinrich von Kleist takes up this question already around 1800 in self-observations that not infrequently report the failure of one's own life plan. However, the resulting symptoms of crisis – Kleist calls it "the frail institution of the world" – represent only one side of experimental writing. There are also tactile experiences, tests in the relationship between language and body: for example, when Kleist imagines that his thoughts are only formed "gradually" during speech. Thoughts thus arise only from and in reaction to the imponderables of a conversation or of circumstances that can be associated with linguistic interaction. Language and its use, the devotion to it – all this becomes an incalculable risk. Kleist compares it to an examination situation in which all participants, examinee and examiner alike, are exposed to contingency – for instance in the form of a small but all the more eminent drop. A fleeting thought and one is already distracted!

In the essay "On the Puppet Theater," which became classic only decades later, a certain Mr. C., primo ballerino at the opera, is sent into such a testing situation. It is about the paradox: the dance of marionettes is necessarily much more graceful than that of a human being. For the

Menschen. Die mechanisch gelenkten Puppen sind „antigrav“, von Fäden gezogen, von einer unsichtbaren Kraft in fließender Bewegung gehalten, sie müssen den Boden nie berühren. Begleitet von sekundären Überlegungen zur prothetischen Bewaffnung des Menschen als Marionette – am Beispiel der zu ersetzenden amputierten Gliedmaßen, die die napoleonische Kriegszeit heraufbeschwören – muss sich auch der Charakter des Herrn C. im Duell mit einem fechtenden Bären erst noch bewähren. Das Tier fällt auf keine Finte des erfahrenen Fechters herein, gerade so, als könne es in seiner „Seele [...] lesen“. Dass Gott und Gliedermann bzw. die Marionette, das unendliche oder nicht vorhandene Bewusstsein als zwei gleichwertige Gegner in einem geschichtsphilosophisch anmutenden Weltspiel auftreten – der eine kann sich nicht irren, weil er alles weiß, der andere kann sich nicht irren, weil er von Täuschung nichts weiß –, mag schon zu denken geben. Zweifel überfällt aber auch noch die Erkenntnis über das Nicht-Wissen, was in einer vorsichtig zögernden Frage mündet: „Mithin, sagte ich ein wenig zerstreut, müßten wir wieder von dem Baum der Erkenntnis essen, um in den Stand der Unschuld zurückzufallen?“[18]

Wo aber bleibt hier, so drängt es zu fragen, das Subjekt? Ist es von der Weltbühne abgetreten? Hegel scheint in jenem Gedankenkino zwischen Benjamin und Kleist an einem radikal anderen Ende des

---

mechanically controlled puppets are “antigrave,” pulled by strings, kept in fluid motion by an invisible force; they never have to touch the ground. Accompanied by secondary reflections on the prosthetic arming of man as a puppet – exemplified by the amputated limbs to be replaced, evoking Napoleonic wartime – the character of Mr. C. also has yet to prove himself in a duel with a fencing bear. For the animal does not fall for any feint of the experienced fencer, just as if it could “read [...] his soul.” The fact that God and limb man (*Gliedermann*), the infinite or non-existent consciousness appear as two equal opponents in a world game that seems to be a game of a philosophy of history – the one cannot be mistaken because he knows everything, the other cannot be mistaken because he does not know anything about deception – may already make one think. Doubt, however, still overtakes the knowledge about the not-knowing, which leads to a cautiously hesitating question: “Therefore, I said, a little distracted, would we have to eat from the tree of knowledge again in order to fall back into the state of innocence?”[18]

But where is the subject here, it urges us to ask? Has it stepped off the world stage? Hegel’s world theater seems to sit at a radically different

Zuschauerraums zu sitzen. Aus medientheoretischer, ästhetischer und auch ethologischer Sicht erscheint Hegels Welttheater perspektiviert und vervielfältigt, ja unendlich verschoben – wie in einem System dunkler Korridore und Höhlen. Das mag an Kafkas labyrinthische Erzählung „Der Bau" erinnern – und auch an die Ethologie der *Tausend Plateaus* von Deleuze und Guattari. Programmatisch schreibt Deleuze in einem früheren Spinoza-Text:

> Ihr werdet ein Tier oder einen Menschen nicht durch seine Form, seine Organe und Funktionen, auch nicht als Subjekt definieren: ihr werdet sie durch die Affekte, deren sie fähig sind, definieren. Zum Beispiel: es gibt zwischen einem Arbeits- oder Zugpferd und einem Rennpferd größere Unterschiede als zwischen einem Ochsen und einem Arbeitspferd. Und zwar, weil das Renn- und Arbeitspferd nicht die gleichen Affekte, noch die gleiche Macht haben, affiziert zu werden; das Arbeitspferd hat viel mehr Affekte mit dem Ochsen gemeinsam.[19]

Ethologie ist diesem immanenzphilosophischen Verständnis nach[20] folglich eine Wissenschaft von der Grenze, an der sich das Subjekt und

---

end of the auditorium in that cinema of thought between Benjamin and Kleist. From the point of view of media theory, aesthetics, and even ethology, the world stage appears in perspective and multiplied, even infinitely displaced – as if in a system of dark corridors and caves. This, in turn, may recall Kafka's labyrinthine narrative "Der Bau" – and of course Deleuze's and Guattari's ethology of the *Thousand Plateaus*. Programmatically, Deleuze writes in an earlier attempt on Spinoza:

> You will not define an animal or a human being by its form, its organs and functions, nor as a subject: you will define them by the affects of which they are capable. For example: there are greater differences between a workhorse or draft horse and a racehorse than between an ox and a workhorse. And this is because the racehorse and the workhorse do not have the same affects, nor the same power to be affected; the workhorse has much more affects in common with the ox.[19]

Ethology, according to this immanence-philosophical understanding,[20] is consequently a science of the boundary at which the subject and its seine Umwelt in wechselseitigen Überschreitungen – aktiver und passiver Affekte – konstituieren (und notwendigerweise beständig de- und rekonstituieren).

Von hier aus erscheint es müßig, darüber zu diskutieren, ob es legitim ist, einen Text von vor mehr als 200 Jahren, von dem nicht einmal sicher ist, dass er als theoretischer Aufsatz richtig verstanden werden möchte oder kann, als Teil einer interdisziplinären Konstellation zu imaginieren. Versuchen wir es trotzdem: Was wäre, wenn Kleists ästhetisch-physikalische Erkenntniskritik ohne eine zentrale Betrachterperspektive von einem Kinosaal zum anderen überspielt werden würde? Was wäre, wenn Gott und Gliedermann – in Benjamins Lesart wären das wohl Theologie und historischer Materialismus – auf Weltdeutung abzielten, ohne dass jemand wüsste, wie damit umzugehen oder besser zu handeln sei? Intentionales Handeln und Verhalten, ein autonomes Subjekt oder der Mensch als Knotenpunkt determinierter Kausalketten – diese freilich in unserem Fall recht knapp geratenen Parameter eines fiktiven Zwiegesprächs zwischen Geschichtsphilosophie und Literatur führen wohl eher die Konstruiertheit epochaler Haltegriffe und weniger die Haltbarkeit von anthropologischen Begrifflichkeiten vor. Welche Rolle könnte die Ethologie in diesem Zwiegespräch spielen?

---

environment are constituted (and necessarily constantly de- and reconstituted) in mutual transgressions – of active and passive affects.

From here, it seems idle to discuss whether it is legitimate to imagine a text from more than 200 years ago, which is not even certain that it wants to or can be properly understood as a theoretical essay, as part of an interdisciplinary constellation. Let's try it anyway: what if Kleist's aesthetic-physical critique of knowledge were to be passed from one cinematic hall to another without a central viewer perspective? What if God and *Gliedermann* – in Benjamin's reading, that would probably be theology and historical materialism – aimed at world interpretation without anyone knowing how to deal with it or how to act better? Intentional action and behavior, an autonomous subject, or the human being as a node of determined causal chains – these parameters of the fictitious dialogue between philosophy of history and literature, which in our case are admittedly rather scarce, probably rather demonstrate the constructedness of epochal handles and less the durability of anthropological conceptualizations. So what role could ethology play in this dialogue?

III. PERSPEKTIVEN

In den späten 1970er Jahren schien die Ethologie zu einer Art Aufbruchswissenschaft aufzusteigen. Der Versuch ihrer Neubegründung fiel in eine Art Inkubationszeit, die Verschiebungen von disziplinären Feldern zur Folge hatte und mit Fragen wie diesen verbunden war: Was zeichnen Natur-, Geistes- und Sozialwissenschaften aus, welche Ziele haben sie, wo überschneiden sie sich und wo grenzen sie sich voneinander ab?

Als die Werner-Reimers-Stiftung im Jahr 1977 ein Kolloquium zur *Human Ethology* veranstaltete, ging es um *Claims and Limits of a New Discipline. Human Ethology*: Das war der Versuch, die Verhaltensbiologie von Jakob von Uexküll bis Konrad Lorenz aus dem Bereich der Biologie und insbesondere der Beschreibung tierischen Verhaltens auf den Menschen und mithin sozialwissenschaftliche Paradigmen zu übertragen. Als neue Metawissenschaft vom Menschen konnte sich die Ethologie aber trotzdem nicht etablieren; gleichwohl konnte ihre anti-behavioristische Stoßrichtung Impulse für ein anthropologisches Forschungsfeld geben, das zwischen Philosophischer Anthropologie, den empirisch-ethnologischen Anthropologien sowie einer radikalen Infragestellung der Vorrangstellung

---

III. PERSPECTIVES

In the late 1970s, ethology finally seemed to emerge as a kind of awakening science. The attempt to re-found it coincided with a kind of incubation period that resulted in shifts in disciplinary fields and was associated with questions such as these: What distinguishes the natural sciences, the humanities, and the social sciences, what goals do they have, where do they overlap, and where do they demarcate themselves from one another? When the Werner Reimers Foundation organized a colloquium on *Human Ethology* in 1977, the topic was *Claims and Limits of a New Discipline. Human Ethology*: This was the attempt to transfer the behavioral biology of Jakob von Uexküll to Konrad Lorenz from the field of biology and, in particular, the description of animal behavior to humans and thus to social science paradigms. Nevertheless, ethology could not establish itself as a new meta-science of man; nevertheless, its anti-behaviorist thrust could give impulses for an anthropological field of research, which was in motion between philosophical anthropology, the empirical-ethnological anthropologies as well as a radical questioning of the supremacy of anthropologischen Wissens – von Hegels Geschichtsphilosophie bis zur von Foucault angestoßenen Debatte um das ‚Ende des Menschen' – in Bewegung geraten war.

Allerdings schien der späte Versuch, biologische und kulturelle Evolution auf gemeinsame Grundlagen hin zu befragen,[21] von einem biologischen Determinismus auf Seiten der Ethologie auszugehen,[22] der hinter dem bereits 1965 von Adolf Portmann geforderten *Aufbruch der Lebensforschung* zurückblieb. *Entläßt die Natur den Menschen?* – so 1970 Portmanns polemische Frage an die Semiologie, die dazu tendiert, den Hiatus zwischen Natur und Kultur, Körper und Geist aus der Alternative Determinismus vs. Freiheit zu herauszulösen. Der Religionshistoriker Walter Burkert erkennt dieses Desiderat in der Konzeptualisierung von Ethologie schon früh, wenn er in seinen Ritualstudien von 1979 den ethologischen Akzent semiologisch zu begründen versuchte: „there are no signs without signification, and signification is void without reference".[23]

Ethologie fragt nach Formen menschlichen Agierens und (Zusammen-)Lebens, nach deren Verallgemeinerbarkeit oder einer Semiologie des Wissens; es ist daher folgerichtig, dass sich die Ausweitung der Lorenz-Tinbergen'schen Ethologie in den 1970er Jahren auf die Geisteswissenschaften von den biologischen *Patterns of Behavior*[24] zu Burkerts

---

anthropological knowledge – from Hegel's philosophy of history to the debate about the 'end of man' initiated by Foucault.

However, the late attempt to interrogate biological and cultural evolution for common ground[21] seemed to assume a biological determinism on the part of ethology[22] that fell short of the *Dawn of Life Research* (Ger. *Aufbruch der Lebensforschung*) already called for by Adolf Portmann in 1965. *Does Nature Release Man?* (Ger. *Entläßt die Natur den Menschen?*, 1970) was Portmann's polemical question to semiology, which tends to resolve the hiatus between nature and culture, body and mind from the alternative determinism versus freedom. The historian of religion Walter Burkert recognizes this desideratum in the conceptualization of ethology early on when he attempted to ground the ethological accent semiologically in his 1979 Ritual Studies: "there are no signs without signification, and signification is void without reference."[23]

Ethology asks for forms of human acting and (living together), for their generalizability or a semiology of knowledge; it is therefore consequential that the expansion of Lorenz-Tinbergen's ethology in the 1970s to the humanities moves from biological *Patterns of Behavior*[24] to Burkert's oben angesprochenen Ritualstudien bewegt. Seit den 1980er Jahren sind diese konzeptuellen Fragen zugunsten von immanenz-philosophischen Fragestellungen jedoch aus dem Blick geraten. So fordert Jean-Luc Nancy eine „Ethologie des Mit-Seins" ein,[25] die die Existenz eines jeden einzelnen Menschen im Horizont seiner Gemeinschaftlichkeit bestimmt. Auch wenn Nancys Überlegungen zur Fundierung von Ethologie aus dem Sinn eines christlich-abwesenden Gottes in die Nähe zu Nietzsches Nihilismus-Diagnose rücken, so ist doch zugleich das Problemniveau Isidore Geoffroy Saint-Hilaires erkennbar, das heißt der Ansatz bei der Frage, wie ein Körper, *être isolé*, überhaupt mit anderen – immateriell, in den Mustern seines Verhaltens – zusammen gedacht werden kann. Sowohl die Bedingungen als auch Möglichkeiten des kulturellen Agierens in der Ko-Existenz, das heißt die Aushandlungen, Begrenzungen und Erweiterungen eines plural bestimmten Handlungsfeldes, werden als gegeben angesehen. – Dezidiert im Anschluss an die Ethologie Uexkülls konzipiert dagegen Gilles Deleuze seine Verhaltenslehre als immanenten Plan von Körpern und ihrer Bewegungen im Raum. Deleuze verweist dabei auf Spinozas *Ethik*. Diese sei weder als klassische Ontologie noch als Ethik im Sinne der Moralphilosophie zu begreifen, sie lasse vielmehr eine grundlegende Bedeutung von Ethologie erkennen. Formen oder

---

ritual studies addressed above. Since the 1980s, however, these conceptual questions have been lost from view in favor of immanence-philosophical questions. Jean-Luc Nancy, for example, calls for an "ethology of being-with"[25] that determines the existence of each individual human being within the horizon of his or her communality. Even if Nancy's reflections on the foundation of ethology from the sense of a Christian-absent God come close to Nietzsche's diagnosis of nihilism, at the same time the problem level of Isidore Geoffroy Saint-Hilaire is recognizable, that is, the approach to the question of how a body, *être isolé*, can be thought together with others at all – immaterially, in the patterns of its behavior. Both the conditions and possibilities of cultural action in co-existence, that is, the negotiations, limitations, and extensions of a plurally determined field of action, are thereby taken as given. – Decidedly following Uexküll's ethology, Gilles Deleuze, on the other hand, conceives his theory of behavior as an immanent plan of bodies and their movements in space. Deleuze refers to Spinoza's *Ethics*. This is neither to be understood as classical ontology nor as ethics in the sense of moral philosophy, it rather reveals a fundamental meaning of ethology. Forms or structures of a body cannot

Strukturen eines Körpers seien nicht zu trennen von dessen Vermögen oder Kräften: „[E]in Zusammenhang ist nicht von seinem Affiziertseinkönnen zu trennen“.[26]

IV. ZUM VORLIEGENDEN BAND

Diese freilich nur kurz skizzierten ethologischen Traditionen strukturieren unseren Band, der drei Diskussionsfelder öffnet. Es geht (1) um ein immanenzphilosophisches Verständnis des ökologischen Ethologiebegriffs; (2) um das spannungsreiche Verhältnis zwischen Tier- und Humanethologie sowie zwischen Anthropologie und Ethologie und (3) – mit Blick auf eine literarische Ethologie – um Interferenzen zu benachbarten Disziplinen und den Künsten.

(1) Ein immanenzphilosophisches und, im Sinne von Deleuzes und Guattaris weiter gedachtes, ökologisches Verständnis der Ethologie entwickeln Kerstin Andermann, Hanjo Berressem und Verena Andermatt Conley. – Andermann führt die ökologische Akzentuierung als „*ethos* des immanenten Lebens“ über Deleuze und Uexküll zu Spinoza zurück und folgt damit der Deutung von Spinozas Hauptwerk als basaler Ethologie

---

be separated from its capacities or forces: “[A] context cannot be separated from its ability to become affected.”[26]

IV. ABOUT THIS COLLECTION

These ethological traditions, admittedly only briefly sketched, structure our collection of essays, which opens three fields of discussion. They are (1) an immanence-philosophical understanding of the ecological concept of ethology; (2) the tense relationship between animal and human ethology and between anthropology and ethology; and (3) – with a view to a literary ethology – interferences with neighboring disciplines and the arts.

(1) An immanence-philosophical and, in the sense of Deleuze’s and Guattari’s further thought, ecological understanding of ethology is developed by Kerstin Andermann, Hanjo Berressem, and Verena Andermatt Conley. – Andermann traces the ecological accentuation as “*ethos* of immanent life” via Deleuze and Uexküll to Spinoza and thus follows

aus den *Tausend Plateaus*. In dieser philosophischen Rahmung tritt vor allem der begründende Charakter einer allgemeinen, ethisch ausgerichteten Ethologie hervor. Deterministische Verhaltenslehren und essentialistische Charakterlehren sollen einem dynamischen Möglichkeitsdenken weichen.

Berressem widmet sich mit Félix Guattari einer zumeist im Schatten von Deleuzes Ethologie (mit ihren Spinoza-Bezügen) stehenden ‚schizoanalytischen Ökologie' als einer „fully dispersed ethology" zu. Unter Berücksichtigung von Hugo von Hofmannsthals Expressionismus als „the ‚becoming thought' in a rat, and, at the other extreme, the becoming rat of a human thought" und Uexkülls biologische Umweltlehre erläutert Berressem Deleuzes Verschiebung von der Ethologie zur Ökosophie. – Andermatt Conley vertieft diesen ökologischen Grundzug dank neuerer ethologischer Überlegungen von Isabelle Stengers, Donna Haraway und Emanuel Coccia. Inwiefern trägt deren „eco-ethology" zu einem anderen Verständnis unserer pandemischen Gegenwart bei? Die kulturtheoretischen Überlegungen greifen das Desiderat der Pluralität menschlicher, tierischer und auch pflanzlicher Lebensformen auf, in der Folge von Deleuze und Albert North Whitehead zeichnet sich eine *Metaphysics of Nature* ab.

---

the interpretation of Spinoza's main work as fundamental ethology from *A Thousand Plateaus*. In this philosophical framing, the foundational character of a general, ethically oriented ethology emerges above all. Deterministic doctrines of behavior and essentialist doctrines of character are to give way to a dynamic thinking of possibility.

Berressem joins Félix Guattari in addressing a 'schizoanalytic ecology' usually overshadowed by Deleuze's ethology (with its Spinoza references) as a "fully dispersed ethology." Considering Hugo von Hofmannsthal's expressionism as "the 'becoming thought' in a rat, and, at the other extreme, the becoming rat of a human thought" and Uexküll's biological environmental theory, Berressem explains Deleuze's shift from ethology to ecosophy. – Andermatt Conley deepens this basic ecological trait thanks to recent ethological reflections by Isabelle Stengers, Donna Haraway, and Emanuel Coccia. To what extent does their "eco-ethology" contribute to a different understanding of our pandemic present? The cultural-theoretical considerations take up the desideratum of the plurality of human, animal, and also plant life forms; in the wake of Deleuze and Albert North Whitehead, a *Metaphysics of Nature* emerges.

(2) Im 20. Jahrhundert stellt der Übergang von einer (innerhalb der Biologie klassischen) Tierethologie zur Humanethologie ein zentrales Problemfeld dar. Der Verhaltensbegriff wirft Fragen auf, die sich in Grenzgebieten oder innerhalb einer ‚projektiven' Anthropologie sogar auf Maschinen beziehen lassen. Auf diese Weise ergeben sich spannungsreiche Parallelen zwischen der Ethologie und den anthropologischen Wissenschaften. Mit diesen wissensgeschichtlichen Wechselwirkungen beschäftigen sich Marc Rölli, Mirjam Schaub und Stefan Rieger. – Rölli untersucht, welche Rolle Uexkülls vitalistische Umweltlehre – mit ihren transzendentalen und physiologischen Anleihen – einerseits für die philosophische Anthropologie und andererseits für Deleuzes und Guattaris Umweltdenken spielt. Wie Uexküll geht auch Plessner in seinem Positionalitätsdenken von einer Sonderstellung des Menschen aus, wobei er die Sphäre des Tiers anthropologisch umdeutet und damit auch Uexkülls Kant-Anleihen korrigiert. Dagegen erfährt das tradierte Mensch-Tier-Verhältnis in Deleuzes und Guattaris Plädoyer für das Experiment und die „Praxis des Minoritär-Werdens" eine Neuausrichtung. Gegen die Grenzziehungen anthropologischen Typs erhebt die affektorientierte Differenzierung zwischen Welt und Umwelt, die das französische Denker-Duo geltend macht, Einspruch. – Schaubs Beitrag

---

(2) In the 20th century, the transition from an animal ethology (classical within biology) to a human ethology represents a central problem area. The concept of behavior raises questions that can even be related to machines in border areas or within a 'projective' anthropology. In this way, tense parallels arise between ethology and the anthropological sciences. Marc Rölli, Mirjam Schaub, and Stefan Rieger deal with these interactions in the history of knowledge. – Rölli examines the role of Uexküll's vitalistic environmental theory – with its transcendental and physiological borrowings – for philosophical anthropology on the one hand and for Deleuze's and Guattari's environmental thinking on the other. Like Uexküll, Plessner's positional thinking assumes a special position of man, whereby he reinterprets the sphere of the animal anthropologically and thus also corrects Uexküll's Kantian borrowings. In contrast, the traditional human-animal relationship experiences a new orientation in Deleuze's and Guattari's plea for experimentation and the "practice of becoming minoritarian." Against the demarcations of anthropological type, the affect-oriented differentiation between world and environment asserted by the French thinker duo raises an

setzt sich medienphilosophisch mit der künstlerischen Forschung von Emanuel Mathias auseinander. Der Leipziger Künstler sammelt Fotografien und Gegenstände von Primatologenforscherinnen und Primatologenforschern des Max-Planck-Instituts für Evolutionäre Anthropologie und setzt diese in surrealen Bild- und Raum-Konstellationen neu zusammen. Schaub nimmt dies zum Anlass, epistemologisch über Mathias' mediale Ästhetik der Habituierungen zu reflektieren. Distanz-Nähe-Verhältnisse, Effekte eines Unsichtbarwerdens, Beobachtungen erster und zweiter Ordnung – all das, was klare Unterscheidungen zwischen Tier und Mensch ausmacht, tendiert in der künstlerischen Expositionierung eher dazu, in einem optisch unbewussten Raum ineinander zu fallen. – Beobachtungen im anthropologischen Sinn sind alles andere als unschuldig; für Rieger gilt diese Einsicht auch im Bereich der technischen Instrumentalität. Verhalten stellt eine universelle und keineswegs spezifisch menschliche Kategorie dar. Riegers medienwissenschaftlicher Beitrag diskutiert Studien zum funktionalen wie dysfunktionalen „Verhalten der Maschine". Die Konformität robotischer Systeme lässt sich nicht allein informationell begründen, diese von Menschen und Robotern gleichermaßen geteilte Erfahrung der Vulnerabilität führt zur Frage nach den in die Automation gesetzten

---

objection. – Schaub's contribution takes a media-philosophical approach to the artistic research of Emanuel Mathias. The Leipzig-based artist collects photographs and objects from primatologist researchers at the Max Planck Institute for Evolutionary Anthropology and reassembles them in surreal constellations of images and space. Schaub takes this as an opportunity to reflect epistemologically on Mathias's medial aesthetics of habitations. Distance-proximity relationships, effects of becoming invisible, first- and second-order observations – all that constitutes clear distinctions between animals and humans tend, in the artistic exposition, to fall into one another in an optically unconscious space. – Observations in the anthropological sense are anything but innocent; for Rieger, this insight also applies in the realm of technical instrumentality. Behavior represents a universal and by no means specifically human category. Rieger's contribution in media studies deals with studies on the functional as well as dysfunctional "behavior of the machine." The conformity of robotic systems cannot be justified solely in terms of information; this experience of vulnerability, shared by humans and robots alike, leads to the question of the trust relationships placed in automation. Conversely,

Vertrauensverhältnissen. Im Umkehrschluss muss daher der funktionale Eigensinn von Objekten – einschließlich der Paradoxie, wie sich unerwartete Dysfunktionalität auf Dauer stellen lässt – auch als „ökologisch wertvolle[r], weil systemkritische[r] Beitrag zum Konsumverhalten" diskutiert werden, was das Beispiel einer Leinentüte, in die sich nichts eintüten lässt, verdeutlichen mag.

(3) Diese wissensgeschichtlichen, philosophischen und medienwissenschaftlichen Debatten ergänzen die drei Beiträge von Stephan Zandt, Anthony Uhlman und Adrian Robanus mit Blick auf kulturtheoretische und literaturwissenschaftliche Perspektiven. Wie verhält es sich mit den Interferenzen der Ethologie zu benachbarten Disziplinen und zu den Künsten? Wie bewährt sich der ethologische Blick in literarischen Analysen? – Zandts „Überlegungen zu einer anderen Geschichte der Ethologie" stellt zunächst bedeutende kulturtheoretische Versuche in der ethologischen Gründungsphase der 1950er und 1960er Jahren heraus. Spuren davon lassen sich in Philippe Descolas vergleichender Kulturanthropologie und Dominique Lestels Ethno-Ethologie wiederfinden, beide rücken den Ethos-Begriff ins Zentrum; bei Lestel reichen die Anleihen gar bis zur japanischen Primatologie. Zieht man genealogische Linien von Harriet Taylor, John Stuart Mill bis hin zu Bronislaw Malinowski und Gregory Bateson,

---

the functional stubbornness of objects – including the paradox of how unexpected dysfunctionality can be made permanent – must therefore also be discussed as an "ecologically valuable, because system-critical contribution to consumer behavior," which may be illustrated by the example of a linen bag into which nothing can be placed.

(3) These debates in the history of knowledge, philosophy, and media studies are complemented by the three contributions by Stephan Zandt, Anthony Uhlman, and Adrian Robanus with regard to perspectives in cultural theory and literary studies. What about ethology's interferences with neighboring disciplines and with the arts? How does the ethological gaze prove itself in literary analyses? – Zandt's "Reflections on a Different History of Ethology" first highlights significant attempts at cultural theory in the foundational ethological period of the 1950s and 1960s. Traces of this can be found in Philippe Descola's comparative cultural anthropology and Dominique Lestel's ethno-ethology, both of which place the concept of ethos at the center; in Lestel's case, the borrowings even extend to Japanese primatology. If one draws genealogical lines to Harriet Taylor, John Stuart Mill, Bronislaw Malinowski, and Gregory Bateson,

so erschließen sich weitere, bisher kaum kontextualisierte ethologische Traditionsbestände. – Zwei Fallstudien beleuchten den Stellenwert der Ethologie für die Literatur: Uhlmanns Lektüre von Virginia Woolfs *The Waves* nimmt Wahlverwandtschaften zu Deleuze und Guattari, Spinoza und Gilbert Simondon in den Blick. Auf diese Weise rückt die Einschränkung des ethologischen Umweltbegriffs (im Sinne Uexkülls) in den Vordergrund: Wenn die menschliche Umgestaltung der Natur – mit der Frage: „who is winning the struggle"? – einer ‚Wahrheit' der Natur entgegensteht, kann die Ethologie kein inkludierendes Narrativ mehr entfalten. Genau dies hat Woolf in der Multiplizität von Geschichten, die als eine erzählt werden, in ihrem Roman jedoch kunstvoll dargestellt. – Adrian Robanus schließlich sieht in Marcel Beyers Roman *Kaltenburg* die Umsetzung einer ethologischen Erzählung. Mit seiner poetisch erfinderischen Biographie eines fiktiven Ethologen namens Kaltenburg, hinter der unschwer die historische Figur Konrad Lorenz zu erkennen ist, schafft Beyer eine literarische Beobachtung zweiter Ordnung. Erst durch dieses poetische Prisma kann die Lebensgeschichte des prominenten und problematischen Ethologen paradigmatisch reflektiert und ästhetisch facettiert werden.

Ein Kommentar von Sophie Gräfe beschließt den Band. Gräfe erläutert – im Anschluss an den bei Rieger aufgerufenen Diskurs robotischen

---

further, hitherto hardly contextualized ethological traditions open up. – Two case studies illuminate the significance of ethology for literature: Uhlmann's reading of Virginia Woolf's *The Waves* takes elective affinities with Deleuze and Guattari, Spinoza, and Gilbert Simondon into account. In this way, the limitation of the ethological concept of environment (in Uexküll's sense) comes to the fore: If the human transformation of nature – with the question "who is winning the struggle?" – opposes a 'truth' of nature, ethology can no longer unfold an inclusive narrative. However, this is precisely what Woolf artfully portrayed in the multiplicity of stories told as one in her novel. – Finally, Adrian Robanus sees Marcel Beyer's novel *Kaltenburg* as the realization of an ethological narrative. With his poetically inventive biography of a fictional ethologist named Kaltenburg, behind whom the historical figure Konrad Lorenz is easily recognizable, Beyer creates a second-order literary observation. Only through this poetic prism can the life story of the prominent and problematic ethologist be paradigmatically reflected and aesthetically faceted.

A commentary by Sophie Gräfe concludes the volume. Gräfe explains – not least in connection with the discourse of robotic 'behavior' called up

‚Verhaltens' – das zeitgenössische Wissensfeld der Ethologie und markiert die Eigenheit eines Diskurses, der quer zu den Grenzen von Natur-, Geistes- und Sozialwissenschaften verläuft. – Der abschließende Kommentar soll nicht zuletzt dazu beitragen, die im Titel angesprochene Tendenz zu einer (wenn auch *lost*) *discipline* zu entschärfen und zugleich ein Missverständnis ausräumen. Grundsätzlich geht es uns weniger um Kritik an der ethologischen Disziplinarität als um die Erschließung eines Potentials. Die Vielfalt der hier vorgestellten ethologischen Diskurse sowie deren einzelne Problemstellungen demonstriert eindrucksvoll, was es an historischen Diversitäten noch zu entdecken gibt. Die Notwendigkeit einer „Ethologie des Mit-Seins" (Nancy), die an unsere ökologische Verantwortung appelliert, erscheint heute aktueller zu sein denn je zuvor.

V. NACHBEMERKUNG

Die doppelte Idee, dass die Ethologie weder im Sinne einer monodisziplinären Geschichte aufgefasst noch in einer einzigen zentralen Problemstellung gebündelt werden kann, geht auf Martin Roussels Habilitationsschrift *Literarische Ethologie. Evokation und Zerstreuung des Lebens um 1800*

---

by Rieger – the contemporary field of knowledge of ethology and marks the specificity of a discourse that runs across the boundaries of natural sciences, humanities and social sciences. – The concluding commentary is intended not least to help defuse the tendency to a (albeit lost) discipline alluded to in the title, and at the same time to clear up a misunderstanding. Basically, we are less interested in criticizing ethological disciplinarity than in opening up a potential. The diversity of the ethological discourses presented here as well as their individual problems impressively demonstrates what there is still to discover in terms of historical diversity. The necessity of an "ethology of being-with" (Nancy), which appeals to our ecological responsibility, seems to be more topical today than ever before.

V. POSTSCRIPT

The twofold idea that ethology is neither to be written about in terms of a monodisciplinary history nor as a departure from a single central problem goes back to Martin Roussel's postdoctoral thesis *Literary* zurück. Anders als die Anthropologie setzt die Ethologie nicht bei einem Begriff oder Erfahrungshorizont des Menschen ein, sondern bei einzelnen Körpern und deren Möglichkeiten, auf andere Körper einzuwirken (und von diesen berührt zu werden). Das bedeutet: Ethologie beschäftigt sich nicht nur mit einer nietzscheanischen Vielfalt von Kräften und ihrer Wechselwirkung, sondern ihr fehlt zugleich jedes metaphysische Steuerungsinstrument. Das Dispositiv der Ethologie ist deshalb ein zerstreutes. Ihre Zugänge sind rhizomartig, zu vielen Nachbardisziplinen gibt es Interferenzen, Querungen und Abbrüche. Die Geschichte der Ethologie erzählt sowohl eine problemorientierte Ausdifferenzierung von Einzelwissenschaften als auch die Entstehung einer sich immer wieder wandelnden Verhaltenswissenschaft ohne Zentrum, deren Impulse in einer kritischen Anthropologie oder Ökologie auf fruchtbaren Boden fallen. Ob man nun die Ethologie für ein zwar aufschlussreiches jedoch nur historisches Ensemble an Fragestellungen hält oder ob man sie – sei es in der Nachfolge von Spinozas *Ethik* oder in dem von Nancy konstatierten Freiraum inmitten einer *Dekonstruktion des Christentums* – zwischen Ontologie und Ethik verorten möchte, in jedem Fall greift sie Plessners Frage nach der Positionierung wieder auf, um diese wissensgeschichtlich zu verschieben und zu erweitern.

Ethology. Evocation and Distraction of Life around 1800. Unlike anthropology, ethology does not start with a concept or a horizon of human experience, but with bodies and their possibilities of affecting (and being affected by) other bodies. This means, ethology not only deals per se with a Nietzschean multiplicity of forces and their interaction, but at the same time it lacks any metaphysical instrument of control. The dispositif of ethology is likewise a distracted one because its approaches are rhizome-like, and because there are interferences, crossings, and break-offs with many neighboring disciplines. The history of ethology therefore tells the story of both a problem-oriented differentiation of the individual sciences and the emergence of a behavioral science without a center, which is constantly reforming itself anew or in a different way. Its impulses have fallen, for example, on fertile ground in a critical anthropology or an ecology. Whether one consequently considers ethology to be a revealing, but according to its independence rather a historical ensemble of questions, whether one assesses it – be it in the succession of Spinoza's *Ethics* or in the free space in the midst of a *Deconstruction of Christianity* stated by Jean-Luc Nancy – as an indispensable linking of ontology and ethics, in

Mit welchen neuen oder anderen Positionen konfrontieren uns ethologische Perspektivierungen? Neben der Bestandsaufnahme eines disparaten, systematisch noch wenig erschlossenen Forschungsfeldes geht es um Impulse, die von ethologischen Ansätzen ausgehend in die unterschiedlichen Disziplinen hineinwirken können. Wichtig ist für uns die Aktualisierung eines Forschungsansatzes, was den Blick darauf lenkt, dass vor allem in den Künsten bereits Darstellungsformen vorliegen, in denen die Singularität des Werks und die potentiell unendliche Rezeption – mithin ihre hypothetische Allgemeinheit – Zeitgestalt geworden ist. Zeitgestalten: Dieser ethologische Fachbegriff[27] beschreibt zugleich den Grundzug einer ‚Wissenschaft', die tatsächlich – wie Jürgen Fohrmann es einmal von der Literaturwissenschaft behauptet hat – „in allen ihren Äußerungen gleich unmittelbar zu Gott" ist.[28] Inwiefern aber können Kunstwerke tatsächlich Modellformen, Matrizen menschlichen Lebens und der Steuerung ungewisser Zukunften bieten?[29]

Gestalt angenommen hat das gemeinsame Projekt während eines Aufenthalts von Andrea Allerkamp als Fellow am Internationalen Kolleg Morphomata der Universität zu Köln. Die Corona-Pandemie verhinderte die Durchführung der ursprünglich geplanten Tagung, stattdessen gab es eine Video-Podcast-Serie. Wir freuen uns umso mehr, dass diese nun in

---

any case it seems to have become in the meantime itself a question of location, of access and entrance.

What new or different positions do ethological perspectives confront us with? In addition to taking stock of a disparate field of research that is still systematically underdeveloped, the main focus is on impulses that can have an impact on the various disciplines based on ethological approaches, and in particular on updating a research approach that, by addressing the questions of life and knowledge, form and force (vector), persistence and temporal process, directs attention to the fact that especially in the arts there are already forms of (re-)presentation in which the singularity of the work and the potentially infinite reception – hence its hypothetical generality – have become *Zeitgestalt.* This ethological term[27] describes at the same time the basic trait of a 'science' which is indeed – as Jürgen Fohrmann once claimed of literary studies – "equally direct to God in all its utterances."[28] But to what extent can works of art actually offer model forms, matrices of human life and the control of uncertain futures?[29]

The joint project took shape during a stay of Andrea Allerkamp as a fellow at the Internationales Kolleg Morphomata at the University of schriftlicher Form vorliegt und sind dankbar für die mutige Bereitschaft der Autorinnen und Autoren, die trotz Zeitdruck zu unserem Band beigetragen haben. Besonders danken möchten wir Adrian Robanus, der uns im Sommer 2020 technisch und organisatorisch unterstützt hat. Unser Dank geht auch an Amelie Liebst, ohne deren redaktionelle Betreuung wir unseren engen Zeitplan nicht hätten einhalten können.

Berlin und Köln im Januar 2021
Andrea Allerkamp und Martin Roussel

Cologne. An originally planned conference was transformed into a video podcast series in response to the restrictions imposed by the COVID-19 pandemic. We are all the more pleased that these are now available in written form and are grateful for the courageous willingness of the authors who contributed to our volume despite time constraints. We would especially like to thank Adrian Robanus, who provided technical and organizational support for the podcasts and joint virtual discussions in the summer of 2020. Without the care of Amelie Liebst in the editorial support, we would not have been able to keep to our tight schedule – many thanks for this.

Berlin and Cologne in January 2021
Andrea Allerkamp and Martin Roussel

ENDNOTEN - ENDNOTES

1 Cf. Irenäus Eibl-Eibesfeldt, *Grundriß der vergleichenden Verhaltensforschung – Ethologie* [1967] (München: Piper, 1999). – Unless otherwise indicated, translation into English by Martin Roussel and Jerome Ludwig.
2 John Stuart Mill, *System der deduktiven und induktiven Logik. Eine Darlegung der Principien wissenschaftlicher Forschung, insbesondere der Naturforschung*, Bd. 1 [1843] (Braunschweig [3]1868), 6. Buch, 3. Kap.: „Eine Wissenschaft von der menschlichen Natur existirt, oder ist möglich". John Stuart Mill, *A system of logic, ratiocinative and inductiv, beeing a connected view of the principles and the methods of scientific investigation* [1843] (Cambridge University Press, 2011), Book 6, Chap. 3: "That there is, or may be a Science of Human Nature". – Cf. James Ward, "J.S. Mill's Science of Ethology," *International Journal of Ethics* 1, no. 4 (July 1891): 447. https://www.jstor.org/stable/pdf/2375490.pdf.
3 Für die hier vorgeschlagene Perspektive besonders interessant (Of particular interest for the perspective proposed here): Philippe Descola, *Die Ökologie der Anderen. Die Anthropologie und die Frage der Natur*, übers. Eva Moldenhauer (Berlin: Matthes & Seitz, 2014). English: Philippe Descola, *The Ecology of Others*, trans. Geneviiève Godbout and Benjamin P. Luley (Chicago/London: The University of Chicago University Press, 2013).
4 Volker Schurig, „Wer war der ‚erste Ethologe'? Einige kritische Anmerkungen zur Geschichte der Ethologie", *Biologisches Zentralblatt* 112 (1993): 224–29.
5 Ernst Haeckel, *Anthropogenie oder Entwicklungsgeschichte des Menschen*, Bd. I: *Keimesgeschichte des Menschen: gemeinverständliche wissenschaftliche Vorträge* (Leipzig: Engelmann, 1910), 100. Zitiert in (Cited in) Georg Toepfer, „Ethologie", in Toepfer, *Historisches Wörterbuch der Biologie. Geschichte und Theorie der biologischen Grundbegriffe* Bd. 1: Analogie–Ganzheit (Stuttgart/Weimar: Metzler, 2011), 461.
6 Cf. ibid.
7 „Die Eliminierung des historisch früher eingeführten ‚ökologischen' Ethologiebegriffs ist Teil der Strategie [Haeckels] zur Durchsetzung der neuen Wissenschaftsbezeichnung Ökologie, die auch erfolgreich ist." Volker Schurig, „Die Eingliederung des Begriffs ‚Ethologie' in das System der Biowissenschaften im 19. Jahrhundert", *Sudhoffs Archiv* 68, Nr. 1 (1984): 104. ("The elimination of the historically earlier introduced 'ecological' ethology term it part of [Haeckel's] strategy to impose the new science term ecology, which is also successful.")
8 Friedrich Dahl, „Experimentell-statistisch Ethologie", *Verhandlungen der Deutschen Zoologischen Gesellschaft* 8 (1898): 122.
9 Isidore Geoffroy Saint-Hilaire, *Histoire naturelle générale des règnes organiques, principalement étudiée chez l'homme et les animaux. Bd. 2* (Paris: Librairie de Victor Masson, 1859), 285.

10 Toepfer, „Ethologie", 462.
11 Ibid., 461.
12 In der Tat ist denn auch der *milieu*-Begriff in der Tradition von Lamarck (1809) über den ‚Geoffroyismus' (vertreten durch Isidores Vaters Étienne, 1818) bis hin zu Auguste Comte (1838) der Hintergrund für die *Histoire naturelle générale des règnes organiques.* (Indeed, the concept of milieu in the tradition of Lamarck (1809) via 'Geoffroyism' (represented by Isidore's father Étienne, 1818) up to Auguste Comte (1838) is the background for the *Histoire naturelle générale des règnes organiques.*) Cf. Schurig, „Die Eingliederung des Begriffs ‚Ethologie' in das System der Biowissenschaften", 99: „Die milieutheoretische Herkunft der ersten Ethologiebegriffe ist etymologisch in Merkmalen wie ‚Gewohnheit', ‚Sitte' usw. gespeichert." ("The milieu-theoretical origin of the first ethology terms is etymologically stored in features such as 'habit', 'custom', etc.")
13 Geoffroy Saint-Hilaire, *Histoire naturelle générale*, 286.
14 Cf. ibid., 462.
15 Konrad Lorenz, *Das sogenannte Böse. Zur Naturgeschichte der Aggression* (Wien: Dr. G. Borotha-Schoeler Verlag, 1963; new Edition: München: dtv, 1977; English: *On Aggression*, trans. Marjorie Kerr Wilson [New York: Harcourt, Brace & World, 1966]).
16 Walter Benjamin, „Das Kunstwerk im Zeitalter seiner technischen Reproduzierbarkeit", in Benjamin, *Gesammelte Schriften*, Bd. I,2, hg. Rolf Tiedemann und Hermann Schweppenhäuser (Frankfurt am Main: Suhrkamp, 1991), 469–508, 505; English: Walter Benjamin, "The Work of Art in the Age of Mechanical Reproduction," in Benjamin, *Illuminations*, trans. Harry Zohn, ed. Hannah Arendt (New York: Schocken Books, 1969), 241 (translation slightly modified, MR/JL).
17 Ibid.
18 Heinrich von Kleist, „Über das Marionettentheater", in Kleist, *Sämtliche Werke und Briefe in vier Bänden*, Bd. 3, hg. Klaus Müller-Salget (Frankfurt am Main: Deutscher Klassiker Verlag, 1990), 563.
19 Gilles Deleuze, *Spinoza. Praktische Philosophie*, übers. Hedwig Linden (Berlin: Merve, 1988), 161. Das selbe Beispiel findet sich auch in den *Tausend Plateaus* (The same example can be found in the Thousand Plateaus), cf. Gilles Deleuze und Félix Guattari, *Tausend Plateaus*, übers. Gabriele Ricke und Ronald Vouillie (Berlin: Merve, 1997), 350. Gilles Deleuze and Félix Guattari, *A Thousand Plateaus*, trans. Brian Massumi (Mineapolis/London: University of Minnesota Press, 1987), 257.
20 Cf. Stephan Günzel, *Immanenz. Zum Philosophiebegriff von Gilles Deleuze* (Essen: Die Blaue Eule, 1998).
21 Mario von Cranach et al., "Introduction," in *Human Ethology. Claims and limits of a new discipline.* Contributions to the Colloquium sponsored by the Werner-Reimers-Stiftung [1975], ed. Mario von Cranach et al. (Cambridge et al.: Cambridge University Press, 1977), xiii: "Do culture and history provide the same conditions (in principal) for the development and determination of human behaviour as does the natural environment for animal behaviour?"

22 So lautet die von einer Sonderstellung des Menschen ausgehende Frage (Such is the question starting from a special position of the human being): “Are there typically human forms of behaviour which cannot be dealt with adequately in terms of (animal) ethology?” (Ibid.)
23 Walter Burkert, *Structure and History in Greek Mythology and Ritual* (Berkeley / Los Angeles / London: University of California Press, 1979), 14.
24 Richard W. Burkhardt, *Patterns of Behavior. Konrad Lorenz, Niko Tinbergen, and the Founding of Ethology* (Chicago/London: The University of Chicago Press, 2005).
25 Jean-Luc Nancy, *Dekonstruktion des Christentums*, übers. Esther von der Osten (Zürich/Berlin: Diaphanes, 2008), 13.
26 Deleuze, *Spinoza*, 162.
27 „Verhaltensweisen sind Zeitgestalten.“ Eibl-Eibesfeldt, Grundriß der vergleichenden Verhaltensforschung, 17 (“Patterns of behavior are Zeitgestalten.”).
28 Jürgen Fohrmann, „Einführung (in die Sektion ‚Fallstudien zur Geschichte der Literaturwissenschaft 1890–1950‘)“, in *Literaturwissenschaft und Wissenschaftsforschung*, hg. Jörg Schönert (Stuttgart/Weimar: Metzler, 2000), 134. Zweifellos liegt hierin begründet, dass (This is undoubtedly due to the fact that) “ethology, whether or not it is regarded as a discipline in the proper sense of the term, may well serve as a link between other disciplines, e.g. sociology and (cultural or social) anthropology.” (von Cranach et al., “Introduction,” xv)
29 Cf. Anne Sauvagnargues, *Ethologie der Kunst. Deleuze, Guattari und Simondon*, übers. Daniela Voss (Berlin: August, 2019).

LITERATURVERZEICHNIS – BIBLIOGRAPHY

Benjamin, Walter „Das Kunstwerk im Zeitalter seiner technischen Reproduzierbarkeit“. In Benjamin. *Gesammelte Schriften*, Vol. I,2, herausgegeben von Rolf Tiedemann and Hermann Schweppenhäuser, 469–508. Frankfurt am Main: Suhrkamp, 1991; English: Walter Benjamin. “The Work of Art in the Age of Mechanical Reproduction.” In Benjamin. *Illuminations*. Translated by Harry Zohn, edited by Hannah Arendt, 217–51. New York: Schocken Books, 1969.

Burkert, Walter *Structure and History in Greek Mythology and Ritual*. Berkeley / Los Angeles / London: University of California Press, 1979.

Burkhardt, Richard W. *Patterns of Behavior. Konrad Lorenz, Niko Tinbergen, and the Founding of Ethology*. Chicago/London: The University of Chicago Press, 2005.

von Cranach, Mario et al. “Introduction.” In *Human Ethology. Claims and limits of a new discipline.* Contributions to the Colloquium sponsored by the Werner-Reimers-Stiftung [1975], edited by von Cranach et al., xiii–xix. Cambridge et al.: Cambridge University Press, 1977.

Dahl, Friedrich „Experimentell-statistisch Ethologie". *Verhandlungen der Deutschen Zoologischen Gesellschaft* 8 (1898): 121–31.

Deleuze, Gilles *Spinoza. Praktische Philosophie.* Übersetzt von Hedwig Linden. Berlin: Merve, 1988.

Deleuze, Gilles, and Félix Guattari *Tausend Plateaus.* Übersetzt von Gabriele Ricke und Ronald Vouillie. Berlin: Merve, 1997. English: Gilles Deleuze and Félix Guattari. *A Thousand Plateaus.* Translated by Brian Massumi. Mineapolis/London: University of Minnesota Press, 1987.

Descola, Philippe *Die Ökologie der Anderen. Die Anthropologie und die Frage der Natur.* Übersetzt von Eva Moldenhauer. Berlin: Matthes & Seitz, 2014. English: Philippe Descola. *The Ecology of Others.* Translated by Geneviève Godbout and Benjamin P. Luley. Chicago and London: The University of Chicago University Press, 2013.

Eibl-Eibesfeldt, Irenäus *Grundriß der vergleichenden Verhaltensforschung – Ethologie* [1967]. 8., überarbeitete Auflage. München: Piper, 1998.

Fohrmann, Jürgen „Einführung (in die Sektion ‚Fallstudien zur Geschichte der Literaturwissenschaft 1890–1950')." In *Literaturwissenschaft und Wissenschaftsforschung*, herausgegeben von Jörg Schönert, 129–34. Stuttgart/Weimar: Metzler, 2000.

Geoffroy Saint-Hilaire, Isidore *Histoire naturelle générale des règnes organiques, principalement étudiée chez l'homme et les animaux. Vol. 2.* Paris: Librairie de Victor Masson, 1859.

Günzel, Stephan *Immanenz. Zum Philosophiebegriff von Gilles Deleuze.* Essen: Die Blaue Eule, 1998.

Haeckel, Ernst *Anthropogenie oder Entwicklungsgeschichte des Menschen*, Bd. I: *Keimesgeschichte des Menschen: gemeinverständliche wissenschaftliche Vorträge.* Leipzig: Engelmann, 1910.

von Kleist, Heinrich „Über das Marionettentheater". In Kleist. *Sämtliche Werke und Briefe in vier Bänden*, Bd. 3., herausgegeben von Klaus Müller-Salget, 555–63. Frankfurt am Main: Deutscher Klassiker Verlag, 1990.

Lorenz, Konrad *Das sogenannte Böse. Zur Naturgeschichte der Aggression.* Wien: Dr. G. Borotha-Schoeler Verlag, 1963; new Edition: München: dtv, 1977. English: *On Aggression.* Translated by Marjorie Kerr Wilson. New York: Harcourt, Brace & World, 1966.

Mill, John Stuart *A system of logic, ratiocinative and inductiv, beeing a connected view of the principles and the methods of scientific investigation*, Cambridge University Press, 2011 [1843]. Deutsch: John Stuart Mill, *System der deduktiven und induktiven Logik. Eine Darlegung der Principien wissenschaftlicher Forschung, insbesondere der Naturforschung*, Bd. 1. [1843]. Braunschweig ^{3}1868.

Nancy, Jean-Luc *Dekonstruktion des Christentums.* Übersetzt von Esther von der Osten. Zürich/Berlin: Diaphanes, 2008.

Sauvagnargues, Anne *Ethologie der Kunst. Deleuze, Guattari und Simondon.* Übersetzt von Daniela Voss. Berlin: August, 2019.

Schurig, Volker „Die Eingliederung des Begriffs ‚Ethologie' in das System der Biowissenschaften im 19. Jahrhundert". *Sudhoffs Archiv*, Bd. 68:1 (1984): 94–104.
— „Wer war der ‚erste Ethologe'? Einige kritische Anmerkungen zur Geschichte der Ethologie". *Biologisches Zentralblatt* 112 (1993): 224–29.
Toepfer, Georg „Ethologie". In Toepfer. *Historisches Wörterbuch der Biologie. Geschichte und Theorie der biologischen Grundbegriffe*, Bd. 1: Analogie–Ganzheit, 461–80. Stuttgart/Weimar: Metzler, 2011.
Ward, James "J. S. Mill's Science of Ethology," *International Journal of Ethics* 1, no. 4 (July 1891): 446–59.

IMMANENTE ÖKOLOGIE

IMMANENT ECOLOGY

KERSTIN ANDERMANN

IMMANENTE ETHIK UND ETHOLOGIE

Spinoza, Deleuze und Uexküll

ABSTRACT – IMMANENT ETHICS AND ETHOLOGY. SPINOZA, DELEUZE, AND UEXKÜLL

In his discussion of Spinoza, Gilles Deleuze emphasizes that "one of the main founders of ethology," namely Jakob von Uexküll, is a Spinozist. Ethology confirms his interpretation of the Spinozan system, for it shows that the behavior of living individuals cannot be explained from a substantial determination, but must be derived from plural and open affective relations. With the reconstruction of the ethological question starting from Spinoza, the field of a general ethology opens up, which is oriented towards the immanent conditions of individuation and thus towards an ethos of immanent life, which draws its rules and its norms from itself.

Der griechische Begriff *ethos* bezieht sich ursprünglich auf den Wohnort und die Herkunft von Tieren und Menschen und bezeichnet die historische Ausprägung von Sitten und Gewohnheiten in den Bedingungen eines bestimmten Lebensraums. Sein Gehalt wendet sich im Laufe der begriffsgeschichtlichen Entwicklung zur Bezeichnung des sittlichen Charakters des Menschen, der sich als Gewohnheit und in Gewöhnung an spezifische räumliche und zeitliche Gegebenheiten bildet. Mit dem *Ethos*-Begriff wird also die Herausbildung von Verhalten und Haltung aus den Lebensbedingungen der Individuen markiert, und damit bezieht er sich auf die grundlegende immanente Situierung von Lebensformen. Der Gegenstand der Ethologie sind seit ihrer Konjunktur im 19. und frühen 20. Jahrhundert die äußerlich vernehmbaren Bewegungen und Verhaltensweisen lebendiger Individuen, die als Handlungen und damit als spezifische Ausdrucksformen verstanden werden können.[1] Die Ethologie dreht sich seither um die aktiven wie passiven Verhaltensweisen der Tiere und Pflanzen, ihre geteilten Ordnungen und die praktischen Formen ihrer Selbsterhaltung. In ihrer problematischen Verschmelzung mit den charakterkundlichen Ausprägungen der Begriffsgeschichte des *ethos* wurde die Ethologie vielfach darauf verengt, Merkmale lebendiger Individuen in stereotypischen und räumlich fundierten Verhaltensweisen festzuschreiben und schlimmstenfalls eine essenzielle Kontinuität von Raum und Individuum zu behaupten. Als derart typisierende und harmonisierende Charakterkunde läuft sie freilich darauf hinaus, Verhaltensformen essenzialistisch zu fundieren und die Individuen in bestimmten Merkmalen zu determinieren. Um diese reduktiv stabilisierende Fundierung kritisch infrage zu stellen, ist es wichtig, die dynamischen und variablen Wirkungszusammenhänge des Verhaltens lebendiger Individuen herauszustreichen und sie nicht homogenisiert in bestimmten Umwelten zu situieren. Eine kritische Umarbeitung der Ethologie dreht sich also gerade nicht darum, bestimmte Verhaltensmerkmale zu determinieren, sondern darum, die Anpassung und Orientierung der Individuen in pluralen, dynamischen und offenen Wirkungszusammenhängen aufzuzeigen.[2] Eine Aktualisierung der ethologischen Fragestellung muss von der Potenzialität lebendiger Individuen ausgehen; nicht von ihrer teleologisch oder finalistisch determinierten Bestimmung und auch nicht von ihrer fixen Positionierung in einem stabil geordneten Ganzen.

---

1 Cf. den Eintrag zum *Ethos*-Begriff im *Wörterbuch der antiken Philosophie*, hg. Christoph Horn und Christof Rapp (München: Beck, 2002), 156–57. Eine instruktive Darstellung der Ethologie findet sich im *Historischen Wörterbuch der Biologie*. Georg Töpfer, *Historisches Wörterbuch der Biologie*. Band 1 (Berlin/Heidelberg: J. B. Metzler, 2011), 461–80. Eine begriffsgeschichtliche Einordnung der Ethologie in den Kontext der Biowissenschaften bietet: Volker Schurig „Die Eingliederung des Begriffs ‚Ethologie' in das System der Biowissenschaften im 19. Jahrhundert", *Sudhoffs Archiv* 68, Nr. 1 (1984): 94–104, sowie: Schurig, „Instinktlehre, vergleichende Verhaltensforschung, Verhaltensbiologie oder doch Ethologie? Die Analyse von Wissenschaftsbegriffen als Gegenstand einer Theoretischen Biologie", *Verhandlungen zur Geschichte und Theorie der Biologie* 15 (2010): 47–85.

2 Dementsprechend spielt auch der durch unterschiedliche Wissensfelder nomadisierende Begriff des Milieus eine wichtige Rolle in der disziplinären Formierung der Ethologie von einer Charakterlehre zu einer ökologischen Beziehungslehre. Cf. dazu: Florian Huber und Christina Wessely, *Milieu. Umgebungen des Lebendigen in der Moderne* (München: Fink, 2017).

So variantenreich die Herausbildung der Ethologie im 19. Jahrhundert auch sein mag, bleibt sie doch zumeist auf die einzelwissenschaftliche Untersuchung der Umweltlichkeit des individuellen Verhaltens im Feld der Biologie beschränkt (von ihrer politisch-ideologischen Indienstnahme einmal abgesehen). Die ethologische Fragestellung steht aber zugleich auch im Horizont eines klassischen metaphysischen Problemfeldes, das sich um die Individuation und die Erhaltung einzelner Individuen in ihren Seinszusammenhängen dreht.[3] Mit ihrer Öffnung zur Tradition wird deutlich, dass die programmatische Aktualisierung der ethologischen Fragestellung in Richtung einer übergreifenden Kulturwissenschaft aus weitreichenden philosophischen Quellen herzuleiten ist, die es erlauben, ihre holistischen und deterministischen Verengungen aufzuheben und einen dynamischen Gesamtzusammenhang aller Individuen zu sehen. So verstanden geht es in der Ethologie um Prozesse und Strukturen der Individuation in relationalen Zusammenhängen, und man könnte durchaus sagen, dass die ethologische Beschreibung von Verhalten ontologischen Charakter hat. Und zwar nicht etwa, weil sie klassifizierende und essenzialisierende Bestimmungen nach fixen Seinskategorien vornehmen würde, sondern weil sie die immanente Konstitution der Individuen in ihren variablen und dynamischen Relationen untersucht und sich damit grundlegend von einer substanzorientierten auf eine relationsorientierte Ontologie umstellen lässt.

Ich möchte zeigen, dass eine solche Ausrichtung der ethologischen Verhaltensanalyse an immanenten Konstitutionsprinzipien auf die Metaphysik Spinozas zurückführt. Es wären freilich ganz verschiedene Linien der modernen Lebensforschung – etwa über Goethe, Schelling oder Nietzsche – zu Spinoza zurückzuverfolgen, aber eine konkrete Verbindung der Ethologie zu Spinoza hat vor allem Gilles Deleuze aufgedeckt.[4] Er betont programmatisch: „Uexküll, einer der wichtigsten

3 Cf. dazu den immer noch einschlägigen Band: *Subjektivität und Selbsterhaltung. Beiträge zur Diagnose der Moderne*, hg. Hans Ebeling (Frankfurt am Main: Suhrkamp, 1976).

4 Die Verbindung der Ethologie zum Denken Spinozas ist Gegenstand der folgenden Beiträge: Moira Gatens, "Through a Spinozist Lens: Ethology, Difference, Power," in *Deleuze: A Critical Reader*, ed. Paul Patton (Oxford/ Massachutes: Blackwell, 1996), 162–87; Brett Buchanan, *Onto-Ethologies: The Animal Environments of Uexküll, Heidegger, Merleau-Ponty, and Deleuze* (New York: State University of New York Press, 2008). Eine Diskussion der Ethologie bei Deleuze und Guattari (allerdings ohne Bezug auf Spinoza) findet sich bei:

Begründer der Ethologie, ist Spinozist."[5] Das Denken von Deleuze kann als einer der herausragendsten modernen Umschlagplätze betrachtet werden, an dem die frühneuzeitliche Metaphysik Spinozas in die Frage nach den immanenten Bedingungen des Lebens überführt und auf die aktiv-passive Affektionsmacht körperlich-geistiger Individuen ausgerichtet wird.[6] „Lange nach Spinoza werden die Biologen und Naturforscher versuchen, Tierwelten zu beschreiben, die durch Affekte und die Macht, zu affizieren oder affiziert zu werden, definiert sind. [...] Derartige Studien, die die Körper, Tiere oder Menschen, durch die Affekte, derer sie fähig sind, definieren, haben das begründet, was man heute *Ethologie* nennt."[7] Von Spinoza kommend versteht Deleuze die Ethologie als eine immanente Beziehungslehre, durch die das Verhalten lebendiger Individuen aus den immanenten Affektionszusammenhängen ihrer Umwelt hergeleitet werden kann.[8] Dass die Affektionen für den spezifischen Zugriff der Ethologie eine wesentliche Rolle spielen,

---

Felice Cimatti, "From ontology to ethology. Uexküll and Deleuze & Guattari," in *Jakob von Uexküll and Philosophy. Life, Environments, Anthropology*, ed. Francesca Michelini und Kristian Köchy (Abingdon / New York: Routledge, 2019), 172–87.

5 Gilles Deleuze, *Spinoza. Praktische Philosophie* (Berlin: Merve, 1988), 164. In seinen frühen Arbeiten *Differenz und Wiederholung* (1968) und *Logik des Sinns* (1969) erwähnt Deleuze verschiedene Biologen, aber nicht Jakob von Uexküll. Deutlich wird der Bezug auf von Uexküll interessanterweise erst in der engen Auseinandersetzung mit Spinoza. Und zwar vor allem in dem kurzen Text mit dem Titel *Spinoza und wir*, der zuerst 1978 in der *Revue de Synthèse III* erschienen ist und den Deleuze später einer praktischen Philosophie Spinozas zuordnet. Von hier an erscheint von Uexküll vor allem in den Arbeiten mit Guattari, also in *Tausend Plateaus* (1980) und *Was ist Philosophie?* (1991).

6 Cf. dazu: Kerstin Andermann, „Substanz, Körper und Affekte. Immanente Individuation bei Spinoza und Deleuze", in *Spinozismus als Modell? Deleuze und Spinoza*, hg. Thomas Kisser und Katrin Wille (München: Fink, 2019), 13–47.

7 Deleuze, *Spinoza*, 162.

8 Dabei ist die Aufnahme naturwissenschaftlicher Erkenntnisse für Deleuze zwar wichtig, sollte aber auch nicht überbewertet werden, denn gerade die positivistischen Bestimmungen des Lebens sind auch immer wieder Gegenstand seiner Kritik. Cf. dazu etwa die produktive Auseinandersetzung mit der Phänomenologie in: Gilles Deleuze und Felix Guattari, *Was ist Philosophie?* (Frankfurt am Main: Suhrkamp, 1996). Zum Umgang mit den Naturwissenschaften cf. auch: Buchanan, *Onto-Ethologies*, 513 ff., und Miguel de Beistegui, *Immanence. Deleuze and Philosopy* (Edinburgh: Edinburgh University Press, 2010) sowie *Deleuze and the Non/Human*, ed. Jon Roffe and Hannah Stark (New York: Palgrave Mac, 2010).

soll direkt an einem bekannten Beispiel veranschaulicht werden. Es ist das Leben der Zecke, wie es Jakob von Uexküll in seinen *Streifzügen* so poetisch ausgeführt hat: „Die Zecke hängt regungslos an der Spitze eines Astes in einer Waldlichtung. Ihr ist durch die Lage die Möglichkeit geboten, auf ein vorbeilaufendes Säugetier zu fallen. Von der ganzen Umgebung dringt kein Reiz auf sie ein. Da nähert sich ein Säugetier, dessen Blut sie für die Erzeugung ihrer Nachkommen braucht. Nun geschieht etwas höchst Wunderbares: von allen Wirkungen, die vom Säugetierkörper ausgehen, werden nur drei, und diese in bestimmter Reihenfolge zu Reizen. Aus der übergroßen Welt, die die Zecke umgibt, leuchten die drei Reize (also das Licht, der Geruch und die Wärme) wie Lichtsignale aus dem Dunkel hervor und dienen der Zecke als Wegweiser, die sie mit Sicherheit zum Ziel führen."[9] Die Welt der Zecke besteht demnach aus konstituierenden Affektionen und ihrer Fähigkeit, über lange Zeit zu hungern, so lange eben, bis die Eigenschaften eines vorbeikommenden Säugetiers sie affizieren und sie sich fallen lässt.[10] In ihrer reduzierten Welt wird die Ausrichtung der Existenz auf die Selbsterhaltung in den Affektionsverhältnissen der Umwelt auf einfachste Weise anschaulich, und so macht die geringe Komplexität des Zeckenbeispiels den paradigmatischen Einsatzpunkt der Ethologie besonders deutlich.[11]

---

9 Jakob von Uexküll und Georg Kriszat, *Streifzüge durch die Umwelten von Tieren und Menschen: ein Bilderbuch unsichtbarer Welten. Bedeutungslehre* (Frankfurt am Main: Fischer, 1970), 12.

10 Wobei die Zecke gerade von dem Paradox bestimmt ist, zu sterben, wenn sie ihrem Selbsterhaltungsstreben folgt, und so liegen Sterben und Streben in ihrem Fall eng beieinander. Ihre „Blutmahlzeit" ist, wie Uexküll schreibt, zugleich ihre „Henkersmahlzeit". Cf. Uexküll und Kriszat, *Streifzüge*, 12–3.

11 Dementsprechend versteht sich die Ethologie etwa seit Ende des 19. Jahrhunderts als Lehre von den Beziehungen der lebendigen Individuen zu ihrer Umwelt und wird zunehmend in ihrer Verbindung zur Ökologie ausgewiesen. Schurig unterscheidet daher einen „ökologischen Ethologiebegriff" von einem späteren instinkttheoretisch geprägten Ethologiebegriff, der allerdings ebenso ökologisch aufzufassen und auf die Umwelt der Individuen ausgerichtet ist. Schurig, „Eingliederung des Begriffs ‚Ethologie'", 94–104. Die Auseinandersetzung um die Frage ökologischer oder instinkttheoretischer Konstitution des Verhaltens lässt sich aus der Perspektive einer relationalen Ontologie der Affektionen, die den essenzialisierenden Zug einer instinkthaften Ausrichtung infrage stellt, zwar nicht eindeutig entscheiden, aber doch problemgeschichtlich weitreichend erklären.

I. SPINOZA, DELEUZE UND DAS IMMANENTE LEBEN

Ich möchte im Folgenden drei Theorieelemente bestimmen, die die ethologische Lebensforschung im allgemeinen Kontext der metaphysischen Individuationsproblematik und speziell von Spinoza her verstehbar machen. Dabei geht es mir auch darum, die ethologische Fragestellung aus der Umklammerung durch anthropologische, instinkttheoretische, charakterkundliche und andere Aporien herauszulösen und in einem weiteren Kontext zu betrachten. Mit dem Begriff der Individuation wurden im 17. Jahrhundert, aber auch schon in der mittelalterlichen und der griechischen Philosophie, verschiedene Fragen markiert, die sich in metaphysischer Ausrichtung um die Prinzipien der Bildung von Individuen drehen. Dabei geht es etwa um die Erkenntnis der Einzelnheit von Individuen und ihre Unterscheidung oder um die Konstitution individueller Identität und ihre Erhaltung in der Zeit. Die Frage nach einem *principium individuationis* ergibt sich aus einer philosophischen Vorgeschichte, die bis zu Aristoteles reicht.[12] Für Spinozas Zeitgenossen Descartes war das Problem der Individuation vor allem eines des substanziellen Selbstbewusstseins der Individuen, und er bindet den Erhalt der Identität des Körpers an den Erhalt der Identität der Seele. Descartes' physikalische Theorie der Körper bietet aber zudem interessante Elemente einer Verhaltenslehre individueller Körper, die sich als Teile der ausgedehnten Substanz in den Verhältnissen von Ruhe und Bewegung erhalten können.[13] Spinoza hat diesen physikalischen Rahmen der Individuationsproblematik übernommen und führt die cartesische Trennung der Ausdehnung und des Denkens bekanntlich in einer unbedingten Substanz des Ganzen ineinander, die für ihn zugleich Natur und Gott ist.

Der erste Einsatzpunkt einer Revision der Ethologie von Spinoza her ist die immanente Ontologie, die dieser im ersten Teil seines Hauptwerks *Ethica* von 1677 in einem ontologischen Strukturmodell der Wirklichkeit vorgelegt hat. Vermittelt durch eine darauf aufbauende elaborierte

---

12 Cf. dazu die instruktive Übersicht über die Individuationsproblematik von Udo Thiel, „Individuation", in *The Cambridge Companion of Seventeenth-Century Philosophy*, ed. Michael Ayers and Daniel Garber (Cambridge: Cambridge University Press, 1997), 212–62.

13 René Descartes, *Die Prinzipien der Philosophie* [1644] (Hamburg: Meiner, 2005), 91–175 (Zweiter Teil: Über die Prinzipien der materiellen Dinge).

Theorie der Erkenntnis im zweiten Teil und eine Theorie der Affekte im dritten Teil gelangt Spinoza zu einer komplexen und vielschichtigen Theorie immanenter Individuation.[14] Er beginnt sein Hauptwerk mit einer metaphysischen Explikation der elementaren Dimensionen der Wirklichkeit und mit der Bestimmung einer Essenz, die Ursache und Voraussetzung ihrer selbst ist und ihre eigene Existenz einschließt. Im Horizont einer so begründeten Immanenz kann Spinoza den gesamten Seinszusammenhang nach seinen eigenen Bedingungen und von einer immanenten Kausalität *(causa immanens)* her verstehen, durch die sich Individuen in vielfältigen Relationen konstituieren. Er unterzieht seine ontologischen Grundbegriffe einer immanenten Begründung und legt ihnen die selbstursächliche Einheit einer einzigen Substanz mit mannigfaltigen Binnendifferenzierungen zugrunde. Mit dem Causa-sui-Prinzip stellt er eine immanente Selbstursache, d. h. eine sich selbst erzeugende Unterscheidung an den Anfang seines Systems, um die Emergenz der Elemente voraussetzungskritisch und ohne transzendente Herleitungen aufzubauen. Die Annahme der grundlegenden Einheit einer einzigen Substanz war für ihn wichtig, um die Wirklichkeit in ihrer kausalen Totalität erkennen und die Individuation der Einzeldinge aus einem immanenten Modell des Ganzen herzuleiten zu können. In dieser unbedingten und unendlichen Substanz unterscheidet Spinoza zwei für den Menschen erkennbare Attribute, nämlich die Ausdehnung und das Denken. Die einzelnen Modi der Substanz ergeben sich aus den Affektionen und stehen jeweils parallel und gleichursprünglich im Attribut der Ausdehnung und im Attribut des Denkens. Von der Immanenz einer unbedingten Substanz ausgehend, verfolgt Spinoza nicht nur eine radikale Ablehnung transzendenter Herleitungen, sondern stellt auch transzendentale Konstitutionsverhältnisse und damit jede vertikale Verdoppelung und Hierarchisierung der cartesischen Seinssphären infrage.

Diese Begründung der Wirkungszusammenhänge des Lebens aus der Immanenz dürfte für Deleuze der wichtigste Anknüpfungspunkt an Spinoza gewesen sein. Spinoza gilt ihm als der „Erste unter den Philosophen", weil er sich nicht mit der Transzendenz eingelassen und in der Immanenz „die alleinige Freiheit gefunden" hat.[15] „[R]eif genug sein für einen spinozistischen Gedanken" bedeutet für Deleuze, die Immanenz

---

14 Cf. zu dieser Interpretation des spinozanischen Systems: Kerstin Andermann, *Die Macht der Affekte. Spinozas Theorie immanenter Individuation* (Hamburg: Meiner, 2020).

15 Deleuze und Guattari, *Was ist Philosophie?*, 57.

nicht in etwas Größeres einzuschließen, ihr keine vertikalen Transzendenzen überzuordnen und ihr keine *prima causa* zu unterlegen. Die äußere Form der Immanenz ist unbedingt und allumfassend, sie wird nicht von etwas Äußerem begrenzt und ist nicht die Immanenz von etwas anderem, sondern wie eine Ebene, „die unablässig von unbegrenzten Bewegungen durchlaufen wird".[16] Immanenz ist für Deleuze der allgemeine Horizont und der absolute Grund der Philosophie. Substanz als Ursache ihrer selbst wird als einzig, unbegrenzt und unendlich gesetzt und ist damit Ausdruck einer Univozität des Seins. Er führt aus, dass der Ausdruck der Substanz oder der Ausdruck Gottes in den Modi nicht etwa bedeutet, dass diese nur Erscheinungen (Gottes oder der Ideen) wären. Es ist vielmehr so, dass der Ausdruck der Substanz in den mannigfaltigen Modi ihre umfängliche Teilhabe an der ganzen Natur zeigt, und so sind die Modi Ausdruck der Substanz, die sie selbst sind. „Die Dinge auf Modi einer einzigen Substanz zu reduzieren, ist kein Mittel, daraus Erscheinungen zu machen, [...] es ist vielmehr im Gegenteil für Spinoza das einzige Mittel, daraus „natürliche" Seiende zu machen, die mit Kraft oder Vermögen begabt sind."[17] Die einzelnen Entitäten sind für Deleuze also Ausdruckformen der Substanz und damit der Natur, und die Natur zeigt sich bis in ihre tiefsten Ebenen als eine Vielheit mannigfaltigen Ausdrucks.[18]

---

16 Deleuze und Guattari, *Was ist Philosophie?*, 53.

17 Gilles Deleuze, *Spinoza und das Problem des Ausdrucks in der Philosophie* (München: Fink, 1993), 83. Im Hintergrund dieser Bestimmung der Modi als Ausdrucksformen der Substanz zeigt sich die Kritik des Platonismus, die Deleuze, ausgehend von Nietzsches Idee einer „Umkehrung des Platonismus", formuliert. Dabei geht es um die Teilung von Wesen und Erscheinung, von Urbild und Abbild bzw. Trugbild, und man sieht deutlich, dass es die Auseinandersetzung mit dem immanenten Denken ist, durch die Deleuze eine Alternative zum Repräsentationsdenken findet. Cf. zur Kritik des Platonismus: Gilles Deleuze, „Platon und das Trugbild", in Deleuze, *Logik des Sinns* (Frankfurt am Main: Suhrkamp, 1993), 311–23.

18 Cf. Pierre Macherey, "The Encounter with Spinoza," in *Deleuze: A Critical Reader*, ed. Paul Patton (Oxford/Massachusetts: Blackwell, 1996), 139–61. Zum Begriff des Ausdrucks, der bei Spinoza selbst kaum vorkommt, in dem Deleuze aber gleichwohl die „Singularität Spinozas" erkennt, cf. Pierre Macherey, „In Spinoza denken", in *Gilles Deleuze – Fluchtlinien der Philosophie*, hg. Friedrich Balke und Joseph Vogl (München: Fink, 1996), 55–60. Macherey gibt an dieser Stelle eine Idee davon, warum die von Deleuze freigelegte Konzeption des Ausdrucks bei Spinoza in den (auch von Foucault untersuchten) Ordnungen der Repräsentation keinen Platz hat.

Spinoza bringt die Attribute der Ausdehnung und des Denkens also in ein horizontales Verhältnis und vermeidet ihre Hierarchisierung, so gibt es keine Überordnung des Intelligiblen über das Körperliche, des Cogito über die Ausdehnung und nichts, was der Natur übergeordnet wäre, sondern nur ihre gleichursprünglichen Attribute und ihre Modi in mannigfaltigen Verbindungen. „Gegen die ganz von Analogie durchdrungene kartesianische Theorie der Substanzen, gegen das kartesianische Konzept der Unterscheidungen [...] organisiert Spinoza eine bewundernswerte Aufteilung der Substanz, der Attribute und Modi."[19] Im Dreischritt des ontologischen Modells von Substanz, Attributen und Modi bilden die Modi den Übergang von der Substanz des Ganzen zu den einzelnen Dingen und werden als Affektionen der Substanz ausgewiesen: „Unter Modus verstehe ich die Affektionen *(affectiones)* einer Substanz, anders formuliert das, was in einem anderen ist, durch das es auch begriffen wird".[20] Mit seiner Bestimmung der Modi verleiht Spinoza dem Vorgang der Affektion sein ontologisches Profil, denn erst durch Affektionen individuieren sich Modi als einzelne Dinge in der Substanz des Ganzen. In diesem Sinne ist der Begriff der Affektion als ein ontologischer Grundbegriff des philosophischen Systems zu verstehen, das Spinoza uns hinterlassen hat und dessen immanente Anlage in der Ethologie wieder aufscheint.

Spinozas Konzeption von Substanz hat weitreichende Konsequenzen, denn die Orientierung auf Substanz geht häufig mit einem determinierenden Glauben an eine substanzielle Wesenhaftigkeit der Entitäten einher, durch den Freiheit infrage gestellt und Abweichungen von einer Wesensnormalität erst konstruiert werden. Mit der Bestimmung der Modi als vielfache Affektionen von Substanz wird dagegen ein Möglichkeitsraum der Individuation eröffnet, der sich gegen eine rückführende Vereinheitlichung ihrer Ausdrucksformen in essenzialistischen Kategorien in Stellung bringen lässt. Natur ist in dieser immanenten Interpretation nicht eine determinierende Instanz, sondern ein Spiel pluraler Ausdrucksformen, und aus dieser Konzeption folgt auch die strikt antimoralische Haltung den so unterschiedlichen Dingen der Natur gegenüber, die

---

19 Gilles Deleuze, *Differenz und Wiederholung* (München: Fink, 1997), 64.

20 E1d5. Die Spinoza-Zitate entstammen der Übersetzung von Wolfgang Bartuschat und der von ihm besorgten Ausgabe: Baruch de Spinoza, *Ethik in geometrischer Ordnung dargestellt* (Hamburg: Meiner, 2007). Die Nutzung unterschiedlicher internationaler Ausgaben wird durch die am geometrischen Aufbau der Ethica orientierte Zitierweise erleichtert. E1d5 bedeutet demnach *Ethik*, Erster Teil, definitio 5.

nicht als falsch oder richtig, gut oder böse angesehen werden, sondern als graduelle Vermögen der Modi, zu affizieren und affiziert zu werden. Spinoza hat sein System auf einen Begriff der Substanz aufgebaut, der in der Linie einer deleuzianisch-nietzscheanischen Interpretation nicht etwa in eine nezessitaristische Fundierung der Individuen führt, sondern vielmehr zum immanenten Einsatzpunkt ihrer Möglichkeiten wird. Eine spinozistisch ausgerichtete Ethologie wäre an diese dynamisierende Desubstanzialisierung des Individuationsdenkens anzuschließen, um die immanenten Bedingungen individueller Lebensformen in den Affektionsverhältnissen ihrer Umwelt zu untersuchen.

Der zweite Einsatzpunkt einer immanenten Umarbeitung der Ethologie liegt in der Bestimmung des Affektionsgeschehens, das der Individuation zugrunde liegt. Die Ableitungen des Verbs *afficio*, das als lateinische Version des griechischen *pathos* bereits die ganze Dimension dessen enthält, was einem Seienden widerfahren kann, spielen für Spinoza eine zentrale Rolle, und er nutzt das semantische Feld des Affektbegriffs in verschiedenen Richtungen. So sind mit Affekt *(affectus)* im engeren Sinne die einzelnen Bestimmungen von Gefühlen bezeichnet, die am Ende des dritten Teils der *Ethica* katalogisiert werden, während der Begriff der Affektion *(affectio)* einen allgemeineren Vorgang der Bezugnahme und ein kausales Wirkungsverhältnis zwischen Individuen anzeigt. Affektionen bewirken also die Konstitution der Einzeldinge, und durch unterschiedliche Affektionen werden einzelne Dinge auf ganz unterschiedliche Weise konstituiert. Der Begriff der *constitutio* zeigt dabei nicht nur den allgemeinen Vorgang der Affektion zwischen Körpern an, sondern auch die jeweilige Verfasstheit und den jeweiligen Zustand eines affizierten Körpers. Spinoza siedelt die Bedingungen von Individuation in der Affektfähigkeit der Individuen an und bestimmt die Affekte als: „Affektionen des Körpers, von denen die Wirkungsmacht des Körpers vermehrt oder vermindert, gefördert oder gehemmt wird [...]".[21] Affektivität ist hier nicht allein eine Leidenschaft und ein Erleiden *(passio)*, sondern ebenso durch Aktivität und durch das Handeln *(actio)* gekennzeichnet, und so wird die Handlungsmacht der Individuen in Spinozas *Ethik* von der Affizierbarkeit ihres Körpers und ihres Geistes her in den Blick genommen. Das bedeutet, dass ein Individuum durch unterschiedliche Affektionen ganz unterschiedliche Formen annehmen kann, und dementsprechend ist die Geschichte eines Modus als eine Geschichte seiner

---

21 E3Def3.

Affektionen zu verstehen.[22] Zu affizieren und affiziert zu werden ist, folgt man Spinoza, nicht nur eine Möglichkeit lebendiger Individuen, sondern vielmehr eine konstitutive Bedingung ihrer Selbsterhaltung. Erst mit der Unterscheidung von *affectio* und *affectus* wird deutlich, dass der Begriff des Affekts hier nicht nur emotionale Zustände bezeichnet, die sich in einer je bestimmten Weise anfühlen und einen bestimmten intentionalen Gehalt aufweisen. Affekte sind vielmehr Steigerungen und Hemmungen von Handlungsmacht und damit graduelle Abstufungen der Macht eines jeden Individuums. Dieser Übergangscharakter zeigt sich bereits deutlich in den unterschiedlichen Einzeldefinitionen der Affekte, die Spinoza am Ende des dritten Teils der *Ethik* anführt. So definiert er beispielsweise die Primäraffekte der Freude *(laetitia)* und der Trauer *(tristitia)* je als Übergänge zwischen einer geringeren und einer größeren Vollkommenheit des Individuums, indem er die machtsteigernde Funktion der Freude und die machthemmende Funktion der Trauer herausstreicht.[23]

Die differenzielle Verkettung von Affektionen überschreitet die Individuen und verbindet sie in einem größeren Zusammenhang miteinander. Folgt man dieser immanenten Perspektive, so ist der gesamte Seinszusammenhang von einer affektiven Kontinuität her auszuweisen, in der Individuen nicht als einzelne Entitäten erscheinen, sondern aus transindividuellen Affektionsverhältnissen hervorgehen. Individuation ergibt sich so gesehen aus Affektionen, die durch Individuen hindurchgehen und eine Schwächung oder eine Steigerung ihrer Vermögen und damit ihrer Macht bewirken. Entscheidend ist dabei, dass ein in dieser Weise bestimmter Seinszusammenhang nicht teleologisch oder finalistisch an übergeordneten Geltungen oder Normen zu orientieren ist, sondern zuallererst an den assoziativen Effekten, die sich in den immanenten Verhältnissen zwischen den Individuen ereignen.[24] Und das meint Deleuze, wenn er schreibt, dass „die Ethologie die Zusammensetzungen von Verhältnissen oder Mächten zwischen verschiedenen Dingen" untersucht.[25] Die lebendigen Individuen sind dabei nicht durch eine

---

22 Cf. Pierre Macherey, *Introduction à l'Ethique de Spinoza. La troisième partie. La vie affective* (Paris: PUF, 1995), 39 ff.

23 E3affdef2 und E3affdef3.

24 Cf. dazu: Manuel DeLanda, "Immanence and Transcendence in the Genesis of Form", in *A Deleuzian Century?*, ed. Ian Buchanan (Durham et al.: Duke University Press, 1999), 118–34. "In Spinoza Deleuze discovered [...]: that the resources involved in the genesis of form are immanent to matter itself." Ibid., 119.

25 Deleuze, *Spinoza*, 163.

innere Form und damit verbundene Funktionen determiniert, sondern durch ihr Vermögen, zu affizieren und affiziert zu werden, also durch ihre Affektfähigkeit. Deleuze findet für diese affektiven Assoziationszusammenhänge wunderbare Beispiele: „Nehmt irgendein Tier und erstellt eine Affektenliste in irgendeiner Ordnung. Die Kinder können das: der kleine Hans macht, nach der Schilderung Freuds, eine Affektenliste eines Zugpferds, das einen Wagen durch die Stadt zieht (tüchtig sein, Scheuklappen tragen, schnell laufen, eine schwere Last ziehen, zusammenbrechen, gepeitscht werden, mit den Beinen Krawallmachen usw.).“[26] So lassen sich Individuationsprozesse beschreiben, die sich aus den Affektionszusammenhängen der Individuen ergeben und nicht aus ihrer Gattungszugehörigkeit, wie etwa daran deutlich gemacht wird, dass ein „Arbeits-, ein Zugpferd und ein Rennpferd weniger Affekte gemeinsam haben, als ein Ochse und ein Arbeitspferd“.[27]

Deleuze betont dieses Vermögen der Modi, zu affizieren und affiziert zu werden, und leitet aus ihm seine antiessenzialistische Interpretation der eigenwilligen spinozanischen Substanzontologie her: „Ein Wesen des Modus ist Vermögen; ihm entspricht im Modus ein gewisses Affiziertseinkönnen.“[28] Im Ganzen des Naturzusammenhangs stehend, also durch die Affektionen, denen sie ausgesetzt sind und die von ihnen selbst ausgehen, ist die Affektfähigkeit der Modi immer schon aufgerufen. Ein Modus ist also sein Vermögen selbst, „in jedem Moment ist er alles, was er sein kann; sein Vermögen ist sein Wesen.“[29] Die einzelnen Modi der Substanz, die das Ganze der Natur für Spinoza ist, werden also von ihren unterschiedlichen Affektionen her bestimmt und mit äußeren Impulsen verbunden, durch die sie zu ihren jeweiligen Ausdrucksformen gelangen. Im Gesamtzusammenhang der Natur haben wir es mit einem unendlichen Affektionsgeschehen zu tun, und so lässt sich die Natur als ein dynamisch modifizierbarer Wirkungszusammenhang verstehen: „Stets aber ist es eine *Wirkung*. Eine Wirkung ist zunächst die Spur, die ein Körper auf einem anderen hinterlässt, der Zustand eines Körpers, sofern er die Tätigkeit eines anderen Körpers erfährt: eine *affectio*, etwa die Wirkung der Sonne auf unserem Körper, welche die Natur des affizierten Körpers ‚anzeigt‘ und bloß die Natur des

---

26 Deleuze, *Spinoza*, 161.
27 Ibid.
28 Deleuze, *Problem des Ausdrucks*, 84.
29 Ibid., 85.

affizierenden Körpers ‚einschließt'."[30] Mit der Bestimmung des „Affiziertseinkönnens" *(pouvoir d'être affecté)* der Modi zeigt Deleuze, dass das Wesen eines Individuum jeweils der Grad seiner Vermögen ist: „Der existierende Modus hat seinerseits ein mit einem Grad an Vermögen identisches Wesen; als solcher hat er eine Fähigkeit, affiziert zu werden, ein auf vielfache Weise Affiziertseinkönnen; sofern er existiert, ist dieses Können auf veränderliche Weise erfüllt, immer aber und notwendigerweise erfüllt unter der Einwirkung äußerer Modi."[31] Ein existierender Modus setzt sich aus einer großen Zahl von Teilen zusammen, die sich gegenseitig affizieren, und daraus folgt, dass ein existierender Modus sich aus der Summe vielfacher Affektionen bildet, deren einzelne Teile ebenfalls in vielfacher Weise affiziert werden.[32] Die kausalitätstheoretische Umwertung der Affekte in Affektionen macht also deutlich, dass Individuen in kausaler Abhängigkeit von einem transindividuellen Affektionsgeschehen verstanden werden müssen, in das sie jeweils eingelassen sind und an dem sich ihre Vermögen ausbilden.[33]

Der dritte Einsatzpunkt einer Umarbeitung der Ethologie von Spinoza her ist dessen Begriff des Körpers. Körper sind für Spinoza Modi der Substanz Gottes, die sich durch die Gesetze der Individuation individuieren und danach streben, sich selbst zu erhalten.[34] „Unter Körper verstehe ich einen Modus, der Gottes Essenz, insofern sie als ein ausgedehntes Ding

---

30 Gilles Deleuze, „Spinoza und die drei ‚Ethiken'", in *Kritik und Klinik*, hg. Deleuze (Frankfurt am Main: Suhrkamp, 2000), 187–88.

31 Deleuze, *Problem des Ausdrucks*, 192.

32 Cf. E2P28D: „Die Ideen der Affektionen des menschlichen Körpers [...] müssen nicht nur die Natur des menschlichen Körpers [im Ganzen], sondern auch die Natur seiner Teile in sich schließen; denn die Affektionen sind [...] die Weisen, in denen die Teile des menschlichen Körpers, und folglich der ganze Körper, affiziert werden."

33 Cf. Étienne Balibar, *Spinoza: From Individuality to Transindividuality* (Delft: Mededelingen vanwege het Spinozahuis Nr. 71, 1997); sowie die jüngst erschienene Kompilation von Texten Balibars zum Thema mit einer Einführung von Jason Read: Étienne Balibar, *Spinoza, the Transindividual* (Edinburgh: Edinburgh University Press, 2020).

34 „Körper sind [...] Einzeldinge, die sich aufgrund von Bewegung und Ruhe voneinander unterscheiden; ein jeder hat mithin [...] notwendigerweise von einem anderen Einzelding zu Bewegung oder Ruhe bestimmt werden müssen, nämlich [...] von einem anderen Körper, der ebenfalls sich bewegt oder ruht." E2P13L3D.

angesehen wird, auf bestimmte und geregelte Weise ausdrückt."[35] Für die Frage der Individuation von Körpern und für die bemerkenswerte Annahme, dass Körper sich „nicht im Hinblick auf Substanz"[36] unterscheiden, ist wichtig, dass es für Spinoza in der Natur „nicht zwei oder mehrere Substanzen derselben Natur, d. h. desselben Attributes, geben" kann.[37] Wenn es nun in der Natur nur eine Substanz gibt, aber verschiedene Individuen existieren, bedeutet das, dass diese sich nicht ihrer Substanz nach unterscheiden. Spinoza bestimmt die pluralen Individuen eben als verschiedene Modi der Substanz, und dabei sind Geist und Körper ihre unterschiedlichen Attribute. So kommt es, „dass die Ordnung der Aktivitäten und des Erleidens unseres Körpers mit der Ordnung der Aktivitäten und des Erleidens des Geistes von Natur aus zugleich ist".[38]

Die Begründung der Einzelnheit ausgedehnter Körper ist auch von Bedeutung, weil einzelne Körper in ganz anderen Verbindungen zu ihrem Geist stehen als Körper, die mit anderen Körpern verbunden sind. Je fähiger, verglichen mit anderen, ein Körper ist, vieles auf einmal zu tun oder zu erleiden, desto fähiger ist, verglichen mit anderen, sein Geist, vieles auf einmal wahrzunehmen; und je mehr die Tätigkeiten eines Körpers von ihm allein abhängen und je weniger andere Körper bei seinem Tätigsein mitwirken, desto fähiger ist sein Geist zu deutlicher Einsicht.[39] Es geht für Spinoza also um die Abhebung des Individuums, das sich von anderen unterscheidet und seine individuellen Fähigkeiten erst mit der Herausbildung seiner Einzelnheit steigern kann. Die Einzelnheit und die Verschiedenheit von Körpern muss also begründet werden, weil Körper eben nicht einfach immer schon individuierte Substanzen sind und ihre Einzelnheit nicht einfach vorausgesetzt werden kann. Es ist also nicht die Substanzialität von Körpern, sondern es sind die Verhältnisse der Bewegung, der Ruhe und der Geschwindigkeit zwischen ihnen, die zu ihrer Individuation führen.[40] Deleuze schreibt dazu: „Einerseits enthält ein Körper, so klein er auch sei, immer unendlich viele Teilchen: die

---

35 E2Def1.
36 E2P13L1 sowie E2P13L4D.
37 E1P5.
38 E3P2S.
39 E2P13S.
40 Cf. dazu auch: Don Garrett, "Spinoza's Theory of Metaphysical Individuation", in *Individuation and Identity in Early Modern Philosophy. Descartes to Kant*, ed. Kenneth F. Barber and Jorge J. E. Gracia (New York: State University of New York Press, 1994), 73–101.

Verhältnisse von Ruhe und Bewegung, Schnelligkeit und Langsamkeit zwischen den Teilchen, die einen Körper in seiner Individualität definieren. Andererseits affiziert ein Körper andere Körper oder wird von anderen Körpern affiziert: diese Macht zu affizieren und affiziert zu werden definiert ebenfalls einen Körper in seiner Individualität."[41]

Spinoza erklärt auch die Komplexität des aus zahlreichen Individuen zusammengesetzten menschlichen Körpers, der von äußeren Körpern auf mannigfache Weise affiziert werden kann.[42] Dabei ist es für den menschlichen Körper nicht nur eine Möglichkeit, auf diese Weise affiziert zu werden, es ist vielmehr sogar eine Notwendigkeit und ein Gesetz seiner Selbsterhaltung. Zu seiner Selbsterhaltung bedarf der menschliche Körper also vieler anderer Körper, zu denen er in einem Verhältnis gegenseitiger Affektion steht und „von denen er beständig gewissermaßen neu erzeugt wird".[43] Die Form des menschlichen Körpers als spezielles Verhältnis von Bewegung und Ruhe muss erhalten bleiben, damit „der menschliche Körper auf vielfache Weise affiziert werden kann und [...] selbst äußere Körper auf vielfache Weise affiziert".[44] Ruhe und Bewegung sind also die konstituierenden Bedingungen der Individuation und der individuellen Selbsterhaltung eines jeden Körpers im Sinne des *conatus perseverandi*.[45] Die Situierung des Körpers in den Verhältnissen der Ruhe, der Bewegung und der Geschwindigkeit wird hier als notwendige Konstitutionsbedingung dargestellt. Erst in dieser Dynamik werden Körper auf zahlreiche Weisen (*pluribus modis*) affiziert und affizieren ihrerseits andere Körper auf viele Weisen. Körper stimmen also darin überein, gleichermaßen Modi der Substanz Gottes zu sein und Gottes Essenz zum Ausdruck zu bringen. Ihre Unterscheidbarkeit aber geht darauf zurück, wie sie ruhen, sich bewegen und sich gegenseitig zu Ruhe und Bewegung veranlassen. Erst diese Dynamik führt zu ihrer Unterscheidbarkeit und damit zu ihrer Individuation, und erst von hier aus kann Spinoza nach den Affektionskräften zwischen Körpern fragen und ein Modell sich gegenseitig affizierender und affizierbarer Körper entwickeln. Um zu betonen, dass sich die Form eines Individuums aus der Interaktion der Körper ergibt, die es konstituieren, erklärt Spinoza zuerst, dass Körper aus mehreren

---

41 Deleuze, *Spinoza*, 159–60.

42 Cf. E2P13Post3.

43 E2P13Post4.

44 E4P39D.

45 Cf. E3P6: „Jedes Ding strebt gemäß der ihm eigenen Natur, in seinem Sein zu verharren."

anderen Körpern zusammengesetzte Individuen sind.[46] Die Form eines Individuums ergibt sich also aus der Vereinigung von Körpern, und sie erhält sich, auch wenn sich einzelne Körper in ihr verändern. Und auch wenn die Teile eines Individuums immer größer oder immer kleiner, immer schneller oder immer langsamer werden oder ihre Richtungen ändern, die Regeln von Ruhe und Bewegung aber dieselben bleiben, behält das Individuum seine Form. „Daraus sehen wir also, wie ein zusammengesetztes Individuum auf vielfache Weise affiziert werden kann und nichtsdestoweniger seine Natur bewahrt."[47] Spinoza unterscheidet verschiedene Formen der Individuation in den Gesetzen von Ruhe und Bewegung, und so lassen sich die Verbindungen und die Kombinationen von Individuen unendlich fortsetzen. „Und wenn wir so weiter ins Unendliche fortfahren, werden wir leicht begreifen, daß die ganze Natur ein Individuum ist, dessen Teile, d. h. alle Körper, auf unendlich viele Weisen sich verändern, ohne daß sich dabei das ganze Individuum irgendwie veränderte."[48]

Deleuze sieht den Körper bei Spinoza nach zwei Dimensionen bestimmt: „Einerseits enthält ein Körper, so klein er auch sei, immer unendliche viele Teilchen: die Verhältnisse von Ruhe und Bewegung, Schnelligkeit und Langsamkeit zwischen den Teilchen, die einen Körper in seiner Individualität definieren. Andererseits affiziert ein Körper andere Körper oder wird von anderen Körpern affiziert: diese Macht zu affizieren und affiziert zu werden definiert ebenfalls einen Körper in seiner Individualität."[49] Deleuze bestimmt hier eine kinetische Dimension, bei der der Körper in einem Zusammenhang immanenter Geschwindigkeiten steht, und eine dynamische Dimension, bei der es um die Macht des Körpers geht, zu affizieren und affiziert zu werden. In beiden Fällen wird die Individualität des Körpers also nicht als eine Formentwicklung der Substanz begriffen und auf eine innere Wesensform zurückgeführt,

---

46 „Wenn mehrere Körper [...] von anderen Körpern so zusammen gedrängt werden, daß sie aneinander liegen, oder wenn sie, mit demselben Grad oder auch mit verschiedenen Graden von Geschwindigkeit, sich so bewegen, daß sie ihre Bewegungen nach einer bestimmten Regel untereinander verknüpfen, dann wollen wir sagen, daß diese Körper miteinander vereinigt sind und daß sie alle zusammen einen einzigen Körper oder ein Individuum bilden, das sich von den anderen [...] unterscheidet", E2P13Def.

47 E2P13S.

48 E2P13S.

49 Deleuze, *Spinoza*, 159–60.

sondern von den dynamischen Verhältnissen der Umwelt her verstanden. Mit Spinoza weist Deleuze Körper als Modi komplexer Bewegungen und Geschwindigkeiten aus, die affizieren und affiziert werden können; also als Vermögen, die sich in übergreifenden Affektionszusammenhängen individuieren. Deleuze sieht hier zwei fundamentale Fragen äquivalent zusammengehen: „*Was ist die Struktur (fabrica) eines Körpers? Was kann ein Körper?* Die Struktur eines Körpers ist die Zusammensetzung seines Zusammenhangs. Was ein Körper kann, ist die Natur und die Schranken seines Affiziertseinkönnens.“[50] Er betont auf dieser Basis, dass der Körper keine wesenhafte Realität ist, sondern dass ihm ganz unterschiedliche Bedeutungen zukommen und er seine Realität je „von der Kraft erhält, zu der er die stärkste Affinität aufweist“.[51] Der Körper bildet also das Zentrum der Affektionskräfte und geht erst aus diesen hervor, und so kann ihm ganz verschiedener Sinn zukommen, je nachdem welche Kraft sich seiner bemächtigt. „Jede Beziehung zwischen Kräften erstellt einen Körper, der chemisch, biologisch, sozial, politisch sein kann.“[52] Und in diesem Sinne ist der Körper eine „Frucht des Zufalls [...], ein vielschichtiges Phänomen, aus einer Vielzahl irreduzibler Kräfte zusammengefügt“, kurz: eine „Machteinheit“.[53] Es ist Spinoza, so Deleuze, der „in einer tiefgründigen Theorie zu erweisen versucht, dass einer jeden Kraftqualität ein Vermögen, affiziert zu werden, korrespondiert. Ein Körper sollte umso mehr Kraft aufweisen, je mehr Arten, affiziert zu werden, ihm eignen.“[54] Mit dieser Pluralität der Affektionskräfte wird ein Möglichkeitsraum angedeutet, der nicht mit einem determinierenden Substanzbegriff zu vereinbaren ist.

Spinoza behauptet nicht, die Funktionsweise verkörperter Individuen zu verstehen, sondern weist den Körper vielmehr als ein unbekanntes Objekt aus und betont, dass „wir von unserem eigenen Körper nur eine ganz verworrene Erkenntnis haben“.[55] Für ihn gibt es keinen Grund, an den Fähigkeiten des Körpers zu zweifeln. Die Menschen halten an einem Irrtum fest, wenn sie glauben, dass der Körper seine Ruhe, seine Bewegung und all seine Verrichtungen allein in Abhängigkeit vom Geist

---

50 Deleuze, *Spinoza*, 192.

51 Gilles Deleuze, *Nietzsche und die Philosophie* (Hamburg: Europäische Verlagsanstalt, 1991), 9.

52 Ibid., 46.

53 Ibid.

54 Ibid., 69.

55 E2P13S.

und von dessen Willen zu leisten vermag. „Allerdings, was der Körper kann, hat bislang noch niemand bestimmt; d. h. die Erfahrung hat bislang niemanden darüber belehrt, was der Körper bloß nach Gesetzen der Natur, insofern diese allein als körperlich angesehen wird, verrichten kann und was allein dadurch, daß er von dem Geist bestimmt wird."[56] Deleuze betont, dass diese Unwissenheitserklärung eine glatte Provokation ist: „wir sprechen vom Bewusstsein und seinen Beschlüssen, vom Willen und seinen Wirkungen, von tausend Mitteln, den Körper zu bewegen, [...] aber wir wissen nicht einmal, was der Körper alles vermag [...]."[57] Körper sind also Modi der Essenz Gottes, und um zu existieren, muss ein Körper seinen charakteristischen Zusammenhang von Bewegung und Ruhe aufrechterhalten können.

Für Spinoza ist der Körper so wichtig, weil er den rationalen Umgang mit den Affektionen des Körpers zur Bedingung der Möglichkeit von Glück und Freiheit macht. Er interessiert sich für die Fähigkeit, zu affizieren und affiziert zu werden, als ein Vermögen, sich selbst in den Affektionszusammenhängen der umgebenden Welt zu erhalten. Und dabei spielt die Affektfähigkeit des Körpers, die immer zugleich ein Vermögen des Geistes ist, eben eine zentrale Rolle. Individuation wird hier von den Affektionszusammenhängen her ausgewiesen, und in diesem Sinne ist ein jedes Individuum radikal von der Umwelt her zu verstehen, und in der Kontingenz der umweltlichen Verhältnisse eröffnen sich seine Möglichkeiten. Genau das ist gemeint, wenn Deleuze mit Spinoza betont: „ihr wißt nicht, wozu ihr im Guten wie im Schlechten fähig seid, ihr wißt nicht im Voraus, was ein Körper oder eine Seele in solcher Begegnung, jener Anordnung, jener Kombination vermag."[58] Um diese Potenzialität der Individuation sichtbar zu machen und die Individuen nicht in normierenden und normalisierenden Geltungen festzusetzen, ist es wichtig, die Ethologie von ihren ethischen Dimensionen her und das *ethos* als eine überschreitende Haltung zu verstehen.[59]

---

56 E3P2S.

57 Deleuze, *Spinoza*, 27.

58 Ibid., 162.

59 So wie Foucault die kritische Ontologie unserer selbst als ein *ethos* versteht. Cf. Michel Foucault, „Was ist Aufklärung?", in Foucault, *Schriften in vier Bänden. Dits et Ecrits, Band IV, 1980–1988*, (Frankfurt am Main: Suhrkamp, 2005), 687–707.

II. ETHOS DER IMMANENTEN EXISTENZ

Vor dem Hintergrund der immanenten Ontologie Spinozas und der vorgestellten Konzeption des Körpers und der Affekte soll es nun abschließend noch einmal um den ethischen Gehalt der Ethologie gehen. Der Bezug auf Spinoza verdeutlicht ihre ethische Dimension und verbindet die Ethologie mit dem ursprünglichen Gehalt des *ethos* und der Erklärung von Verhalten aus dem örtlichen Lebensraum menschlicher und auch nicht menschlicher Individuen. Mit dieser Ausrichtung ist eine Umwertung der Verhaltensbegründung durch die Orientierung an immanenten Geltungen verbunden. Als ethische Verhaltenslehre macht die Ethologie deutlich, dass die Bedingungen der menschlichen Lebensform sich nicht vornehmlich aus transzendenten Normen und Werten ergeben, sondern auch aus immanenten Affektionsverhältnissen.[60] Deleuze stellt dementsprechend fest: „Spinozas Ethik hat nichts zu tun mit einer Moral, er begreift sie als Ethologie, d. h. als eine Zusammensetzung von Schnelligkeiten und Langsamkeiten, Vermögen zu affizieren und affiziert zu werden [...].“[61] In einer ethologisch ausgerichteten Ethik wird das Verhalten der Individuen also nicht aus äußeren moralischen Prinzipien und normativen Regeln hergeleitet, sondern aus der Existenz der Individuen in den immanenten und ereignishaften Bedingungen des Lebens selbst. Spinoza bringt seine Gewichtung transzendenter und immanenter Wertsetzung in einem der bekanntesten Lehrsätze der *Ethica* anschaulich auf den Punkt: „Aus all dem steht also fest, daß wir etwas weder erstreben, noch wollen, weder nach ihm verlangen, noch es begehren, weil wir es für gut halten; im Gegenteil, wir halten etwas für gut, weil wir es erstreben, es wollen, nach ihm verlangen und es begehren.“[62]

Die ethologische Perspektive führt zu einer Verlagerung von Orientierungs- und Verhaltensnormen in das situierte Leben selbst, und so besteht der Unterschied von Ethik und Moral in einer immanenten Wendung der Wertsetzung. „Der Unterschied ist folgender: Die Moral stellt

---

60 Cf. zur Begründung einer immanenten Theorie der Normen im Anschluss an Spinoza und Deleuze auch: Martin Saar, „Immanente Normativität“, in Theorie normativer Ordnungen, hg. Rainer Forst und Klaus Günther (Berlin: Suhrkamp, 2021), 139–61.

61 Deleuze, *Spinoza*, 162.

62 E3p9s.

sich dar als ein Ensemble von zwingenden Regeln eines speziellen Typs, Regeln, nach denen Handlungen und Absichten beurteilt werden, indem sie diese auf transzendentale Werte beziehen (das ist gut, das ist böse ...); die Ethik ist ein Ensemble fakultativer Regeln, nach denen das, was wir tun, was wir sagen, entsprechend der Existenzweise bewertet wird."[63] Was Deleuze hier als Existenzweise bestimmt und unmittelbar mit Spinozas Konzeption der Modi in Verbindung bringt, ist der räumlich und zeitlich situierte Zusammenhang der Affektionen, deren Aufnahme eben am Streben der Individuen nach Selbsterhaltung ausgerichtet ist. „Die Begierde ist nun nichts anderes als das Bestreben, durch das jedes Ding bestrebt ist, in seinem Dasein zu beharren, jeder Körper in der Ausdehnung, jede Seele oder jede Idee im Denken *(conatus)*. Weil uns aber dieses Bestreben dazu treibt, je nach angetroffenen Gegenständen verschieden zu handeln, sind wir gezwungen zu sagen, daß es in jedem Moment durch die von den Gegenständen herrührenden Affektionen bestimmt wird."[64] Die Orientierung an transzendenten Normen wird hier durch eine Orientierung an immanenten Affektionen ersetzt, die das lebendige Individuum in einen nicht regelgeleiteten Zusammenhang seiner dynamischen Umwelt stellt. Es empfängt die Wirkungen dieser Umwelt, und, wenn „ein Körper einem anderen Körper, eine Idee einer anderen Idee ‚begegnet', kommt es mal vor, dass sich die zwei Verhältnisse zusammensetzen, um ein vermögenderes Ganzes zu bilden".[65] Die Verhältnisbildung zwischen Individuen wird an ihrem Begehren und einer Ordnung der Affektionen ausgerichtet, nach der sie sich verbinden und trennen: Wir „empfinden *Lust*, wenn ein Körper unserem Körper begegnet und sich mit ihm zusammensetzt oder wenn eine Seele unserer Seele begegnet und sich mit ihr zusammensetzt, und im Gegensatz dazu *Unlust*, wenn ein Körper oder eine Idee unseren eigenen Zusammenhalt bedrohen".[66] Im erwähnten Fall der Zecke ist die Begierde ein einfaches Streben nach Selbsterhaltung, aber komplexe menschliche Bewusstseinssubjekte können Wirkungen

---

63 Gilles Deleuze, „Das Leben als Kunstwerk (Gespräch mit Didier Eribon)", in *Unterhandlungen. 1972–1990* (Frankfurt am Main: Suhrkamp, 1993), 136–46, 145. Für Deleuze hat Spinozas Gleichstellung der Sphären von Körper und Geist auch eine praktische Bedeutung, die darin besteht, das Bewusstsein als ein Instrument der Moral und die Moral „als ein Unternehmen zur Beherrschung der Leidenschaften durch das Bewußtsein" zu entlarven. Deleuze, *Spinoza*, 28.
64 Deleuze, *Spinoza*, 31.
65 Ibid.
66 Ibid.

in ihren Ursachen erkennen und auch aktiv steuern. In dieser Erkenntnis der Affektionen liegt für Spinoza das Potenzial der Freiheit für den Menschen und dementsprechend ist der Begriff der Rationalismus hier einzig von der affektiven Erkenntnis her zu verstehen. Die Aufgabe einer an Spinoza ausgerichteten Ethologie bestünde dementsprechend darin, die Wirkung der Affektionen durch ihre Erkenntnis zu überschreiten und in ihren Ursachen zu verstehen. Mit Spinoza würde das bedeuten, von inadäquater Erkenntnis zu adäquater Erkenntnis zu gelangen und Affektionen nicht nur passiv zu erleiden, sondern sie zu verstehen und aktiv mit ihnen umzugehen. Die Zecke kann ihre affektiven Verbindungen nicht erkennen und geht an ihrem eigenen Streben zugrunde, der Mensch aber kann sie erkennen und sich durch die Steuerung der Affektionen aktiv selbst erhalten und im Zusammenschluss mit anderen Menschen vervollkommnen.

Aus diesem ethischen Zusammenhang ergibt sich das Bild einer ethologischen Verhaltensforschung als Wissenschaft von der Selbsterhaltung lebendiger Individuen in ihren affektiven Lebenszusammenhängen. Deleuze macht deutlich, dass Spinoza die Moral in ihrer Verknüpfung der Existenz mit transzendenten Werten durch eine ethische „Typologie immanenter Existenzweisen" ersetzt.[67] Während die Moral aus äußeren Normen und Werten hergeleitet wird, ziele Spinoza auf eine immanente Normsetzung, die sich an den Affektionen orientiert. Die Gesetze der Moral führen nicht zur Erkenntnis, sondern verhindern die Erkenntnis, das „Gesetz ist immer die transzendente Instanz, die den Gegensatz der Werte Gut-Böse bestimmt, doch die Erkenntnis ist immer das immanente Vermögen, das den qualitativen Unterschied der Existenzweisen Gut-Schlecht bestimmt".[68] An dieser qualitativen Bestimmung lassen sich die möglichen Verbindungen der Individuen ausrichten, und so können sich auch Assoziationen und Begegnungen ergeben, in denen die Individuen einander nützlich sind.

Der Rückgang auf den Gehalt des *ethos*, wie er sich in der Ethologie andeutet, führt also zu einer Begründung von Verhaltensnormen aus der affektiven und relationalen Verfasstheit lebendiger Individuen. Wir haben es hier mit einer immanenten Naturalisierung zu tun, die nicht in essenzialistische Fundierungen und damit nicht in normative Regulierungen von Verhalten führt, sondern es vielmehr zum Gegenstand

---

67 Deleuze, *Spinoza*, 34.
68 Ibid., 36.

ethischer Analyse machen kann. So besteht der Zusammenhang des vorgestellten frühneuzeitlichen metaphysischen Denkens und der modernen wissenschaftlichen Verhaltenslehre der Ethologie in der immanenten Situierung der Individuen. Und in beiden Fällen haben wir es mit Formen der Naturalisierung zu tun, die auf die Potenzialität und damit auf die Macht der Individuen ausgerichtet sind, sich in Affektionsverhältnissen zu erhalten und sich selbst zur Ursache eines gelingenden Lebens zu machen. Mit der Umwertung der Moral in ethologischer Richtung wird nicht die Geltung von Normen infrage gestellt, sondern ihre Genese in den immanenten Verhältnissen des Lebens selbst erklärt. „Es findet sich bei Spinoza sehr wohl eine ‚Lebens'-Philosophie: sie besteht gerade darin, alles aufzuzeigen, was uns vom Leben trennt; alle die gegen das Leben gerichteten transzendenten Werte, die an die Bedingungen und Illusionen unseres Bewusstseins gebunden sind."[69]

So ist der Ausgangspunkt einer ethologischen Ethik die Affizierbarkeit der Körper in ihren jeweiligen Umwelten und auf allen Ebenen des Naturzusammenhangs. Deleuze erweitert das immanente Verständnis von Individuation auf die Ebene von Dynamiken, die tiefer als je aktualisierte Qualitäten liegen und ebenfalls zu Aktualisierung und Differenzierung führen. Die Antriebskräfte der Individuation sind also Verkettungen von Wirkungen im Feld der Ausdehnung und im Feld des Denkens, die durch dynamische Verhältnisse von Ruhe und Bewegung immer wieder neuen Impulsen folgen und sich neu erschaffen. Individualität ist damit nicht aus einer ursprünglichen Wesensform herzuleiten, sondern bildet sich in einem immanenten Feld von Wirkungen aus, die sich auf unterschiedlichste Weise verknüpfen können. Genauso „studiert die Ethologie die Zusammensetzungen von Verhältnissen oder Mächten zwischen verschiedenen Dingen" und damit auch die Möglichkeiten neuer Verbindungen und neuer Zusammensetzungen von Individuen.[70] Die immanente Anlage dieser Perspektive eröffnet Einsichten in die Konstitution des Individuums, wie auch in die Konstitution überindividueller, d. h. aus verschiedenen Individuen zusammengesetzter Individuen. Es geht in einer ethologischen Perspektive auch darum, zu verstehen, „ob Verhältnisse (und welche) sich direkt zusammensetzen können, um ein neues Verhältnis, das weiter ‚ausgedehnt' ist, zu bilden, oder ob Mächte sich direkt zusammensetzen können, um eine Macht, ein Vermögen zu

---

69 Deleuze, *Spinoza*, 36.
70 Ibid., 163.

konstituieren, das ‚intensiver' ist".[71] Die Ethologie sollte nicht als eine deterministische Verhaltenslehre und vor allem nicht als eine essenziell fundierte Charakterlehre betrachtet werden. Sie sollte in Anknüpfung an ihren ethischen Gehalt und mit Blick auf die Potenzialität der Individuen in dynamischen Umwelten entfaltet werden.

LITERATURVERZEICHNIS

Andermann, Kerstin *Die Macht der Affekte. Spinozas Theorie immanenter Individuation.* Hamburg: Meiner, 2020.

— „Substanz, Körper und Affekte. Immanente Individuation bei Spinoza und Deleuze". In *Spinozismus als Modell? Deleuze und Spinoza*, herausgegeben von Thomas Kisser und Katrin Wille, 13–47. München: Fink, 2019.

Balibar, Étienne *Spinoza: From Individuality to Transindividuality.* Delft: Mededelingen vanwege het Spinozahuis Nr. 71, 1997.

— *Spinoza, the Transindividual.* Edinburgh: Edinburgh University Press, 2020.

Beistegui, Miguel de *Immanence. Deleuze and Philosopy.* Edinburgh: Edinburgh University Press, 2010.

Buchanan, Brett *Onto-Ethologies: The Animal Environments of Uexküll, Heidegger, Merleau-Ponty, and Deleuze.* New York: State University of New York Press, 2008.

Cimatti, Felice "From ontology to ethology. Uexküll and Deleuze & Guattari". In *Jakob von Uexküll and Philosophy. Life, Environments, Anthropology*, edited by Francesca Michelini and Kristian Köchy, 172–87. Abingdon / New York: Routledge, 2019.

DeLanda, Manuel "Immanence and Transcendence in the Genesis of Form." In *A Deleuzian Century?*, edited by Ian Buchanan, 118–34. Durham et al.: Duke University Press, 1999.

Deleuze, Gilles *Differenz und Wiederholung.* München: Fink, 1997.

— *Kritik und Klinik.* Frankfurt am Main: Suhrkamp, 2000.

— *Logik des Sinns.* Frankfurt am Main: Suhrkamp, 1993.

— *Nietzsche und die Philosophie.* Hamburg: Europäische Verlagsanstalt, 1991.

— *Spinoza. Praktische Philosophie.* Berlin: Merve, 1988.

— *Spinoza und das Problem des Ausdrucks in der Philosophie.* München: Fink, 1993.

— „Spinoza und wir", *Revue de Synthèse III* (1978).

71 Deleuze, *Spinoza*, 164.

— *Unterhandlungen. 1972–1990*. Frankfurt am Main: Suhrkamp, 1993.

Deleuze, Gilles und Felix Guattari *Tausend Plateaus*. Berlin: Merve, 1980.

— *Was ist Philosophie?* Frankfurt am Main: Suhrkamp, 1991.

Descartes, René *Die Prinzipien der Philosophie* [1644]. Hamburg: Meiner, 2005.

Ebeling, Hans, Hg. *Subjektivität und Selbsterhaltung. Beiträge zur Diagnose der Moderne*, Frankfurt am Main: Suhrkamp, 1976.

Foucault, Michel „Was ist Aufklärung?" In *Schriften in vier Bänden. Dits et Ecrits, Band IV, 1980–1988*, herausgegeben von Michael Foucault, 687–707. Frankfurt am Main: Suhrkamp, 2005.

Garrett, Don "Spinoza's Theory of Metaphysical Individuation". In *Individuation and Identity in Early Modern Philosophy. Descartes to Kant*, edited by Kenneth F. Barber and Jorge J. E. Gracia. New York: State University of New York Press, 1994.

Gatens, Moira "Through a Spinozist Lens: Ethology, Difference, Power". In *Deleuze: A Critical Reader*, edited by Paul Patton, 162–187. Oxford/Massachutes: Blackwell, 1996.

Horn, Christoph und Christof Rapp, Hg. *Wörterbuch der antiken Philosophie*. München: Beck, 2002.

Huber, Florian und Christina Wessely *Milieu. Umgebungen des Lebendigen in der Moderne*. München: Fink, 2017.

Macherey, Pierre *Introduction à l'Ethique de Spinoza. La troisième partie. La vie affective*. Paris: PUF, 1995.

— „In Spinoza denken". In *Gilles Deleuze – Fluchtlinien der Philosophie*, herausgegeben von Friedrich Balke und Joseph Vogl, 55–60. München: Fink, 1996.

— "The Encounter with Spinoza." In *Deleuze: A Critical Reader*, edited by Paul Patton, 139–161. Oxford/Massachusetts: Blackwell, 1996.

Roffe, Jon, and Hannah Stark, eds. *Deleuze and the Non/Human*. New York: Palgrave Mac, 2010.

Saar, Martin „Immanente Normativität". In *Theorie normativer Ordnungen*, herausgegeben von Rainer Forst und Klaus Günther, 139–61. Berlin: Suhrkamp, 2021.

Schurig, Volker „Die Eingliederung des Begriffs ‚Ethologie' in das System der Biowissenschaften im 19. Jahrhundert". *Sudhoffs Archiv* 68 (1984): 94–104.

— „Instinktlehre, vergleichende Verhaltensforschung, Verhaltensbiologie oder doch Ethologie? Die Analyse von Wissenschaftsbegriffen als Gegenstand einer Theoretischen Biologie". *Verhandlungen zur Geschichte und Theorie der Biologie* 15 (2010): 47–85.

Spinoza, Baruch de *Ethik in geometrischer Ordnung dargestellt*, herausgegeben von Wolfgang Bartuschat. Hamburg: Meiner, 2007.

Thiel, Udo "Individuation." In *The Cambridge Companion of Seventeenth-Century Philosophy*, edited by Michael Ayers and Daniel Garber, 212–62. Cambridge: Cambridge University Press, 1997.

Töpfer, Georg *Historisches Wörterbuch der Biologie*, Bd. 1. Berlin/Heidelberg: J. B. Metzler, 2011.

Uexküll, Jakob von und Georg Kriszat *Streifzüge durch die Umwelten von Tieren und Menschen: ein Bilderbuch unsichtbarer Welten. Bedeutungslehre.* Frankfurt am Main: Fischer, 1970.

HANJO BERRESSEM

FÉLIX GUATTARI'S SCHIZOANALYTIC ETHOLOGY

ABSTRACT

Drawing on Félix Guattari's discussions of ethology, this essay asks whether changes in the field of *ethology* might be considered in relation to changes in the field of *ecology*. In particular, can Guattari's notion of ecosophy and what might be called his 'schizoanalytic ecology' be used to conceptualize an equally 'schizoanalytic ethology' or 'ethosophy'? In the light of this collection's theme, can the lost discipline of ethology be found in Guattari's ecosophy?

PROLOGUE: TO THE READER

Before you read the following essay, I would ask you to do something. The inspiration for this comes from James Williams, a colleague and friend who I once saw making use of a similar oratory device. Please imagine, while you read, on the floor in front of you or projected onto the page you are reading, a group of poisoned rats in their death throes. A mother and her young. The mother's teeth are bared. Her eyes are wide open.

I. INTRODUCTION: ETYMOLOGIES

In 1903, Ernst Haeckel relates the science of ethology, defined by John Stuart Mill in 1843 as “the science of the formation of character”[1] and used by French zoologist Isidore Geoffroy Saint-Hilaire in 1854 to designate the study of the relations between an organism and its environment,[2] to ecology, a term Haeckel himself had coined in his 1866 book *General Morphology of Organisms*. Haeckel’s superposition of ethology and ecology occurs in the 1903 edition of his book *Anthropogeny: Or the History of the Evolution of Man*, in which he defines the science of “bionomy”, which concerns the “manifold relations of animals and plants to each other and to the outside world”, as the “ecology *or* ethology of the organisms”[3].

---

1 John Stuart Mill, *A System of Logic: Ratiocinative and Inductive, Being a Connected View of the Principles of Evidence, and the Methods of*, 8th ed. (New York: Harper & Brothers, 1882), 1044. Mill takes the word from the Greek ‘ethos’ and thinks of it in terms of human and “political ethology” (1098/626) rather than biology: “A science is thus formed, to which I would propose to give the name of Ethology, or the Science of Character, from ἦθος, a word more nearly corresponding to the term ‘character’ as I here use it, than any other word in the same language.” (1054/602). See also D.E. Leary, “The fate and influence of John Stuart Mill’s first proposed science of ethology,” *J. Hist. Ideas* 43 (1982): 153–62.

2 Isidore Geoffroy Saint-Hilaire, *Histoire naturelle générale des règnes organiques, vol. I.* Paris: Victor Masson, 1854 and Geoffroy Saint-Hilaire, Isidore. *Histoire naturelle générale des règnes organiques, vol. II.* (Paris: Victor Masson, 1859). Unlike Mill, Geoffroy Saint-Hilaire develops the term from within biology. “Faits généraux, rapports et lois éthologiques” (vol. I, XXII). See also his reference, in 1859, to what opens up from the biological to the social and, perhaps, further to what today we call human ethology: “C’est à l’éthologie [...] qu’appartient l’étude des relations des êtres organisés dans la *famille* et la *société*, dans l’*agrégat* et la *communauté*.” Vol. II, 285.

3 „Zu Beginn des 20. Jahrhunderts rückt E. Haeckel, die von ihm so bezeichnete Wissenschaft der Ökologie in die Nähe der Ethologie (‚Bionomie (Oekologie oder Ethologie der Organismen)‘). Haeckel vollzieht diesen Schritt in der fünften Ausgabe der Anthropogenie von 1903, Der Gegenstand der ‚Oekologie oder Ethologie‘ sind nach Haeckel die ‚mannigfaltigen Beziehungen der Tiere und Pflanzen zueinander und zur Außenwelt‘“. Georg Toepfer, „Ethologie“, in Toepfer, *Historisches Wörterbuch der Biologie: Geschichte und Theorie der biologischen Grundbegriffe. Bd. 1* (Stuttgart: J.B. Metzler, 2011), 461.

In light of Haeckel's superposition of the two terms, my question is whether changes in the field of ethology might be measured *by* or *against* changes in the field of ecology. More to the specific argument of my paper, can Félix Guattari's 'ecosophy'[4] be used to conceptualize what might be called, perhaps, an 'ethosophy'? And further, if Guattari's ecosophy can be thought of as a 'schizoanalytic ecology', which is a term I will explain in more detail later on, might one conceive of something like a 'schizo-analytic ethology'? In reference to the title of this collection, can the lost discipline of ethology be recovered, perhaps, in the light or even in the guise of Guattari's schizoanalytic ecology?

A *caveat*, of course, is that any such terminological takeover should not disregard the ethology of ethology. Its specific character, its historicity and individuation as a science in its development from Konrad Lorenz' and Nikolaas Tinbergen's stress on biology and animal studies to its subsequent dissemination into the fields of human ethology and psychology, as well as its relation to other sciences. A history of ethology might show that at a certain moment and in a certain place, a number of concepts developed around the term 'ethology' that were so rich that they easily dispersed into other fields of thought. With two of these, ecology and philosophy, I will deal in this essay. Perhaps the beauty of ethology is that it cannot be found other than as a conceptual aerosol that pervades these other fields, in which it allows to make things visible that would otherwise remain invisible. Maybe one might conceive, in analogy to Benjamin's optical unconscious, an ethological unconscious.

The reference is to Ernst Haeckel, *Anthropogeny: Or the History of the Evolution of Man, vol. I.*, trans. from the fifth (enlarged) edition by Joseph McCabe (London: WATTS & CO, 1912), 100. – One year earlier, in 1902, William Morton Wheeler had published an article in science in which he had written about the term ethology: "The general Greek usage of ethos ῆΘος, especially in the plural ῆΘηas the accustomed seat, haunt, habitat or dwelling of men or animals, admirably expresses the chorological aspect of 'ethology'; its usage in the sense of habit, manners, etc. (Lat. consuetudo, mores) expresses what we mean by animal behavior, while the signification of ῆΘος as character, disposition, nature, etc. (Lat. indoles, ingenium, affectus) is well suited to express the psychological aspects of 'ethology.' Certainly no term could be more applicable to a study which must deal very largely with instincts, and intelligence as well as with the 'habits' and 'habitus' of animals." William Morton Wheeler, "Natural history", "oecology" or "ethology," *Science 15* (1902): 975.

4 Guattari takes the term from deep ecologist Arne Naess.

II. FROM SPECIES TO SPECIFICITY

Although Guattari & Deleuze frequently reference ethology as a field of resonance and source of inspiration, their conceptual pick-ups also tend to re-work, from within ethological registers, some of its underlying conceptualizations and assumptions. Take, for instance, their somewhat counter-intuitive statement in *A Thousand Plateaus* from 1980, that "what holds an assemblage together is not the play of framing forms or linear causalities but, actually or potentially, its most deterritorialized component, a cutting edge of deterritorialization."[5] In other words, an organism's character is not so much defined by the borders that separate it from its environment [*Umgebung*] as opposed to its immersion in the milieu [its *Umwelt*], nor is it defined by predictable, general patterns of behavior and thus what might be called its 'specieality', but rather by its inherent valences [*Wertigkeiten*], which designate the power or agency it has to bind elements from within the milieu to itself and *vice versa*. Its ecological connectivity [*Anschlussfähigkeit*]. Its ability to create and participate in larger, complex arrangements. Its structural elasticities. The margins of its 'freedom of choice' that allow it to move and to act within a milieu and which concern less its specieality than its specificity and affectivity. What holds it together is not its general character (*ethos*) as a member of a species, but its specific potentialities that allow it, at each moment, to change its character, its habits, its habitats and its interactions with the heterogeneous components of the overall milieu. The number of positive affects and structural alliances it can actualize within a milieu considered as a machinic, multiplicitous and heterogeneous field that provides specific affordances and restraints.[6]

---

5 Gilles Deleuze and Félix Guattari, *A Thousand Plateaus: Capitalism and Schizophrenia*, trans. Brian Massumi (Minneapolis: University of Minnesota Press, 2005), 336.

6 The machinic points to the fact that every milieu is a dynamic, infinitely complex network of organic assemblages. Of what Leibniz called living machines. In *The Machinic Unconscious*, Guattari relates such a machinism to ethology when he envisions a "rhizomatic conception of inter-assemblage pragmatic fields (and non-arborescent, as Tinbergen proposes with his famous schema)" Félix Guattari, *The Machinic Unconscious: Essays in Schizoanalysis*, trans. Taylor Adkins (Los Angeles: Semiotext[e], 2011), 116.

In this light, ethological questions about the taxonomy and typology of species shift from "distinct essences"[7] and characters to relative complexities, to the inherent polyvalence and the margins of deterritorialization that define particular assemblages. How polyvalent is a specific assemblage? How free is it to enter into new alignments within an at the same time physical, chemical, biological, psychological, social, economic, political, cultural and conceptual milieu? How free is it to cross over between and operate within all of the aspects of the milieu. How are the potentialities of what Guattari & Deleuze call 'transversal movement' or, more generally, 'transversality'? For instance, can a rat cross over into the conceptual and *vice versa*? Can a thought become rat?

First move: from the typology and taxonomy of species and characters, Guattari & Deleuze shift to a typology of affects and of abilities to interact and change: *ethosophy as affectology*.[8] How great is a specific assemblage's potential to actively navigate and administer a milieu in order to stay alive? Jakob von Uexküll is such an important inspiration because, "in defining animal worlds," he "looks for the active and passive affects of which the animal is capable in the individuated assemblage of which it is a part."[9] The sentence before they reference Uexküll's example of the tick is programmatic. In terms of its affectivity and thus of what it can do, "a racehorse is more different from a workhorse than a workhorse is from an ox:"[10] *specificity before species*.

The notion of nature as a network of heterogeneous, assembled, and what Karen Barad calls entangled organisms implies, as natural scientists were invariably the first to know, that nature is not 'natural'. In fact, Guattari & Deleuze consider natural assemblages, again somewhat counter-intuitively, as in actual fact, "*unnatural*", as in artificial. "The plane of Nature", they note, "continually makes and unmakes [...]

---

7 Guattari, *The Machinic Unconscious*, 119.

8 Note Naess' reliance on Spinoza. Unlike Giorgio Agamben's monasticism, which might be read as the philosophical version of deep ecology, Guattari's philosophy is not a 'deep philosophy' but rather a 'full philosophy'; perhaps even an 'excessive philosophy'.

9 "In the same way that we avoided defining a body by its organs and functions, we will avoid defining it by Species or Genus characteristics; instead we will seek to count its affects. This kind of study is called ethology, and this is the sense in which Spinoza wrote a true Ethics", Deleuze and Guattari, *A Thousand Plateaus*, 257.

10 Ibid.

assemblages, employing every artifice."[11] In opposition to the religious and philosophical conceptualization of the light of nature as a *lumen naturale* and *spirituale*, it is an everywhere dispersed, heterogeneous, Lucretian light; what Fritz Heider calls a '*multiplicity of light-waves*, [*Lichtwellenmultiplizität*]'; a term that implies the notions of dispersion and of the scattering of light [*Zerstreuung, die Streuung des Lichts*].

In its most abstract, the notion of 'schizoanalysis' concerns the analysis of such a machinic nature in terms of its continuities and discontinuities, in the sense that the analysis of a machine, of a computer, say, concerns the abstract architecture of connections and disconnections on its circuit board [its *Platine*, or more generally, its *Schaltplan* or *Schaltkreis*]. A schizoanalysis is quite literally and simply an analysis of these connections and disconnections, or, as Guattari and Deleuze call them, of flows and cuts. One should not immediately relate the term to clinical schizophrenia, therefore, but rather to the Greek *schizein*, which means 'to cut or to part'. In this light, a 'schizoanalytic ecology' is an analysis of a living machine's architecture of flows and cuts that is performed from within ecological parameters.

This is Guattari & Deleuze's second move: The relation between machinic milieus and machinic organisms is not one of uni-directional representation, but rather of a mutual expressionism. This is why Deleuze's book on Spinoza is called *Expressionism in Philosophy*, and why Guattari proposes, in *Schizoanalytic Cartographies*, that the dynamics of territorialization and deterritorialization are related to what he calls the 'expressive function'.[12]

---

11 Deleuze and Guattari, *A Thousand Plateaus*, 258. "'Ethology' can be understood as a very privileged molar domain for demonstrating how the most varied components (biochemical, behavioral, perceptive, hereditary, acquired, improvised, social, etc.) can crystallize in assemblages that respect neither the distinction between orders nor the hierarchy of forms. What holds all the components together are transversals, and the transversal itself is only a component that has taken upon itself the specialized vector of deterritorialization." (Ibid., 336, my italics).

12 "What is most important to bring out is this survival, through a processual headlong flight, of a form that, having lost its sensible support and its material 'base', one might have thought was condemned to abolishing itself. Instead of that, it persists in reproducing the modular references from which it stemmed, and, more importantly, it enriches them by inserting them into an infinitely proliferating phase space of possibility," Félix Guattari, *Schizoanalytic Cartographies*, trans. Andrew Goffey (London: Bloomsbury, 2013), 134.

> [I]t is a question here of all the *expressive matters* open to the facets of mutation and creation: genetic, *ethological*, semiotic codes, semiologies and the ensemble of situations in which a *'constructivist' Expression* is grafted onto material – phonic, scriptural, organic – chains, by starting to play the double game of being-for-itself [...] and of being-for-something-else.[13]

For the following, I will assume that in the shift from animal ethology to human ethology, and thus from biosemiotics to human semiotics, when ethologists such as Adolf Portman introduce what Guattari might call a 'linguistic transversal' into ethology, this transversal is Saussurian and thus representational, while Guattari & Deleuze work with a Hjelmslevian semiotics that does not relate signifier and signified, which implies the 'loss of the referent', but content and expression, which retains it.[14]

While a representational semiotics tends to separate animal ethology – from human ethology, in Guattari & Deleuze's expressive, schizoanalytic semiotics[15] they are part of what Guattari & Deleuze call a larger machinic and 'signaletic' field. The instinctual, for instance, which tends to be considered to be much larger in the animal world, is treated by Guattari & Deleuze as a black-box that hides a heterogeneity of complex, non-human semiotics that operate on imperceptible, micro-machinic plateaus. Even the most microscopic levels, that is, are defined by a 'signaletic' machinics

---

13 Guattari, *Schizoanalytic Cartographies*, 134.

14 "The science of human ethology [...] must be based on the observational and experimental study of human behaviour as such, and not on extrapolations from other animal species." Derek Freeman, "Anthropology, ethology and verbal behavior," *Man*, no. 2 (1967): 302.

15 The becoming-horse of Little Hans: "These are not pantasies or subjective reveries: it is not a question of imitating a horse, 'playing' horse, identifying with one, or even experiencing feelings of pity or sympathy. Neither does it have to do with an objective analogy between assemblages. The question is whether Little Hans can endow his own elements with the relations of movement and rest, the affects, that would make it become horse, forms and subjects aside. Is there an as yet unknown assemblage that would be neither Hans's nor the horse's, but that of the becoming-horse of Hans? An assemblage, for example, in which the horse would bare its teeth and Hans might show something else, his feet, his legs, his peepee-maker, whatever? And in what way would that ameliorate Hans's problem, to what extent would it open a way out that had been previously blocked?" Deleuze and Guattari, *A Thousand Plateaus*, 258.

or a "biologico-behavioral engineering of components"[16]. Guattari uses as an example the case of "stigmergy"[17], which is the process by which ants pass information to one another by way of patterned paths. A 'semiotic pathology' in which the semiotic materials are not signifiers, but signaletic materials. In the case of humans, such signaletics cross over transversally between human and non-human languages. As only an expressive, signaletic semiotics allows for non-human and human languages to intersect, Guattari & Deleuze are more fascinated by ethology's bio-semiotics than by its reliance, in the field of human ethology, on a Saussurian semiotics.

To recapitulate: In topological terms, the coherence of an organism, or, as Guattari also calls it, of a consistency as 'anything that is consistent', is established by way of its capabilities to move transversally across heterogeneous plateaus and strata, and thus 'to cut and create connections.' As I noted earlier, "what holds all the components together are transversals, and the transversal itself is only a component that has taken upon itself the specialized vector of deterritorialization"[18]. In ethological terms, to align one's individual machine with the allover machine of a given milieu does not only rest on the creation of an existential territory considered as a 'living map' of a milieu, but also, and crucially so, on the ability to disassemble that territory, which is a process Guattari conceptualizes as a complexification.

III. THE DETERRITORIALIZATION OF TERRITORIES

Guattari & Deleuze import much of what they say about ethology in *A Thousand Plateaus*, especially in the chapter "of the refrain: 1853", from a chapter of Guattari's 1979 book *The Machinic Unconscious* called "the ethology of sonorous, visual and behavioural refrains in the animal

16 Guattari, *The Machinic Unconscious*, 116.

17 Ibid., 117. "stigmergy" is a term coined in 1959 by French biologist Pierre-Paul Grassé in reference to termite behavior, deriving from the Greek (*stígma*, "mark", "sign") + (*érgon*, "work", "action"). In biology, it denotes a mechanism of spontaneous, indirect coordination between agents or actions, where the trace left in the environment by an action stimulates the performance of a subsequent action; in *systems theory* it is a mechanism of indirect coordination between agents or actions, in which the after-effects of one action guide a subsequent action.

18 Deleuze and Guattari, *A Thousand Plateaus*, 336.

world". For Guattari & Deleuze, refrains are components in the construction of a territory, which is a seminal term in ethology that I will define for this occasion as a consistency's 'existential map' of a material milieu in which a heterogeneity of territories are superposed. The bird, the mouse, the cat: three territories, one milieu. From within this definition, the notion that 'the map is not the territory' should be rewritten as 'the territory is not the milieu'.

In the chapter, Guattari ecosophizes ethological observations about the courtship rituals of birds. While some of these rituals are assembled from predominantly actual, material components that operate according to a logic of representation, as when a male presents an actual blade of grass to a female, others are assembled from more virtual, immaterial components that operate according to a logic of expression, as when a bird uses specific musical melodies and refrains that involve dynamic arrangements of variable abstract affects, existential rhythms and "territorial counterpoints"[19].

From this ethological observation, which psychoanalysts might relate to the shift from metonomy to metaphor, Guattari deduces that already in animal behavior, there are vectors within each territory that point towards that territory's deterritorialization, which does not imply its destruction or dismantling, but rather, as I noted earlier, its complexification. Against many readings of Guattari & Deleuze, their superposition of deterritorialization and complexification is an eminently ecological move. Deterritorialization does not destroy an existential territory. Rather, it allows a consistency's expressive registers to develop, as in the case of birds, from being able to choose between a limited number of predominantly actual, material components and their valences to be able to choose between a multiplicity of more virtual, immaterial and polyvalent components. In ethological terms, in every territory there is a vector from hard-wired programs to the possibility of more open, software-driven choices [*Weltoffenheit, Weltanschlussfähigkeit*].

---

19 Deleuze and Guattari, *A Thousand Plateaus*, 318. The musical refrain is "more deterritorialized than the grass stem, but this does not preclude its being 'determined,' in other words, connected to biochemical and molecular components." (Ibid., 336) – "We know nothing about a body until we know what it can do, in other words, what its affects are, how they can or cannot enter into composition with other affects, with the affects of another body, either to destroy that body or to be destroyed by it, either to exchange actions and passions with it or to join with it in composing a more powerful body." Ibid., 257.

In her book *Pilgrim at Tinker Creek*, the American nature writer Annie Dillard illustrates this flowering of choices in reference to the entomologist Jean-Henri Fabre's description of the devastating determination with which a species of caterpillars, symptomatically called 'pine processionaries' [*thaumetopoea pityocampa*], circle endlessly around the edge of a round vase, never realizing that this procession will go nowhere, and thus is not open to what Henri Bergson would call 'creative evolution.' At this point, let me also remind you of the image of the dying rats and ask you to add to that the image of such a hopeless caravan of caterpillars. As Dillard describes it:

> A closed circuit of caterpillars, leaderless, trudging round his vase on a never-ending track. He [Fabre] wants to see how long it will take them to catch on. To his horror, they march not just an hour or so, but all day. When he leaves the greenhouse at night, they are still tracing that wearying circle, although night is the time they usually feed.[20]

After two days, Fabre concludes that the caterpillars, "starved, shelterless, chilled with cold at night, cling obstinately to the silk ribbon covered hundreds of times, because they lack the rudimentary glimmers of reason which would advise them to abandon it."[21] This is the infernal version of Uexküll's world of the tick. The dark side of ethology's 'fixed action patterns.'[22] In this context, Guattari considers the development of operational refrains into both "animal and human assemblages" as the introduction of mediators that systematically thwart "the rigid oppositions between the acquired and the innate, between a rigorous biological determinism and a freedom of invention."[23]

Refrains and rituals function as complex transversal operators that cross over "parallel universes which seemed to never have to communicate

---

20 Annie Dillard, *Pilgrim at Tinker Creek* (London: Picador, 1976), 67.

21 Ibid., 68. Dillard notes "[t]he fixed is the world without fire – dead flint, dead tinder, and nowhere a spark. It is motion without direction, force without power, the aimless procession of caterpillars round the rim of a vase, and I hate it because at any moment I myself might step to that charmed and glistening thread" (ibid., 69), noting specifically "the abysmal stupidity of insects" (ibid., 68).

22 Webster's Dictionary defines instinct as a "largely inheritable and unalterable tendency of an organism to make a complex and specific response to environmental stimuli without involving reason."

23 Guattari, *The Machinic Unconscious*, 116.

together", such as the "hormonal, perceptive, ecological, social"[24] In fact, Guattari stresses that "evolution can be called creative only by taking into consideration the general tendency towards the efflorescence [the flowering out of 'singularity salts' from stone] of the most deterritorialized forms."[25] Once more, Guattari uses an ethological vocabulary when he describes this flowering-out as a "deterritorialization of his *Umwelt* [which] has led man to invent diagrammatic operators such as faciality and refrains enabling him to produce new machinic territorialities."[26] As "this kind of evolutionary machinic escape can already be located in the animal world,"[27] the difference between animal and human is not a categorical one of species, but a relative one of the overall number of choices; of the varieties of modes of expression and of the overall coefficient of deterritorialization. In *Schizoanalytic Cartographies*, Guattari defines these dynamics from within a directly ecosophical context, which superposes the fields of "social ecology, mental ecology and environmental ecology,"[28] or, in other words, the fields of 'human, mental and non-human ecology.'

IV. SQUARING ETHOLOGY

In *The Machinic Unconscious*, Guattari cautions that "it is advisable to banish at the same time any idea of dialectical progress as well as any unfavorable moral connotation in the appreciation of these successive movements of deterritorialization and reterritorialization."[29] What counts is neither the utopia of total freedom nor the dystopia of complete determinism, but rather the complex operational spaces that develop between these two extremes.

In *Schizoanalytic Cartographies*, Guattari maps out these spaces in an extremely complicated, 'deterritorialized diagram' of which I can only provide a telegrammatic shorthand here: The diagram aligns, on its left side, the quantitative world. The world conceived as without qualities. This purely actual, material world 'for-itself' is initially one of continuous

---

24 Guattari, *The Machinic Unconscious*, 116.
25 Ibid., 119.
26 Ibid., 120.
27 Ibid., 119.
28 Félix Guattari, *The Three Ecologies*, trans. Ian Pindar and Paul Scutton (London: Athlone Press, 1989), 41.
29 Guattari, *The Machinic Unconscious*, 119.

Flows, but it already contains within it the singularity salts or programs that allow for the creation of a discontinuous, although still in|different machinic Network. In relation to Anthony Uhlmann's essay in this collection, it replaces Virginia Woolf's waves by moths. The right side denotes the qualitative world. The world conceived as without quantities. This virtual, immaterial world for-something-else is initially one of continuous Territories and sensations, but it already contains within it the singularity salts or programs that allow for the creation of discontinuous and differential mental Universes and sense. Wave-like affects fold into aerosolic thoughts. These two sides as two aspects of the same world, are related according to the Spinozist logic of mutual expressionism. As such, the diagram recapitulates Spinoza's parallelism of body and mind as the complementarity that in actual fact it is. As Spinoza notes, mind and body "are one and the same thing, conceived now under the attribute of Thought [the right side], now under the attribute of Extension [the left side]."[30] The left side conceives of the world as abstract and actual, the right side as concrete and virtual.

Guattari's ecosophical move consists of the folding of the two sides of the diagram onto each other (every virtual sensation and thought is embodied, every body is, as Ralph Waldo Emerson noted, ensoul'd), and to consider ethology from within the spectrum that reaches from existential, affective territories, such as those of Üxkuell's tick and of the pine processionaries, to synaptic, mental Universes, considered as the field of the deterritorialization of existential territories. Guattari once again uses ethological registers to describe this diagram:

> Neither absolute deterritorialization of pure self-awareness, nor the automatism of an ant colony: freedom consists in the give and take of quanta of deterritorialization emitted by refrains, facialities, etc. and carried by the *ensemble* of the components of an assemblage, whether these quanta be material or libidinal, individual or group-oriented, private or public... By thus negotiating their free valences, their degrees of freedom [...] 'optional subjects,' refrains and faciality constitute themselves in the privileged place of micropolitical confrontations.[31]

---

30 Baruch Spinoza, *Spinoza Complete Works*, trans. Samuel Shirley, ed. Michael L. Morgan Hackett (Cambridge: Hackett Publishing Company, 2002), 280, my brackets.

31 Guattari, *The Machinic Unconscious*, 128. In the diagram that lies at the center of *Schizoanalytic Cartographies*, this structuralism is even more pronounced. In

In Guattari's squaring, refrains are territorial, existential and affective, such as habitual movements and existential routines, as opposed to free, dispersed, deterritorialized fields of thought. These allow a conceptualization of virtual universes that is defined by an infinite number of potential choices. By the freedom of thought. In this context, Guattari points to the deterritorializing function of the synapsis. Although any new connection is predicated on an earlier disconnection one should always remember the folding, or superposition of the two sides. The human being is always caught in the middle. In the milieu: *ethology as schizoanalytic ecology*.[32]

At this point, the ecosophical logic loops back onto the ethological notion of character. Once the field of ethology is considered as fully machinic, creative evolution concerns the transversals between plant, animal and human rather than strict borders between them. On this background, Deleuze and Guattari's notions of becoming-plant, becoming-animal and becoming-human do not only put pressure on ethological typologies, taxonomies and characters, they also invade ethology's very conceptuality. Its figures of thought.

This is the third and final move. If the first move concerned the shift from a specieality to affectology, and the second move the shift from a representational to an expressive logic, the third move concerns the

---

the deeply ethological diagram, systemic behavior is spanned out between four attractors or, in Guattari's terminology, four functors that square the world into Flows, Phyla, Territories and Universes. Flows and Phyla are actual, Territories and Universes are virtual. This horizontal differentiation is aligned with a vertical one that aligns analog Flows and Territories with digital Phyla and Universes. Guattari's diagram allows to position ethology in this square, which can be, most abstractly, be defined by the terms *extensive quantity*, as in: without qualification, and *intensive quality*, as in: immaterial qualification. While this differentiation is well-rehearsed as that between body and mind, Guattari's squaring adds a number of in-between positions: the quantity of quantity (Flows), the quality of quantity (Phyla), the quantity of quality (Territories) and the quality of quality (Universes). In Guattari's notation, "the real of the actual, the possible of the actual, the real of the virtual, [and] the possible of the virtual." Figure 1.2, Guattari, *Schizoanalytic Cartographies*, 28.

32 In many readings of Deleuze and Guattari, striation is related to territorialization and has a bad reputation. Against this evaluation, Guattari reads it as the internal complexification of a consistency, while he defines smoothing, which is generally related to deterritorialization and has a good reputation, as the changes a consistency goes through; its elasticities while it is moving through a milieu: *ethology as ecosophy*.

fact that if ecosophy concerns social, mental and environmental realms equally, it should also define its own mode of thought and of feeling. It should put its money where its mouth is, one might say. It must put its practice where its theory its. It must disperse itself. In *The Machinic Unconscious*, Guattari evokes the somewhat scandalous concept of a dispersed, aerosolic thought. While ethology is one field that has inspired such a thought, in order to turn ethology into ethosophy, that dispersed thought, which pervades the animal and the human world equally, would need to be folded back onto ethology:

> What kind of scandals would arise in affirming that [...] a "thought," if you will, governs the evolution of every branch of the animal phylum? Admittedly, not an individually arranged thought, but a thought with "n" dimensions where everything starts to think at the same time, individuals as well as groups, the "chemical" as well as the "chromosomal" or the biosphere.[33]

In conclusion, let me illustrate such an ecosophially dispersed thought. I hope that you still have the image of the dying rats in your mind and heart. Let me fill in the situation. Readers with a background in German literature have of course known all along that the image is taken from Hugo von Hofmannsthal's "The Letter of Lord Chandos"[34] from 1903, which means that we've returned to the year in which Haeckel, for the first time, superposed ethology and ecology. But while Haeckel was still fully concerned with the natural world, the letter, which introduces a veritable menagerie of animals, such as mosquitoes, deers, cows, spiders, horses, dogs, rats, beetles, earthworms, quails, cats, crickets and moraines, relates a truly ecosophic and expressive superposition of animal and human ethology, and as such it is a magnificent manifesto of what might be called a 'literary ethosophy'[35]. In the letter, Chandos describes his vision

---

33 Guattari, *The Machinic Unconscious*, 127.

34 Hugo von Hofmannsthal, „Der Brief des Lord Chandos", hg. Fred Lönker (Ditzingen: Reclam, Philipp jun., 2019).

35 Vilém Flusser and Louis Bec's book *Vampyroteuthis Infernalis, A Treatise, with a Report by the Institut Scientitique de Recherche Paranaturaliste*, trans. Valentine A. Pakis (Minneapolis: U of Minnesota P, 2012), in which the squid's life-form comes to designate in all aspects the opposite or reverse of the life-form of the human, might be read as a 20th century example of the dissemination of ethology into media studies. "Its unconscious is what in the human functions of a pack of rats that he had ordered to be poisoned on his farm in the morning. Trotting along a field in the afternoon, he suddenly 'sees', in a madeleine moment, the rats dying in that farm's cellar.[36] He is inside the cellar, and the cellar is inside of him.[37] In a superposition of this scene with the image of burning Carthage, Chandos finds that this scene is more extreme and comprehensive

> there was more, something more divine, more bestial; and it was the Present, the fullest, most exalted Present. There was a mother, surrounded by her young in their agony of death; but her gaze was cast neither toward the dying nor upon the merciless walls of stone, but into the void, or through the void into Infinity, accompanying this gaze with a gnashing of teeth!-A slave struck with helpless terror.[38] standing near the petrifying Niobe must have experienced what I experienced when, within me, the soul of this animal bared its teeth to its monstrous fate.

---

as the agency of the observer," Hanjo Berressem, "Structural Couplings: Radical Constructivism and a Deleuzian Ecologics," in *Deleuze/Guattari & Ecology*, ed. Bernd Herzogenrath (New York: Palgrave, 2008), 90. In the registers of the squid's libidinous philosophy, the highest achievement is not to reach the level of a universal spirit but of a universal intensity. Our heights are his depths: "In the end [...] it is compelled to plunge into those deep regions of thought where we practice analytic geometry", Flusser and Bec, *Vampyroteuthis Infernalis*, 48. As Flusser ends his text, "[w]e are becoming increasingly vampyroteuthic," ibid., 67. In short: *becoming squid.*

36 In its death throes, a rat "bares his teeth at monstrous fate," Deleuze and Guattari, *A Thousand Plateaus*, 258 („als in mir die Seele dieses Tieres gegen das ungeheure Verhängnis die Zähne bleckte", Hofmannsthal, „Der Brief des Lord Chandos", 16).

37 „Da, wie ich im tiefen, aufgeworfenen Ackerboden Schritt reite, nichts Schlimmeres in meiner Nähe als eine aufgescheuchte Wachtelbrut und in der Ferne über den welligen Feldern die große sinkende Sonne, thut sich mir im Innern plötzlich dieser Keller auf, erfüllt mit dem Todeskampf dieses Volks von Ratten. Alles war in mir: die mit dem süßlich scharfen Geruch des Giftes angefüllte kühl-dumpfe Kellerluft und das Gellen der Todesschreie, die sich an modrigen Mauern brachen; diese ineinander geknäulten Krämpfe der Ohnmacht, durcheinander hinjagenden Verzweiflungen; das wahnwitzige Suchen der Ausgänge; der kalte Blick der Wut, wenn zwei einander an der verstopften Ritze begegnen." Hofmannsthal, „Der Brief des Lord Chandos", 15.

38 Hugo von Hofmannsthal, *The Letter of Lord Chandos*, https://depts.washington.edu/vienna/documents/Hofmannsthal/Hofmannsthal_Chandos.htm (n.p.).

One page after their reference to the the racehorse, the workhorse, the ox and the tick, Guattari & Deleuze describe Hofmannsthal's 'meeting of animal and human ethology on the dissection table of a literary ethology' from within the expressionist logic of an ecosophic, fully dispersed ethology. By way of the 'becoming thought' in a rat, and, at the other extreme, the 'becoming rat' of a human thought. "When Hofmannsthal contemplates the death throes of a rat" they write,

> it is in him that the animal "bares his teeth at monstrous fate." This is not a feeling of pity, as he makes clear; still less an identification. It is a composition of speeds and affects involving entirely different individuals, a symbiosis; it makes the rat become a thought, a feverish thought in the man, at the same time as the man becomes a rat gnashing its teeth in its death throes. The rat and the man are in no way the same thing, but Being expresses them both in a single meaning in a language that is no longer that of words, in a matter that is no longer that of forms, in an affectability that is no longer that of subjects.[39]

This, perhaps, is how an expressive ethology would look, and think: *becoming ethosophy.*

BIBLIOGRAPHY

Berressem, Hanjo "Structural Couplings: Radical Constructivism and a Deleuzian Ecologics." In *Deleuze/Guattari & Ecology*, edited by Bernd Herzogenrath, 57–101. New York: Palgrave, 2008.

Deleuze, Gilles, and Félix Guattari *A Thousand Plateaus: Capitalism and Schizophrenia 2* [1980]. Translated by Brian Massumi. Minneapolis: University of Minnesota Press, 2005.

Dillard, Annie *Pilgrim at Tinker Creek.* London: Picador, 1976.

Flusser, Vilém, and Louis Bec *Vampyrotheutis Infernalis: A Treatise, with a Report by the Institut Scientitique de Recherche Paranaturaliste.* Translated by Valentine A. Pakis. Minneapolis: U of Minnesota P, 2012 [1987].

Freeman, Derek "Anthropology, ethology and verbal behavior." *Man*, 2 (1967): 301–2.

Geoffroy Saint-Hilaire, Isidore *Histoire naturelle générale des règnes organiques, vol. I.* Paris: Victor Masson, 1854.

39 Deleuze and Guattari, *A Thousand Plateaus*, 258.

— *Histoire naturelle générale des règnes organiques, vol. II.* Paris: Victor Masson, 1859.
Guattari, Félix *Schizoanalytic Cartographies* [1989]. Translated by Andrew Goffey. London: Bloomsbury, 2013.
— *The Machinic Unconscious: Essays in Schizoanalysis* [1979]. Translated by Taylor Adkins. Los Angeles: Semiotext[e], 2011.
— *The Three Ecologies.* Translated by Ian Pindar and Paul Scutton. London: Athlone Press, 1989.
Haeckel, Ernst *Anthropogeny: Or the History of the Evolution of Man, vol. I.* [*Anthropogenie oder Entwicklungsgeschichte des Menschen, vol. I.*] [*1874/1903*] Translated from the fifth (enlarged) edition by Joseph McCabe [Issued for the Rationalist Press Association, Limited]. London: WATTS & CO, 1912.
— *Generelle Morphologie der Organismen, vol. I–II. Allgemeine Grundzüge der organischen Formen-Wissenschaft, mechanisch begründet durch die von Charles Darwin reformierte Descendenz-Theorie.* Berlin: G. Reimer, 1866.
Heider, Fritz „Ding und Medium". In *Kursbuch Medienkultur*, herausgegeben von Claus Pias et al., 319–33. München: Random House, 2008.
— "Thing and Medium." In *On Perception, Event Structure, and Psychological Environment: Selected Papers. Psychological Issues, vol. 1, no. 3. Monograph*, 1–35. New York: International Universities P, 1959.
Hofmannsthal, Hugo von „Der Brief des Lord Chandos" ["The Letter of Lord Chandos"], herausgegeben von Fred Lönker. Ditzingen: Reclam, Philipp jun., 2019. English: The Letter of Lord Chandos, https://depts.washington.edu/vienna/documents/Hofmannsthal/Hofmannsthal_Chandos.htm.
Leary, D.E. "The fate and influence of John Stuart Mill's first proposed science of ethology." *J. Hist. Ideas* 43 (1982): 153–62.
Mill, John Stuart *A System of Logic: Ratiocinative and Inductive, Being a Connected View of the Principles of Evidence, and the Methods of Scientific*, [1843] 8th ed., New York: Harper & Brothers, 1882.
Spinoza, Baruch *Spinoza Complete Works.* Translated by Samuel Shirley, edited by Michael L. Morgan Hackett. Cambridge: Hackett Publishing Company, 2002.
Toepfer, Georg „Ethologie". In Toepfer, *Historisches Wörterbuch der Biologie: Geschichte und Theorie der biologischen Grundbegriffe.* Bd. 1, 461–80. Stuttgart: J.B. Metzler, 2011.
Wheeler, William Morton "Natural history", "oecology" or "ethology." *Science* 15 (1902): 971–6.

VERENA ANDERMATT CONLEY

A PLEA FOR ETHO-ECOLOGY

ABSTRACT

"A Plea for Etho-Ecology" argues that ethology, a discipline studying animal behavior, has undergone many changes as the relations between humans, animals, and plants are perceived to be processual. Ethology is considered as the study of a local ethos or way of inhabiting that in respect to a broader ecology can be of positive or negative inflection. I adopt the term "etho-ecology" (1) to explore the links between ways of inhabiting the environment, and (2) determine how the binary logic of a "western" ethos has contributed to the recent pandemic, through deforestation, excessive mining, industrial agriculture, sudden increase in the population that has brought animals and humans in close proximity. Taking advantage of a reset during Covid-19, I pose two questions: how can we make another world possible? How can we inhabit etho-ecologically so as to enable the existence of what Isabelle Stengers calls "many worlds in a world"?

Ethology, a term coined to serve an area in the science of animal behavior, is witnessing a resurgence across a variety of disciplinary fields whose borders, for good fortune, are becoming increasingly porous. Philosophical and critical literature dealing with new materialisms and what is called "process-oriented" thinking have deployed and transformed the term to mean a practical science that experiments with ways of behaving and inhabiting that link ethics (understood as the science of moral conduct) and ontology (the study of existence and the art of being and becoming). In turn, borrowing from these novel approaches that cut across the social sciences and humanities, ethology studies animal behavior in its myriad connections with human comportment. It pays keen attention to how humans deal with ambient flora and fauna and even vice-versa, to how plants and animals deal with the impact of human management on their milieus. Its adepts consider its principal goal to care for and to nurture interspecies relations.

From a more philosophical angle, research in animal ethology finds effective conceptual apparatus in the work of Gilles Deleuze – especially in his readings of Spinoza. Others in the same constellation of thinking include Felix Guattari, a co-author with Deleuze in studies of mental ecology; Isabelle Stengers, whose research on natural process draws inspiration from both Deleuze and Albert North Whitehead; Vinciane Despret, author of *What Would Animals Say if We Asked the Right Questions?*; Donna Haraway, of late having published *Staying with the Trouble* and earlier, *When Species Meet*; from the standpoint of botany, if it can be included, Emanuel Coccia, whose *Life of Plants: A Metaphysics of Nature* is now available in English. Many of these new ethological studies argue that humans are not just the observers of a passive animal, an object to be assimilated, as it was assumed to be since the classical age in the West. Animals and plants, they claim, behave in ways that are much more varied, unpredictable, idiosyncratic, and even life-giving than the legacy of the Enlightenment would have us believe. The relation humans and non-humans are sharing is not as much an attraction on the part of an observer to what it observes and objectifies than between two or more entities engaged in a relational process. The latter, far from simple or deterministic, is constantly evolving, without a fixed or known outcome.

For our purposes I will propose a path of inquiry concerning the appropriation of the term "ethology" (inverted commas oblige) that runs through the work of philosophers, cultural theorists, scientists and artists. I want to see how the term can be used to help us consider what it is to care for the possible. Put otherwise, in our time of extreme ecological fragility, I would like to ask how we can think or even meditate on the consequences of the ways humans inhabit the world. Correlatively, from a theoretical vantage point, we might do well to consider how we can think of the possibility of many worlds that make up the planet on we are living. Unlike their classical definitions, "ethics" as an imposed code of moral conduct, and "ethos," or a manner of being, now finds itself entangled in cultural theory that shares many connections with ethology, which deals with the study of what comprises good (or beneficial) and bad (say, pernicious) ways of inhabiting the world, contrary to an ethics that would draw a bold line of demarcation between "good" and "evil." Cultural theorists often experiment with the common term *ethos*, which they morph into *ethology* and combine with *ecology*, that is, the study of a greater *oikos* or habitat. While ethos, taken up in this newly minted ethology, has shifted its meaning, so also has ecology, a discipline undergoning many changes since its broad use in the 1960s. It has shifted from a holistic reading of the world to one that studies interactions and interrelations in various habitats in the entire cosmos. The two terms, ethology and ecology, are conjoined in *etho-ecology*, less a discipline than an inventive practice that distinguishes between multiple and often local ways of inhabiting a general *oikos*. More than a general ecology, etho-ecology pays attention to the many local ways organisms live by or adapt to in a larger oikos. Some ways may be productive, others counterproductive and even, now and again, destructive. Ethology has shown how animals and other living organisms do not always evolve in harmony with their own oikos. They may act in destructive ways, at times against their own interests, although they might still be able to survive. Any organism can also live while developing destructive habits that will try the patience of others near or far. Some of those others may talk back and revolt. Others may go extinct, and their world will come to an end.

While any living species can become destructive – the Bible and other chronicles remind us of plagues of grasshoppers and rats – humans, especially those from the industrialized countries, have far outperformed all others. An etho-ecological reading that focuses on humans shows how they behave and inhabit their world, often in blissful ignorance of what their ways of being are doing to other organisms in the larger oikos. In her "Cosmopolitical Proposal," Isabelle Stengers writes that since the seventeenth century, humans objectify the world and its organisms in increasingly destructive ways by justifying their ethos through the self-convincing effect of watchwords (what Foucault, Deleuze and others call *mots d'ordre*).[1] And, as we witness in the political world, the balm of seductive rhetoric anesthetizes humans to the destructive behavior they promote. They glibly smooth over their often-murderous effects under the pretext of making claims for the new policies and programs they tell their listeners are all aiming to nurture the common good.

As Stengers points out, over the last several hundred years the ethos of this largely Western behavior in industrial societies has cast its networks wide and far, and now to the point where, in concert with the ideology of the Enlightenment we affiliate with Condorcet, it takes itself for

1 Isabelle Stengers, "The Cosmopolitical Proposal," trans. Liz Carney-Libbrecht, in *Making Things Public: Atmospheres of Democracry*, ed. Bruno Latour and Peter Weibel (Cambridge MA: MIT Press, 2005), 994–1003.

universal truth and progress. As she puts it: "When the city is extended into one cosmopolitan world, it is a world of human citizens, everywhere at home, not a world where many worlds fit."[2] These "many worlds" can be those of humans, animals or plants to which she invites us to pay attention etho-ecologically. A colonizing western ethos is justified under the banner of individualism, freedom and progress. It is increasingly based on a separation of nature and culture by self-sustaining technologies that tend to objectify nature in the name of control. Such a binary vision, reduced to that of a subject and object, finds a personification in today's entrepreneur, that is, any of those individuals who work for themselves, in accord with an inherited ideology of possessive individualism, rather than for collective and common ends. While nature has borne the full brunt of their effects, their behavior has also wrought havoc on other populations more than on entrepreneurial well-being.

From the beginning of oceanic travel and the colonization of the Americas and Africa, an ethos has forcefully imposed a control of the world (including fauna and flora). While much attention is being paid to how industrial superpowers, continuing to make the most of their former colonies, prompt large segments of disaffected populations to migrate as best they can to former European metropolises, other domestic wars in the northern hemisphere have gone unnoticed. Evidence now indicates, over the last few decades, how this warlike western ethos has affected not only the larger oikos of animals and plants but also segments of their own population. A recent opinion piece in the *New York Times* showed how the implementation of NAFTA (the North American Free Trade Agreement, 1994) as well as the TPP (Trans-Pacific Partnership, 2005) that opened free trade with many Pacific nations and mainland China brought unexpected riches to some parts of the population while depriving others of their livelihood.[3] Effects of other partnerships, such as the newly minted Regional Comprehensive Economic Partnership (RCEP) between over a dozen Asian countries, remains to be seen. Such economic policies have tended to bolster the prosperity of urban centers at the expense of more rural areas. The ethos of powerful local elites increasingly drives the

---

2 Isabelle Stengers, "The Challenge of Ontological Politics," in *A World of Many Worlds*, ed. Marisol de la Cadena and Mario Blasio (Durham: Duke U Press, 2018), 84. Accessed 05/01/2020.

3 Farah Stockman, "Why They Loved Him," *New York Times*, October 16, 2020. https://www.nytimes.com/2020/10/16/opinion/trump-working-class-economy.html.

world in the direction of what they see as a linear and unilateral march to progress. This orientation is based on relentless acceleration and arguably increased control through development of new technology. Progress appears to move forward in a rarefied sphere of electronic speculation, visible only on computer-screens and negotiated online, while seemingly being disconnected from the physical world.

Such an ethos has expanded during the last decade to culminate in what is known as "globalization" and that some have called the Fourth Industrial Revolution. One of its proponents is Klaus Schwab, the founder of the Davos Economic Forum. In his book of the same title, Schwab predicts in 2016 how the world in the year 2025 will be marked by many tipping points that will bring about other orders and ways of inhabiting. 2025, he says, will witness the mainstream adoption of self-driving cars, of 3D printing, robotics, AI and other major technological inventions that fuse physical, digital and biological worlds while also altering the way humans live. He celebrates these achievements in a series of short chapters. At the end of each he briefly marks the pluses and minuses. The minuses generally include non-specified environmental degradations and also possible layoffs and unemployment due to automation. The positives are always said to outweigh the rather vague negatives. The latter, concerning a sizable part of the population and the general environment, are, once again, presented as the unfortunate victims of an unavoidable march of progress, the benefits of which will outweigh by far whatever damages it will have incurred. This discourse of progress that masks the amassment of riches by some at the expense of others is based on an ethos of growth and expansion with constant discarding, replacing, refreshing and a non-critical adoption of a single vision imposed through authoritative labelling and order-words.

What, we ask, would happen if we looked at this discourse more etho-ecologically? What if we looked at what it puts on display and, even more so, what it glosses over? What if we paid attention to what are presented as natural and inevitable (con)sequences? Or if we read it with a nod to what, after Stengers, I would like to call a care of the possible with its positive or negative consequences?[4] What worlds, we can ask, are getting obliterated? What others might be possible by connecting the dots otherwise? The current ethos of many in the industrialized world follows

---

4 Isabelle Stengers, "The Care of the Possible." Interview with Erik Bordeleau, trans. Kelly Ladd. *Scapegoat*, Issue 01 (2011): 12–17, 27.

unquestioningly the tendencies implicit in Schwab's findings. They take as inevitable an extreme acceleration through technology that has to be ceaselessly refreshed and updated for the common good. This is not to argue against technology but for a more critical relation that would examine its current tendencies. Especially in the area of culture industries, gadgets and platforms from Instagram to TikTok and others are adopted perfunctorily, as the ultimate, novel "lifestyle" always to be overcome and replaced in a linear trajectory of progress. Everyone jumps on the bandwagon. This feverish and ever-accelerating pace in industrialized countries and, increasingly elsewhere, has led to a viral culture in which users are caught in a hubris of narcissism. They thrive on their own acceleration and adopt hyped propaganda uncritically. Those subscribing to such an ethos may believe even in a total mastery of technology over a nature that has entirely disappeared from their screens. They overlook the intrusion of what some refer to with the archaic name, "Gaia," the personification of person of unknown force with whom humans have to reckon and whose patience is showing signs of wearing out.[5]

In fact, a seemingly minor detail intrudes in Schwab's own book of 2016 that forecasts the advent of a brave new world. His magic year of 2025 will come about barring, he inserts, some unforeseen events such as an asteroid hitting the earth, social upheaval or the spread of a pandemic. While an asteroid has yet to hit, plenty of social unrest, based on racial and social injustices, has currently marked the United States. These injustices are exacerbated by a world pocked by economic wars and varieties of systemic racism that pits elites against commoners in the north or "others" living in the global south. But three years after Schwab's pronouncements, Covid-19 has become a reality. How people react to the virus may depend on where and how they live on the globe. In the United States, the reaction has been (and in some areas continues to be) largely one of denial. From the time it first appeared, the virus was objectified and the foreign nations in which it was said to originate were vilified. Rather than studying the virus in an etho-ecological way that looks at the relation we hold with the virus as part of a process, many pundits convince the public further to objectify it in terms of good and

---

5 Isabelle Stengers, *In Catastrophic Times: Resisting the Coming Barbarism*, trans. Andrew Geoffey (London: Open Humanities Press, 2015); Bruno Latour, *Facing Gaia: Eight Lectures on the New Climatic Regime*, trans. Catherine Porter (Cambridge UK: Polity Press, 2017).

evil. The virus came from a foreign country – Donald Trump called it "alien" – and a different continent. It carried a racial profile. It came from an area in the world where, it was pointed out, uninformed and illiterate populations find nurture in live markets. To satisfy their superstitious beliefs, they trade in the sales of pangolins. Public sentiment has been quick to blame the evil bats for spreading the virus. We will control the virus only, so goes the argument, if we eradicate bats, do away with live markets, and prevent the Chinese from traveling. Fortunate enough to work from home, those who are on the upper echelons of industrial nations have sought refuge on Zoom. Living in their real and metaphoric break-out rooms that seem much like those they occupy in their urban high rises during "normal" times, they condemn the virus while bemoaning the deprivation of amenities and the difficulties they experience in their second homes in the country. From the chrysalis of self-isolation, fraught with fear, they applaud the invention of a vaccine that will kill the evil object. What if we replaced the fear and panic that subtends a simple vision based on binary thinking with a more relational, etho-ecological logic? What if we scrutinized the destructive side of our own ethos so as to allow many versions of inhabiting and many worlds?

An etho-ecological reading shows how an anesthetizing discourse that has currency produces false links. A careful approach to our current dilemmas would look at what becomes possible by slowing down and looking closely at the information, by opening up gaps and by asking, as Stengers suggests repeatedly: What is happening to us?[6] What are we busy doing that produces all these pandemics? What is it that goes unspoken? A study of our own ethos would show that our present modes of ratiocination are often destructive. They create global visions that overlook local versions and variants. The ethos of what ironically is referred to as our "viral culture," defined by the speed of its digital connectivity, objectifies the virus rather than leading us to think of it as part of a larger oikos. A viral culture disregards an etho-ecological relation, that is, a relation between our own ethos and a general ecology of which viruses play vital and often nurturing goals. To think etho-ecologically, instead of relying on watchwords and clichés, would be to connect adventitiously, or (in the lexicon of Deleuze and Guattari) rhizomatically through the *milieu*, understood both as middle and environment. As Stengers has it, connections are not given. They have to be produced. They are events.

---

6 Stengers, "The Cosmopolitical Proposal," 996.

They remain plural.[7] The world is always in the making, assembling and disassembling.

How can we learn to think etho-ecologically and to compose a world of many different worlds? What is the role of the sciences and the humanities in fostering more etho-ecological ways of thinking? Certain scientists are looking at wider connections and broader entanglements. They have shown for some time how our ethos has led the world to many of the recent pandemics that appear to occur at shorter and shorter intervals: Sars-CoV (2003), H1N1 (2009), MERS (2012), Covid-19 (2019). Rather than simply passing judgment and pointing fingers, scientists such as those working for the EcoHealth Alliance in New York or the Precision One Health Unit at the University of Geneva study the relation between ethology and ecology through the emergences of zoonoses, that is, of interfaces between humans and animals. They show how a human ethos of expansion, acceleration and intervention often leads to new and undesirable interspecies contacts.

To rid ourselves of the inherited anesthesia that hides our etho-ecological relations with the world entails carefully determining how entangled humans are – both locally and globally – with the natural world. We are urged to look at how our ethos makes possible an encounter with the virus in all its complexities. The fact that more epidemics become pandemics should be a warning sign about where our viral culture is headed. The contact with new viruses is not unrelated to our current modes of existence that are marked by deforestation, loss of biodiversity and at the same time by sizable and sudden increases in human population. Such "global factors" that may be good for stock markets and their stakeholders, contribute to the emergence of new pathogens and to their contact with animals and humans. Those who study the global health of human-animal ecosystems in view of their mutual implications also add that if live animal markets have been pointed out as the sole culprits, one has to take care to envision a much larger interrelation of humans and animals and of ecosystem health. Ostensibly archaic, live markets are still important for some humans for whom they are the only access to a resource of food. Western sensibilities do not have the same reaction to industrial farming and to their own inhuman treatment of animals, chickens, beef, pigs and others, solely raised for slaughter.[8] Live markets

---

7 Stengers, "The Challenge of Ontological Politics," 90.

8 Donna Haraway, *When Species Meet* (Minneapolis: U of Minnesota Press, 2007); Jacques Derrida, *The Animal That Therefore I Am*, trans. David Wills are but one element in the emergence of today's zoonoses with their ensuing epidemics and pandemics. Other diseases such as Zika or dengue are part of an entirely different problematic.

If the movement of a virus has to be studied in time it also has to be done in space. Given how industrial farming manages arable soil and, next to deforestation, how mining for precious minerals in remote areas of the earth enables manufacture of cell phones and computers, it is easy to see how unwarranted exchanges between humans and animals augment direct and indirect global health risks. To limit these risks, many scientists urge us collectively to think more etho-ecologically and to inhabit the world so as to enable many worlds and far greater bio-diversity. They warn us that if we overlook the fact that where organic and inorganic forms are concerned, habitation is a matter of co-habitation, of an ethos that, as I would like to put it, stresses care of and for what is possible.

Etho-ecology can be seen as a practice that relies on the porosity of disciplinary borders such as between the sciences, the humanities and also the arts. A recent film by Steven Soderbergh, *Contagion* (2011), a thriller of sorts, written by Scott C. Burns, shows the consequences of our present ethos that destroys human and animal worlds. Presciently, it traces the origin of a virus, spreading at lightning speed and killing people around the world. Told as an investigation through a series of flashbacks, the film leads at the end to a zoonosis originating in a bat and a piglet, respectively. In addition to hinting at inhuman treatment of animals, a very brief sequence reveals Western machinery sold by a multinational conglomerate that the main protagonist (Gwyneth Paltrow) represents, being used in a violent scene of deforestation in China. This deforestation leads to the viral outbreak: it forces a bat to flee and take up residence elsewhere, here on an industrial farm, where it contaminates a piglet that ends up in a restaurant kitchen where it infects the chef who transmits the virus to the main protagonist when, to congratulate him, she shakes his hand. She then in turn infects a number of people from around the globe who had assembled for a company dinner. The film hints at the problem of an ethos and the importance of an etho-ecological way of thinking and inhabiting.

In an even more sustained way, feminist theorists who study the sciences and techno-sciences without engaging in the viral hype, urge

---

(New York: Fordham UP, 2008); Nicholas Kristof, "The Mistakes That Will Haunt Our Legacy," *New York Times*, July 11, 2020. https://www.nytimes.com/2020/07/11/opinion/sunday/animalrights-cruelty.html.

us to ask: "Is another world possible?" We can follow Stenger's advice to become practitioners who work collaboratively and etho-ecologically to compose a world consisting of many worlds. Practitioners are pragmatists who take care of the possible in accord with what can happen but also of what could be. Stengers is critical of an unexamined metaphor of growth – an issue also criticized in *Contagion* – at the basis of our viral culture. She urges us to exit from our break-out room and, in turn, to submit our viral metaphors to an etho-ecological treatment. Covid-19 provides perhaps a chance. Will humans continue to fantasize about mastering the world with its numerous viruses according to an inherited binary schema, or will they adopt more etho-ecological ways of thinking and inhabiting?

Klaus Schwab himself, in collaboration with Thierry Malleret, decided to update his earlier pronouncements in *Covid-19: The Great Reset* (2020) about a changed post-pandemic world from an economic, technological, social, geopolitical, and even environmental point of view. While even Schwab and Malleret see the chance offered by Covid, they stay within the limits of corporate ideology. From an etho-ecological perspective, we can say that aside from the economic hardship the virus has imposed on many populations and what it has done to daily life, the pandemic is also leading us to ask: do we need all we had or rather, is this what we need? The pandemic has made us look closely at how needs are dictated by marketing processes and data-mining. The pause has led many of the western world to consider more etho-ecological reflections concerning their modes of existence, namely, about how to inhabit and how to compose collectively a world in which would be space and time availed for many.

With Stengers, we can think in terms of a relational, processual eco-ethology. As the pandemic has shown over and again, the world is not a background against which, as Michel Serres (1996) has argued, humans move and act. It is a set of interdependent processes, and not only of resources to be exploited. It is only in connection with others that life forms can endure. The window for large mammals, including humans, is quite small. Scientists are producing vaccines for Covid-19, while knowing other health threats continue to loom. However, in this time of involuntary solitude, we can focus on the inattention with which we greet a mode of existence defined by our viral culture with its techno-hype, its general *incurie* and lack of awareness of how implicated humans are with many other ecosystems with which they live more symbiotically than they would believe. In addition to inventing vaccines, we have to experiment urgently and etho-ecologically with other modes of existence. Rather than unabatedly practice exterminism at a greater rate than the virus, we can think of how to care for the event of encounter that would bring together multiple practices (that include science, technology, the arts, but also architecture, economics and politics) to sensitize humans etho-ecologically to compose a world of many worlds and to bring about real transformations.

BIBLIOGRAPHY

Coccia, Emanuele *The Life of Plants. A Metaphysics of Mixture.* Translated by Dylan J. Montanari. Cambridge UK: Polity Press, 2019.

Deleuze, Gilles *Spinoza: Practical Philosophy.* Translated by Robert Hurley. San Francisco: City Lights Book Store, 1988.

Deleuze, Gilles, and Felix Guattari *A Thousand Plateaus.* Translated by Brian Massumi. Minneapolis: U of Minnesota Press, 1987.

Derrida, Jacques *The Animal That Therefore I Am.* Translated by David Wills. New York: Fordham UP, 2008.

Despret, Vinciane *What would Animals Say if We Asked The Right Questions?* Translated by Brett Buchanan. Minneapolis: U of Minnesota Press, 2016.

Haraway, Donna *Staying with the Trouble.* Durham: Duke University Press, 2016.

— *When Species Meet.* Minneapolis: U of Minnesota Press, 2007.

Kristof, Nicholas "The Mistakes That Will Haunt Our Legacy." *New York Times*, July 11, 2020. https://www.nytimes.com/2020/07/11/opinion/sunday/animal-rights-cruelty.html.

Latour, Bruno *Facing Gaia: Eight Lectures on the New Climatic Regime.* Translated by Catherine Porter. Cambridge UK: Polity Press, 2017.

Schwab, Klaus *The Fourth Industrial Revolution.* Geneva: Forum Publishing, 2017.

Schwab, Klaus, and Thierry Malleret *Covid-19: The Great Reset.* Geneva: Forum Publishing, 2020.

Serres, Michel *The Natural Contract.* Translated by Elizabeth MacArthur and William Paulson. Ann Arbor: U of Michigan Press, 1995.

Soderbergh, Steven *Contagion.* Warner Brothers, 2011.

Stengers, Isabelle *In Catastrophic Times: Resisting the Coming Barbarism.* Translated by Andrew Geoffey. London: Open Humanities Press, 2015.

— "The Care of the Possible." Interview with Erik Bordeleau. Translated by Kelly Ladd. *Scapegoat*, Issue 01 (2011): 12–17, 27.

— "The Challenge of Ontological Politics." In *World of Many Worlds*, edited by Marisol de la Cadena and Mario Blasio, 83–111. Durham: Duke UP, 2018.

— “The Cosmopolitical Proposal.” Translated by Liz Carey-Libbrecht. In *Making Things Public: Atmospheres of Democracy*, edited by Bruno Latour and Peter Weibel, 994–1003. Cambridge (MA): MIT Press, 2005.

Stockman, Farah “Why They Loved Him,” *New York Times*, October 16, 2020. https://www.nytimes.com/2020/10/16/opinion/trump-working-class-economy.html. Accessed October 20, 2020.

ANTHROPOLOGISCHE KONTRASTE

ANTHROPOLOGICAL CONTRASTS

MARC RÖLLI

TIER-WERDEN?

Zur Uexküll-Lektüre von Plessner und Deleuze/Guattari[1]

ABSTRACT - BECOMING ANIMAL? ON THE UEXKÜLL READING OF PLESSNER AND DELEUZE/GUATTARI

The environmental theory of Jakob von Uexküll treats without distinction environments of animals and environments of humans. This general ethological approach, however, is corrected by a methodological distinction, which asserts itself in the prioritization of biological knowledge for the nature-philosophical plans of life. In the philosophical anthropology of Helmuth Plessner, Uexküll's considerations are taken up and restricted to the realm of the animal. With the specifically human positionality and its relation to the world, Plessner succeeds in categorically explicating the methodological ambivalence that remains implicit in von Uexküll. Against the background of the anthropological discussions around von Uexküll's ethology, the concept of becoming-animal raised by Gilles Deleuze and Félix Guattari in *A Thousand Plateaus* can be understood as one that puts an end to both the environment-world difference and the disparagement of the animal (embedded in a colonial episteme) in philosophical self-understanding. In becoming-animal, an anthropological transcendence disappears that always blocked the radical pluralism and perspectivism inherent in the set of environments in a questionable way.

1 Eine ältere Version des vorliegenden Textes findet sich in meinem Buch *Anthropologie dekolonisieren* (Frankfurt am Main: Campus, 2021).

Ein wichtiges Postulat der philosophischen Anthropologie ist seit jeher die Unterscheidung von Mensch und Tier. Max Scheler oder Helmuth Plessner sprechen davon, dass der Mensch im Unterschied zum Tier und seinem umweltgebundenen Verhalten ‚weltoffen' agiert. Die Welt ist ebenso wenig eine Umwelt – oder eine Ansammlung vieler Umwelten – wie der Mensch auf ein Tier reduziert werden kann. Im anthropologischen Diskurs wird der Mensch *nach* Pflanze und Tier verhandelt – und die Bedeutung der Lebensplanforschung Jakob von Uexkülls beschränkt sich in seinem Rahmen darauf, für das Auftreten des Menschen den Boden zu bereiten.

Ganz anders lautet die Botschaft des Titels eines der bekanntesten Bücher von Uexkülls: *Streifzüge durch die Umwelten von Tieren und Menschen.*[2] Wie es scheint, behauptet von Uexküll, dass Tiere und Menschen gleichermaßen in Umwelten leben. Aus der Sicht der philosophischen Anthropologietradition wäre eine derartige Behauptung schwer zu rechtfertigen.[3] Wenn auch Menschen in Umwelten leben – und gerade keine Welt für sich in besonderer Weise beanspruchen können –, wie sind sie dann überhaupt von Tieren zu unterscheiden?

Auch in der Philosophie von Gilles Deleuze gibt es eine wiederholt thematisierte Bezugnahme auf die Biologie der Umwelten von Uexkülls, die aber sehr anders als die geläufige anthropologische Rezeption gelagert ist. Sie platziert den Umweltgedanken in einem (stark von Leibniz geprägten) Kontext, in welchem auf die für einzelne Tiere körperlich spezifischen Wahrnehmungsbedingungen reflektiert wird. Die Zecke und ihre drei Singularitäten (Geruch, Taktilität, Wärme) exemplifizieren einen sensiblen Mechanismus des Herausfilterns bestimmter Reizqualitäten aus einer ungeheuren Natur „dunkler und nicht integrierter kleiner Perzeptionen."[4] Die Umwelten korrespondieren mit Perspektiven von Mo-

---

2 Cf. Jakob von Uexküll und Georg Kriszat, *Streifzüge durch die Umwelten von Tieren und Menschen. Ein Bilderbuch unsichtbarer Welten* [1934] (Hamburg: Rowohlt, 1956).

3 Adolf Portmann meint dazu exemplarisch im Vorwort der *Streifzüge*: „Uexkülls Lehre von der besonderen Umwelt jeder Tierart ist ein Hauptstück der modernen Biologie geworden. Aber seine Ausweitung dieser Lehre auf den Menschen ist von Anfang an und mit Recht bekämpft worden." Adolf Portmann, „Vorwort", in Uexküll, *Streifzüge*, 7–17, 10.

4 Cf. Gilles Deleuze, *Die Falte. Leibniz und der Barock* [1988], übers. Ulrich Johannes Schneider (Frankfurt am Main: Suhrkamp, 2000), 150. An anderen Stellen wird von Uexkülls Ethologie auch herangezogen, um die von Spinoza her gedachte Theorie der Affekte neu zu konkretisieren.

naden, die aus der Welt, die sie implizieren, lediglich bestimmte Aspekte auswählen, die sie klar wahrzunehmen vermögen. An diesem Punkt ist zwischen Menschen und Tieren wenigstens kein wesentlicher Unterschied auszumachen. In *Tausend Plateaus* greifen Guattari und Deleuze das ethologische Konzept der Umwelten in ihren Ausführungen zum Tier-Werden wieder auf.[5] Wenn sich der Mensch dadurch vor den Tieren auszeichnet, eine Welt zu haben, so ist ihr Verschwinden womöglich gleichbedeutend mit der Entstehung einer ökologischen Animalität. Da es die Welt als anthropologisches Konstrukt nur im Singular gibt, könnte hier auch einfacher von einem Pluralismus der Welten gesprochen werden.[6]

Mit dem Tier-Werden verbinden Deleuze und Guattari die Problematisierung traditioneller (und in epistemischer Hinsicht auch kolonialer) Mensch-Tier-Verhältnisse. Wenn es zutrifft, dass die Auszeichnung des Menschen im Singular regelmäßig einherging mit der Abwertung bestimmter Menschen im Plural, so findet sich diese (rassistische, patriarchale, soziale, pathologische etc.) Abwertung stets artikuliert durch die Zuschreibung animalischer Prädikate besonderer Naturnähe, instinktiven oder durch Neigung bzw. Triebe gesteuerten Verhaltens. Es ist kein Zufall, dass das altgriechische ‚oikos' im Unterschied zu den öffentlichen Angelegenheiten des den männlichen Bürgern vorbehaltenen politischen Weltbezugs in der ökologischen Terminologie des Umweltbezugs der Lebewesen wiederkehrt. Die Idee einer allgemeinen Ökologie kann dagegen so verstanden werden, dass sie die Priorisierung der Welt, die sich noch in den kosmopolitischen Auffassungen der Globalisierung niederschlägt, zunichte macht.[7] Darin korreliert sie mit der in der postkolonialen Literatur verbreiteten Universalismuskritik, die auf den Primat der einen (oder ersten) Welt bezogen werden kann, insofern mit ihrer Vorrangstellung

---

5 Cf. Gilles Deleuze und Félix Guattari, *Tausend Plateaus: Kapitalismus und Schizophrenie* [1980], übers. Gabriel Ricke und Roland Voullié (Berlin: Merve, 1992), 350.

6 Cf. Marc Rölli, *Immanent denken: Deleuze – Spinoza – Leibniz*, Bd. 1 (Wien: Turia + Kant, 2018), 135–75.

7 Zum Begriff der allgemeinen Ökologie cf. Félix Guattari, *Die drei Ökologien* [1989], übers. Alec A. Schaerer (Wien: Passagen, 1994). Anklänge an die allgemeine Ökonomie nach Georges Bataille sind intendiert, sofern im Konzept des von Marcel Mauss beschriebenen Gabentauschs, auf das sich Bataille stützt, ein ethnographisches Modell der Kommunikation bzw. des Handels (zwischen den Welten) entziffern lässt, das dekolonisierende ökonomietheoretische (und kapitalismuskritische) Potentiale besitzt. Cf. Dirk Quadflieg, *Vom Geist der Sache: Zur Kritik der Verdinglichung* (Frankfurt am Main: Campus, 2019), 197–290.

eine hierarchische Aufteilung einsetzt, die nicht nur die mit dem Universalismus (der Menschenrechte etc.) verbundenen Ansprüche torpediert sondern zugleich den strikter pluralistisch gefassten Ansätzen der Sozialphilosophie im Wege steht.

Im Folgenden wird zunächst die Umweltlehre von Uexkülls in einigen wichtigen Aspekten rekonstruiert (I.). Ihre Rekonstruktion soll dazu beitragen, dass ihre unterschiedliche Rezeption klare Konturen gewinnt. Während Plessner eine vitalistische Grundlegung der philosophischen Anthropologie anvisiert (II.), stellt Deleuze auf ein in Immanenzverhältnisse ausdifferenziertes Pluriversum ab, das die epistemische Stabilität der anthropologischen Menschenform erschüttert (III.). Mit der Gegenüberstellung von Plessner und Deleuze wird insbesondere die leicht missverständliche Gleichsetzung von Immanenz und Leben korrigiert, die in neuen materialistischen Ansätzen manchmal eine Rolle spielt.

I. JAKOB VON UEXKÜLLS VITALISTISCHE UMWELTLEHRE

In den *Streifzügen* erläutert von Uexküll, wie bereits gesagt, „Umwelten von Tieren und Menschen". Ihn fasziniert ihre jeweils ganz besondere und zudem erstaunliche, weil unsichtbare Existenz. Aus seiner Sicht ist die Umwelt eines Tieres völlig anders beschaffen, als gewöhnlich angenommen wird. Und diese Einsicht der biologischen Forschung lässt sich dann auch auf menschliche Angelegenheiten übertragen.

Das Beispiel der Zecke ist zu Recht berühmt. Es macht auf einen Schlag deutlich, worum es von Uexküll geht:

> Die Zecke hängt regungslos an der Spitze eines Astes in einer Waldlichtung. Ihr ist durch ihre Lage die Möglichkeit geboten, auf ein vorbeilaufendes Säugetier zu fallen. Von der ganzen Umgebung dringt kein Reiz auf sie ein. Da nähert sich ein Säugetier, dessen Blut sie für die Erzeugung ihrer Nachkommen bedarf. Und nun geschieht etwas höchst Wunderbares: von allen Wirkungen, die vom Säugetierkörper ausgehen, werden nur drei, und diese in bestimmter Reihenfolge zu Reizen. Aus der übergroßen Welt, die die Zecke umgibt, leuchten drei Reize wie Lichtsignale aus dem Dunkel hervor [...].[8]

---

8 Cf. Uexküll, *Streifzüge*, 28.

Bei diesen Reizen handelt es sich um ein Geruchsmerkmal, das in den Hautdrüsen des Beutetiers ihren Träger findet; um ein Tastmerkmal, das auf seine Behaarung verweist; und zuletzt um ein Temperaturmerkmal seiner Haut. Diese Merkmale bilden mit den von ihnen ausgelösten Reaktionen eine geschlossene Einheit: der olfaktorische Reiz bewirkt ein Herabfallen, der taktile Reiz ein Umherlaufen und der thermische Reiz das Eindringen in die Haut und das Blutsaugen.[9] Die planmäßige Abstimmung dieser Merk- und Wirkwelten bezeichnet von Uexküll als ‚Umwelt'.[10] Sie ist eine Ordnungstotalität, die durch das Schema des „Funktionskreises" erläutert werden kann, der zwischen dem lebenden Subjekt, seiner Innenwelt oder seiner Sinnes- und Bewegungsorgane, und den außerhalb seines Körpers liegenden Objekten (als Trägern der Eigenschaften des Merkens und Wirkens) vermittelt.[11]

An zwei Stellen der *Streifzüge* veranschaulicht von Uexküll die Umwelten, indem er metaphorisch auf Seifenblasen zu sprechen kommt.[12] Diese sind rund und abgeschlossen, auf leicht verschwommene Art lichtdurchlässig, und sie koexistieren miteinander, auch wenn sie aus Seifenblasenperspektiven nur schwer füreinander erkennbar sind. In erster Linie soll mit ihnen das Blasenhafte verdeutlicht werden, das aus jeder Umwelt einen nur subjektiv zugänglichen Weltbezirk macht, in dem viele Dinge gar nicht erst vorkommen. Es ist dabei unmöglich, dass die Tiere aus ihrer Blase heraustreten, in ihr ist „alles für das Subjekt Sichtbare beschlossen".[13] Für die Menschen gilt im Prinzip dasselbe, wenngleich es möglich ist, auf diesen Umstand zu reflektieren. Ein geübtes Auge ist in der Lage, so von Uexküll, „alle unsere Mitmenschen von Seifenblasen umgeben zu sehen, die sich reibungslos durchschneiden, weil sie aus

9 Cf. Uexküll, *Streifzüge*, 68.
10 Cf. ibid., 22.
11 Cf. ibid., 27.
12 „Wir beginnen einen solchen Spaziergang [durch die Umwelten von Tieren] am besten an einem sonnigen Tage vor einer blumenreichen Wiese, die von Käfern durchsummt und von Schmetterlingen durchflattert ist, und bauen nun um jedes der Tiere, die die Wiese bevölkern, eine Seifenblase, die ihre Umwelt darstellt und die erfüllt ist von allen jenen Merkmalen, die dem Subjekt zugänglich sind. Sobald wir selbst in eine solche Seifenblase eintreten, gestaltet sich die bisher um das Subjekt ausgebreitete Umgebung völlig um. Viele Eigenschaften der bunten Wiese verschwinden völlig, andere verlieren ihre Zusammengehörigkeit, neue Bindungen werden geschaffen. Eine neue Welt entsteht in jeder Seifenblase." Ibid., 22.
13 Cf. ibid., 46.

subjektiven Merkmalen aufgebaut sind."[14] Eine unabhängig von ihnen gegebene Welt gibt es dagegen eigentlich nicht.

Die terminologische Differenz zwischen Umwelt und Umgebung expliziert diesen Sachverhalt.[15] Wie die Seifenblasen über die Wiese schweben, liegt die Umgebung den subjektiven Besonderheiten der Umwelten zugrunde. Allerdings ist sie selbst die Abstraktion einer Fremdbeobachterin, weil sie nicht die umweltgebundenen Beschränkungen aufweist. An dieser Stelle entsteht eine methodische Ambivalenz. Nach von Uexküll verschmilzt die Umgebung zumeist mit dem Bild der menschlichen Umwelt, wenngleich streng genommen der „Glaube an die Existenz einer einzigen Welt" unbegründet ist.[16] „Seine eigene Umgebung kennt kein Mensch, denn diese ist immer in der fremden Umwelt eines anderen Subjektes gelegen."[17] Die einzige Welt wäre daher nicht mit der menschlichen in eins zu setzen. Und doch zeichnet es den experimentellen Biologen vor allen anderen aus, dass er nach von Uexküll imstande ist, die ökologische Variabilität zu durchdringen und auf einige wesentliche subjektive Bedingungen zurückzuführen.

An diesem Punkt kommt die Philosophie ins Spiel. Bereits in einem frühen Zeitschriftenartikel erläutert von Uexküll sein Verständnis der transzendentalen Ästhetik Kants, indem er die Bedeutung von Raum und Zeit als Formen der Anschauung für den ‚Gestaltungsprozess' der Umwelten bzw. das Studium des ‚Milieus' hervorhebt.[18] Aus seiner Sicht hat Kant gezeigt, dass es „ohne ein lebendes Subjekt [...] weder Raum noch Zeit geben" kann.[19] Der merkwürdige Ausdruck „lebendes Subjekt" indiziert eine sinnesphysiologische Lesart, die auf den Organismus als Wahrnehmungsbedingungen definierendes Subjekt reflektiert. Diese Verschiebung in der Kant-Rezeption wird mit dem Namen Johannes Müller

---

14 Uexküll, *Streifzüge*.

15 Zu von Uexkülls Begriff der Umgebung als zweite ‚Umwelt' (der Fremdbeobachterin eines Systems und seiner (ersten) Umwelt) cf. Niklas Luhmann, *Einführung in die Systemtheorie*, hg. Dirk Baecker (Heidelberg: Carl-Auer, 2002), 80.

16 Cf. Uexküll, *Streifzüge*, 31.

17 Jakob von Uexküll, „Der Organismus und die Umwelt" [1931], in *Kompositionslehre der Natur. Biologie als undogmatische Literaturwissenschaft*, hg. Thure von Uexküll (Frankfurt am Main / Berlin / Wien: Propyläen, 1980), 306.

18 Jakob von Uexküll, „Psychologie und Biologie in ihrer Stellung zur Tierseele" [1902], in *Kompositionslehre der Natur*, 100–22, 103 ff.

19 Cf. Uexküll, *Streifzüge*, 30.

verbunden – aber auch andere sinnesphysiologische Arbeiten z. B. von Ewald Hering, Hermann von Helmholtz oder Karl Ernst von Baer werden auf dieser Linie gelesen.[20] Es geht von Uexküll darum, angelehnt an Müllers Theorie der spezifischen Sinnesenergie, zwischen der körperlichen Verfassung der Sinnesorgane und den qualitativen Vorgängen des Merkens einen planmäßigen Zusammenhang herzustellen.[21] Farben und Töne sind nichts anderes als spezifische Energien von Hirnzellen, die unter dem Einfluss von Auge oder Ohr stehen.[22] Diese Überlegungen ermöglichen eine Verknüpfung der Themen menschlicher und tierischer Umwelten.

Der Gedankengang findet sich in von Uexkülls frühen Schriften, wenn er die Biologie im Sinne der Umweltforschung von den zeitgenössischen akademischen Ausprägungen der (neueren und „herrschenden") Physiologie wie auch der Psychologie der Tiere abhebt.[23] Die entscheidende Frage nach dem Verhältnis von Gehirn und Empfindung lässt sich weder mechanistisch im Sinne kausaler physikalischer oder chemischer Prozesse noch mittels spekulativer Anthropomorphismen über angebliche Tierseelen beantworten.[24] Sie verhalten sich zueinander „inkommensurabel", weshalb es nicht angezeigt ist, sei es „fremden Menschen", sei es überhaupt den Tieren bestimmte seelische Qualitäten zuzuschreiben.[25] „Nur unter der Voraussetzung, daß ein dem meinen gleichgebautes Gehirn eine gleiche Seele habe wie die meinige, kann ich schließen, daß bei gleichartiger Erregung des Gehirnes auch gleichartige Empfindungen entstehen."[26] Es ist unmöglich in eine fremde Seele zu blicken, stets werde ich ihr nur Empfindungen zuschreiben können, die keine anderen sind „als die meinen [...], denn ich bin völlig außerstande, mir unbekannte Empfindungen auszumalen."[27]

An dieser Stelle entsteht das Problem der perspektivischen Umwelten – und zugleich die Frage nach ihrer Korrespondenz und Übersetzbarkeit. In der Auffassung der charakteristischen Gleichartigkeit gleichartig

20 Zur Situierung Müllers in der naturphilosophischen Tradition cf. Michael Hagner und Bettina Wahrig-Schmidt, Hg., *Johannes Müller und die Philosophie* (Berlin: De Gruyter, 1992).

21 Cf. Uexküll, „Organismus und Umwelt", 324–27.

22 Cf. Jakob von Uexküll, „Bedeutungslehre", in Uexküll, *Streifzüge*, 125.

23 Cf. Uexküll, „Psychologie und Biologie", 117.

24 Cf. ibid., 101.

25 Cf. ibid., 115, 116.

26 Ibid., 115.

27 Ibid.

organisierten Lebewesen liegt, wenigstens nach von Uexküll, eine spezifisch biologische Auflösung des Problems. Im Merken und Wirken liegt nämlich ihre „wesentliche Tätigkeit" als Subjekte und nicht als Objekte – und „jede lebende Zelle [ist] ein Maschinist" und nicht nur ein Haufen von Maschinenteilen.[28] Kausalität und Bewegung erklären gerade nicht, wie Empfindungen entstehen, sondern die im Reflexbogen stets mitgegebene Reizübertragung. „Ein Reiz aber muß von einem Subjekt *gemerkt* werden und kommt bei Objekten überhaupt nicht vor."[29] Im Lebensplan und seinem „Formbildungsbefehl" finden sich die zwei Seiten der sensomotorischen Beschaffenheit und der die Umwelten strukturierenden Merk- und Wirkzeichen koordiniert.[30] Auf diesem Weg ersetzt die Umweltlehre die ältere Tierpsychologie, indem sie mit empirischen Mitteln ihre konkreten Lebensräume erkundet.

Die Umwelten unterscheiden sich durch ihre je spezifischen Raum-Zeit-Verhältnisse. Als Umwelträume behandelt von Uexküll die Räume des Wirkens, Tastens und Sehens.[31] Während sich der Wirkraum nach Richtungszeichen aufgliedert, bestimmt sich der Tastraum mit den Lokalzeichen und der Sehraum durch die Anzahl der möglichen Sehelemente. In allen Fällen gibt das „Ortemosaik" besonderer Umwelten genau die differenzierten Merkzeichen wieder, die „bei den Augen der verschiedenen Tiere außerordentlich wechseln".[32] Bei den augenlosen Tieren können die Licht- und Tastreize zusammenfallen. Ebenso gilt für den normalerweise dreidimensionalen Bewegungsraum, dass er entsprechende Sinnesorgane – die sog. Bogengänge – physiologisch voraussetzt. Wie auch immer dieses Mosaik beschaffen sein mag, es ist in jedem Fall „ein Geschenk des Subjekts an seine Umweltdinge, das in der Umgebung gar nicht vorhanden ist."[33]

Nun könnte man meinen, dass von Uexküll nur daran interessiert ist, die versteckten Umwelten, ja ihre völlig nicht-menschliche oder nicht-anthropomorphe und überraschend eintönige, bizarre oder exotische

---

28 Cf. Uexküll, *Streifzüge*, 22, 25.
29 Ibid. 25.
30 Cf. Uexküll, „Bedeutungslehre", 115. In Anlehnung an Hans Driesch und seine *Philosophie des Organischen* richtet sich dieser „Formbildungsbefehl [...] nach den Direktiven eines Grundrisses, der bereits im Gastrulastadium [der Keimzellen] erkennbar ist." Uexküll, „Bedeutungslehre", 116.
31 Cf. Uexküll, *Streifzüge*, 30–42.
32 Cf. ibid., 39.
33 Ibid., 37.

Eigenart zu präsentieren. Aber dies ist nur die eine Seite; – es gibt noch eine andere. Sie liegt in einer übergreifenden Ordnung, die sich in der Planmäßigkeit des Lebens artikuliert. Umwelträume könnten sich im Gewirr der Lokalzeichen verlieren, wenn es kein „festes Gerüst" in ihnen geben würde, das „jeder normale Mensch" als Koordinatensystem der Richtungsebenen mit sich herumträgt.[34] Das Gerüst schafft nicht nur für den Menschen eine Orientierung, sondern auch für viele Tiere und vor allem für die vergleichende Ethologie selbst. Anhand der Fotografie einer Dorfstraße und durch den Gebrauch eines Gitters, das mehr und mehr gesehene Details verdeckt, suggeriert von Uexküll die räumliche Anschauung verschiedener Tieraugen.[35] Wie selbstverständlich definiert die Fotografie das Maß der Dinge, während die Umwelten der Tiere durch ein komplexitätsreduzierendes Verfahren definiert werden: durch die bloße Subtraktion von Bildelementen.

Die methodische Ambivalenz, die Vielheit der Umwelten und zugleich eine sie übergreifende Ordnung darzulegen, kommt in sämtlichen Beschreibungen der verschiedenen Umweltfaktoren zum Vorschein. Sie definieren „subjektive Wirklichkeiten", die in der Umgebung nicht im Sinne objektiver Realitäten vorkommen.[36] Bekannte Wege, die Unterscheidung von Heimat und Fremde, Beutefeld und Schongebiet, die Verschränkung von Merk-, Such- und Wirkbildern oder überhaupt die Bedeutungen, die alle lebenswichtigen Dinge besitzen, weil sie zur Ernährung und zur Fortpflanzung dienen, schälen die Besonderheiten der verschiedenen Umwelten heraus. Zugleich werden stets höhere von niederen Tieren und reichere von ärmeren (oder einfachen und sicheren) Umwelten unterschieden.[37] Dies geschieht vor dem Hintergrund eines Lebensplans, der quasi monadologisch in einer Transzendenz der Natur verankert ist. Seine vitalistische teleologische Ordnung wird gegen das erkenntnislogische Schema der Kausalität wie auch gegen das einzelne Interessen verfolgende Handeln ausgespielt, indem ein bestimmtes Verhalten von Tieren (z. B. der Flugrouten der Wandervögel) auf „angeborene" bzw.

---

34 Cf. Uexküll, *Streifzüge*, 32.

35 Cf. ibid., 40–1. Cf. ibid., 96–7.

36 Cf. ibid., 93.

37 Cf. ibid., 51–2. „Wir werden sagen dürfen, so viele Leistungen ein Tier ausführen kann, so viele Gegenstände vermag es in seiner Umwelt zu unterscheiden. Besitzt es bei wenigen Leistungen wenig Wirkbilder, so besteht auch seine Umwelt aus wenigen Gegenständen. Sie ist hierdurch zwar ärmer, aber um so sicherer geworden." Ibid., 68–9.

„magische“ Anlagen zurückgeführt wird.[38] Ihre hierarchische Struktur findet sich auch in der Beschreibung menschlicher Umwelten. Immer wieder kommt von Uexküll auf „Primitive“, oder auch auf „Neger“ oder „Kinder“ zu sprechen, deren Umwelten in charakteristischer Weise von denen der erwachsenen „hochkultivierten Europäer“ abweicht.[39]

Die scheinbar reine Pluralität der Umwelten zeigt gerade in ihrem biologischen Aufbau eine spezifische Begrenzung und Anordnung. Egal ob es sich um die Umwelt der Wespen handelt, die überall nur „Wespendinge“ wahrnehmen, oder um fremde Kulturen, die in der Ethnologie erforscht werden, stets geht es um „abgeschlossene Weltbilder“, die planmäßig abgeschlossen sind, weil sie „konstitutionelle Unterschiede“ ihrer Sinnes-Organisation voraussetzen.[40] Zugleich stehen die vielen inkommensurablen Umwelten in einem natürlichen Zusammenhang, der verhindert, dass sie miteinander ein pures Chaos ergeben.[41] In diesem auf natürliche Ordnung bedachten Sinne spricht von Uexküll mit Leibniz von „prästabilierter Harmonie“.[42] Sie basiert auf einem Prinzip (der von Gott oder Natur abgesicherten Kompossibilität), das sich selbst nicht immanent in den einzelnen Umwelten adäquat zum Ausdruck bringen kann.[43]

---

38 Die „magischen Erlebnisse“ werden einerseits einer geregelten kausalen Verknüpfung entgegengesetzt, andererseits aber dem Lebensplan unterstellt, dessen Kenntnis wiederum wissenschaftliche Forschung sowie ein Denken teleologischer Ordnungszusammenhänge voraussetzt. Cf. Uexküll, 88–9. Dem entspricht der bereits von dem französischen Entomologen Jean-Henri Fabre dargelegte „angeborene Weg“ der Erbsenkäferlarve aus der Erbse heraus. Cf. ibid., 89–90.

39 Cf. ibid., 42–3, 67, 82, 88, 94–5. Die menschliche ‚Primitivität‘ entspricht damit quasi dem magischen Verhalten der Tiere, das nicht von ihnen selbst begrifflich aufgelöst oder verstanden werden kann. Ähnliche Auffassungen geistern nicht nur durch den anthropologischen Diskurs in der ersten Hälfte des 20. Jahrhunderts. Selbst bei Freud finden wir analoge Parallelkonstruktionen von Kindheit, Wildheit und seelischer Krankheit. Cf. Sigmund Freud, „Totem und Tabu. Einige Übereinstimmungen im Seelenleben der Wilden und der Neurotiker“ [1912–13], in *Studienausgabe: Fragen der Gesellschaft – Ursprünge der Religion*, Bd. 9, hg. Alexander Mitscherlich et al. (Frankfurt am Main: Fischer, 2000), 287–444.

40 Cf. Jakob von Uexküll, „Wie sehen wir die Natur und wie sieht sie sich selber“? [1922], in Uexküll, *Kompositionslehre*, 179–213, 181, 182, 184.

41 Cf. Uexküll, *Streifzüge*, 101.

42 Cf. Uexküll, „Organismus und Umwelt“, 337.

43 Cf. Uexküll, *Streifzüge*, 66.

Ein kaum beliebiges Beispiel dieser gesunden (und ländlichen) Ordnung liefert die Eiche. Sie gehört nach von Uexküll zu den Umwelten des Försters und des Mädchens, aber auch zu denen ganz verschiedener Tiere wie Fuchs oder Eule, Eichhörnchen oder Specht, Ameise oder Borkenkäfer.

> Jede Umwelt schneidet aus der Eiche einen bestimmten Teil heraus, dessen Eigenschaften geeignet sind, sowohl die Merkmalträger als auch die Wirkmalträger ihrer Funktionskreise zu bilden. [...] Wollte man all die widersprechenden Eigenschaften, die die Eiche als Objekt aufweist, zusammenfassen, es würde nur ein Chaos daraus entstehen. Und doch sind sie alle nur Teile eines in sich festgefügten Subjektes, das alle Umwelten trägt und hegt – von allen Subjekten dieser Umwelten nicht erkannt und ihnen nie erkennbar.[44]

Die Eiche, der militärisch codierte Wappenbaum, das Sinnbild des Deutschtums, das sich auf seine historischen Wurzeln und seine gesunde Abstammung besinnt – diese Eiche vereinigt all das auf sich, was ihr entspringt. Sie gehört in ein Bild der Natur, das das moderne Leben in den Großstädten, die Entwicklungen von Technik, Presse und Industrie, die aus der sozialen Frage neu hervorgegangenen Arbeiterkämpfe etc. nicht tangiert. Schärfer formuliert: Alle zeitgenössischen Vorgänge, die nicht streng an die „Lebensgesetze“ – und mit ihnen: an den Menschen als Ursprungsinstanz jeder technischen Entwicklung – gebunden sind, stehen in der Gefahr, einer Verfallstendenz zuzuarbeiten.[45] In diesen Kontext gehört nicht nur von Uexkulls Ablehnung der modernen Kunst und ihrer „verderblichen Folgen“, die explizit auf Max Liebermann bezogen

---

44 Uexküll, *Streifzüge*, 99. Cf. ibid., 94–9.

45 Cf. Uexküll, „Organismus und Umwelt“, 343. Es gleicht einem Bezug auf Ernst Kapps Anthropologie der Technik, wenn von Uexküll unterstreicht, dass alle Technik (des Wirkens oder Merkens) ein „Hilfsmittel“ des Menschen ist – wie etwa die Sinneswerkzeuge bei Tieren –, weshalb eine „Maschinentheorie der Lebewesen“ zu kurz greift, da sie diese voraussetzt. Cf. Uexküll, *Streifzüge*, 21. Nichtsdestotrotz macht er zugleich von Technik einen anderen Gebrauch, wenn er die variablen Umweltzeiten (nach Karl Ernst von Baer) mit Hilfe des Films, der Zeitlupe und des Zeitraffers, genauer bestimmt. Cf. ibid., 46–8. Cf. Katja Kynast, „Kinematografie als Medium der Umweltforschung Jakob von Uexkülls“, *kunst texte.de* 4 (2010), zuletzt geöffnet am 06. Oktober 2020, https://edoc.hu-berlin.de/bitstream/handle/18452/7581/kynast.pdf.

sind (wohl im Sinne einer jüdischen Herkunft der abstrakten Malerei).[46] Auch seine *Staatsbiologie* (1920), die in der zweiten Auflage (1933) um ein Kapitel über das Parasitäre erweitert wird, verknüpft die biologisch gegründete kulturelle Eigenheit von Volk und Rasse mit biopolitischen Vorstellungen von einer staatlichen Organisation.[47] Es ist kein Ausrutscher, wenn er 1931 in einer Studie über *Organismus und Umwelt* von einer „biologischen Weltanschauungswelle" spricht, die „endgültig zum Siege gelangt", sofern „wir selbst mit unserer Person mit in die große Partitur [des Lebens] verwoben sind und versuchen müssen, uns mit ihr in Einklang zu setzen."[48]

Noch ein Nachtrag. Jakob von Uexküll hat eine Arbeit seines „verehrten Freundes" Houston S. Chamberlain mit dem Titel *Natur und Leben* aus dem Nachlass herausgegeben und in mehreren Einleitungen kommentiert.[49] Im Vorwort resümiert er mit voller Zustimmung und dem Gestus der Bewunderung die vier „Grundpfeiler" von dessen „Biologie" und ihrer Leitmaxime: „Das Leben ist Gestalt."[50] Sie verdeutlichen einmal mehr, wie die im Begriff des Lebens zusammengebundenen Seiten der physischen Konstitution eines Lebewesens und seiner Wahrnehmungs- und Handlungsfähigkeiten im Sinne der von Chamberlain so wirkungsvoll propagierten ‚Rassenseele' verstanden werden können. Die ersten beiden Hauptsätze erläutern die vitalistische Grundlage und planmäßige

---

46 Cf. Jakob von Uexküll, „Tierwelt oder Tierseele" [1913], in Uexküll, *Kompositionslehre*, 260. „Mit drei Merkmalen auszukommen, gilt heute als höchste Kunst – das können die Seeigel auch." Uexküll, „Tierwelt oder Tierseele", 260. Mit seiner Wortwahl erinnert von Uexküll an die Ablehnung der „entarteten Kunst" (Max Nordau), die in ihrer Zuspitzung im Rahmen der NS-Kulturpolitik zu der berühmt-berüchtigten ‚Schandausstellung' führte (zuerst eröffnet am 19. Juli 1937 in München).
47 Cf. Benno Müller-Hill, *Die Philosophen und das Lebendige* (Frankfurt am Main / New York: Campus, 1981), 199–200.
48 Cf. Uexküll, „Organismus und Umwelt", 305, 343. Es ist aus meiner Sicht nicht nachvollziehbar, wenn Agamben von Uexkülls Beziehungen zu Houston Chamberlain verharmlosend als eine „kuriose Episode" seiner intellektuellen Biografie bezeichnet. Cf. Giorgio Agamben, *Das Offene. Der Mensch und das Tier* [2002], übers. Davide Giuriato (Frankfurt am Main: Bruckmann, 2003), 53.
49 Cf. Houston Stewart Chamberlain, *Natur und Leben*, hg. Jakob von Uexküll (München: Bruckmann, 1928). Chamberlains *Grundlagen des 19. Jahrhunderts* (1899) gelten als Wegbereiter der im NS vertretenen und antisemitisch ausgerichteten Rassenideologie.
50 Cf. Jakob von Uexküll, „Vorwort", in Chamberlain, *Natur und Leben*, 7–11, 9.

Verbundenheit der Lebensgestalten.[51] „Den dritten Pfeiler bildete die Erkenntnis, daß ‚die Zahl der typischen Gestalten nur eine beschränkte ist'. Und schließlich wurde der Grundsatz der ‚Unwandelbarkeit der Gestalten' zum vierten Pfeiler des Baues […]."[52] Im ‚unwandelbaren Typus der Gestalt' aber lauert das rassistische Vorurteil.

II. HELMUTH PLESSNER UND DIE ANTHROPOLOGISCHE DEUTUNG DER SPHÄRE DES TIERES

Der humanistischen Tradition gemäß wäre zu meinen, dass die Setzung des Menschen und des Menschlichen dem in kulturelle Umwelten verspannten Leben, das sich wie eben gesehen mit einer fest gefügten Typologie der Rasseseelen verschränken kann, ein wirkungsvolles Korrektiv entgegenhält. Dem Kulturalismus geschlossener Kulturkreise opponiert ein universalistisches Konzept von Menschenwürde und Menschenrechten. Und doch ist es nicht so einfach, wie man gerne glauben möchte. Im anthropologischen Diskurs seit Kant verbindet sich mit der Humanität, die dem Menschen von Rechts wegen zukommt, stets eine Empirie, die bestimmten Menschen vorenthält, was sie *eigentlich* doch besitzen. Ihre Natur ist eben – faktisch, wie es heißt – so beschaffen, dass sie die Ausbildung des ‚wahren' Menschen, die Entwicklung seines (moralischen) Wesens, unmöglich macht.[53] Sie stecken fest auf einer niedrigen Stufe des zivilisatorischen Fortschritts. Oder sie befinden sich in einer lebensweltlichen Blase, die sie nicht verlassen können – und dies, weil sie gemessen an einem (wie immer partikularen) Bildungsideal von Freiheit und Vernunft als defizitär erscheinen.

Mit diesem Problem kann sehr unterschiedlich umgegangen werden. Einerseits liegt es nahe, den empirischen Befund anzuzweifeln, der etwa

---

51 Der erste besagt: „„In allen Lebensgestalten stehen die Teile unter sich in Korrelation.'" Im zweiten wird die „„Interdependenz der Lebensgestalten'" behauptet. Cf. Uexküll, „Vorwort", 10.

52 Ibid., 10.

53 Zur Anthropologie des sog. Charakters nach Kant: cf. Marc Rölli, *Kritik der anthropologischen Vernunft* (Berlin: Matthes & Seitz, 2011), 82–107. Die von Kant in der *Anthropologie in pragmatischer Hinsicht* entwickelte Charakteristik ist ein zentraler Baustein des nach Kant auf naturphilosophischen Grundlagen sich entwickelnden und institutionalisierenden Diskurses philosophischer Anthropologie (bei Fries, Schelling, Steffens, Hegel, Feuerbach, Rosenkranz, Lotze und vielen anderen) und des in ihm angelegten Rassismus.

besagt, dass Frauen im Unterschied zu Männern von ihren Gefühlen beherrscht werden (kleinere Gehirne haben etc.). Andererseits liegt es ebenso nahe, die einseitige Priorisierung rationaler Vorgänge infrage zu stellen. Beides zusammen wiederum motiviert dazu, eine bestimmte Weise Gefühle (oder Gehirne oder auch die Vernunft selbst) zu rationalisieren, genauer in den Blick zu nehmen. Vielleicht ist es einfach so, dass das Denken des Humanen und dasjenige des abgewerteten ‚Menschen' strukturell korrelieren? Benötigt der Mensch ein anderes (z. B. vorgeburtliches, vorgeschichtliches, verwerfliches) Leben, von dem er sich abheben kann? Und weshalb?

„Die Festlegung der Grenze zwischen Humanem und Animalischem scheint [...] eine grundlegende metaphysisch-politische Operation [zu sein], durch die allein so etwas wie ein ‚Mensch' bestimmt und hergestellt werden kann. Wenn animalisches und humanes Leben vollständig zur Deckung kämen, wären weder der Mensch noch das Tier [...] denkbar."[54] Diese Überlegung von Giorgio Agamben zielt darauf ab, im Vorgang der Trennung (des Menschen vom Tier) eine Voraussetzung der menschlichen Identität kenntlich zu machen. Sie gründet in etwas, das ihr vorausliegt. Damit ist allerdings nicht viel gesagt. Variieren wir die Überlegung mit Kant und stellen uns vor, dass der Mensch mit seiner Bestimmung zusammenfiele: das wäre gleichbedeutend mit seinem Verschwinden. Er wäre sich nicht länger aufgegeben, keine Unterscheidung zwischen (empirischer) Realität und (transzendentalem) Begriff wäre möglich. Die menschliche Natur stimmt aber nach Kant gerade *nicht* a priori mit den kritischen Forderungen der Vernunft überein. Außer dem reinen Charakter muss es einen empirischen geben. Sonst erübrigten sich nicht nur die Pädagogik, sondern auch die Geschichte, die Moral und die wissenschaftliche Aufklärung.

In gewisser Weise erklärt sich auf diesem Weg also die Bedeutung, die sich mit dem Begriff des Menschen oder mit seinem inneren Zwiespalt verbindet. Der ‚Mensch' garantiert die epistemische Geltung einer diskursiven Produktion, indem er die Grundlagen seiner eigenen Bearbeitung bereitstellt. Nach Foucault ist dies zumindest für die modernen Humanwissenschaften und ihre anthropologische Auffassung des Menschen plausibel.[55] In ihr gibt es aus seiner Sicht stets eine Empirie, die gleichsam gezwungen ist, in sich selbst ihren Grund zu finden: sei es in transzendentalen (oder auch existenzialen) Strukturen, den Gesetzen historischer

---

54 Agamben, *Das Offene*, 31.

55 Cf. Michel Foucault, *Die Ordnung der Dinge. Eine Archäologie der Humanwissenschaften* [1966], übers. Ulrich Köppen (Frankfurt am Main 1991).

Entwicklung oder in einer spekulativen Natur, die sich von allem, was ihr eigentlich fremd ist – von dem Vergänglichen, Krankhaften, Animalischen, Maschinenhaften – gereinigt und geläutert hat.[56] Ihre Abgründe dagegen – und d. h.: die Unmöglichkeit sich zu begründen; im Leben, in der Arbeit oder in der Sprache eine ursprüngliche Wahrheit wiederzufinden – verwandeln ihr Bild in eine komplexe und veränderliche Mannigfaltigkeit, die nicht im Ausgreifen auf abstrakte Formen (im Sinne einer auf bloße Allgemeinheiten abzielenden Verdopplung des Empirischen) stabilisiert werden kann. An diesem Punkt zerbricht nach Foucault die anthropologische Ordnung – und mit ihr die ordnende Funktion der normativen Humanität im Feld der empirischen Menschenwissenschaften.[57]

Die experimentelle Biologie nach dem Verständnis von Uexkülls scheint im ersten Moment ohne einen Menschen, der sich grundlegend von den Tieren unterscheidet, auszukommen. Aber sein Begriff des Lebens ist auf einen umfassenden Plan der Natur bezogen: die Vielfalt der Umwelten ist biologisch so koordiniert, dass ihre jeweils geschlossenen Sphären aus Gründen einer dem menschlichen Forscher vorbehaltenen Einsicht miteinander harmonieren. Im Vorwort zur zweiten Auflage (1964) seiner *Stufen* bezeichnet es Plessner als „Verdienst Uexkülls", das Bild des „tierischen Verhaltens" freigelegt zu haben; ein Bild, das als „Voraussetzung für das Verständnis menschlichen Verhaltens" angenommen wird.[58] Anders gesagt, liefert von Uexkülls Umweltlehre – und zwar im Hinblick auf die geschlossene Organisationsform des Tiers – die biologische Grundlage für die Entwicklung des neuen anthropologischen Begriffs vom Menschen.[59] Das bedeutet nicht, dass eins zu eins die animalische Umweltstruktur in die der menschlichen Kulturwelten und ihrer ‚Lebensstile' übertragen wird.[60] Ebenso wenig wird mit dem Menschen ein

---

56 Cf. Rölli, *Kritik der anthropologischen Vernunft*, 499–509.

57 Im Strukturalismus schien eine ‚posthumanistische' Alternative gefunden, um die Spannung zwischen dem Menschen, wie er zu sein hat – und wie er wirklich ist, zu lösen: eine prekäre und gefährdete Existenz, in nicht enden wollenden Wiederholungen, die in sich kreisen oder taumeln, weil sich mit ihnen Zentrum und Gleichgewicht verlieren. Cf. Foucault, *Ordnung der Dinge*, 447–62.

58 Cf. Helmuth Plessner, *Die Stufen des Organischen und der Mensch. Einleitung in die philosophische Anthropologie* [1928] (Berlin / New York: De Gruyter, 1975), XIV.

59 Cf. ibid., 76.

60 Cf. dazu Erich Rothacker, „Probleme der Kulturanthropologie", in *Systematische Philosophie*, hg. Nicolai Hartmann (Stuttgart: Kohlhammer, 1942), 80–2.

außerhalb des Lebens angesiedeltes geistiges Wesen in Stellung gebracht, das nach Scheler allein „umweltfrei“ und „weltoffen“ wäre.[61] Vielmehr begreift Plessner den Menschen als ein Tier, das in gleicher Weise wie dieses organisiert ist, auch wenn es sich von ihm dadurch unterscheidet, dass es sich dieser Selbstgegebenheit noch einmal bewusst wird. Sein unterscheidendes Merkmal ist damit ein reflexives Ich, das sich nirgends festmachen lässt und immer eine Distanz zu sich, zu seiner Verkörperung, wahrt oder wahren muss.[62]

Plessners Anthropologie fußt auf einer Philosophie des Lebens, die sich in von Uexkülls biologischer Tierbetrachtung vorgeformt findet. Dies zeigt sich im Begriff des Lebensplans, der zwischen einem körperlichen Organisationstyp und der ihm zugehörigen Umwelt einheitlich vermittelt. ‚Leben‘ kann weder in einem mechanischen Verhältnis physiologischer Prozesse noch psychologisch in einer Tierseele verortet werden, sondern nur auf einer Ebene des Merkens und Wirkens – und d. h. auf einer Ebene qualitativer Phänomene des „Erlebens“, die dem „Gestaltcharakter des Verhaltens“ entsprechen.[63] Plessner korrigiert hier von Uexkülls strengen Kantbezug, indem er die Koordination von Organismen und Umwelten im ‚Leben‘ auf „*ontologische* Schemata [...] apriorischer Gesetze“ zurückführt.[64] Nach Kant ist der Schematismus auf die Erscheinungswelt limitiert. Nicht so bei Plessner. Aus seiner Sicht ist die empirisch arbeitende Umwelt- oder auch Verhaltensforschung durch eine philosophische Analyse der „Vitalkategorien“ zu begründen, die nichts weniger als die „Wesensstruktur des Lebens“ artikulieren.[65]

Mit dieser methodischen Erweiterung des Subjektbegriffs aus seinen Lebensgrundlagen unternimmt Plessner eine anthropologische Explikation der nicht zuletzt hierarchisch angelegten natürlichen Ordnung von

---

61 Cf. Max Scheler, „Die Stellung des Menschen im Kosmos“ [1928], in Scheler, *Gesammelte Werke IX. Späte Schriften* (Bern/München: Francke, 1979), 32.

62 Cf. Plessner, *Stufen des Organischen*, 291. „Die volle Reflexivität ist dem lebendigen Körper auf der tierischen Stufe verwehrt. [...] Die These lautet dahin, daß sie dem Menschen vorbehalten bleibt.“ Ibid., 288–89. Eine Alternative zu Rothacker und zu Plessner hat bereits Gabriel Tarde – in Bezug auf Alfred Espinas und seine Arbeit *Des Sociétés animales* (1878) – formuliert, indem er das Nachahmungsverhalten als ein *allgemeines* soziologisches Verhalten herausgearbeitet hat, das sich auch bei Tieren findet. Cf. Gabriel Tarde, *Die Gesetze der Nachahmung* [1890], übers. Jadja Wolf (Frankfurt am Main: Suhrkamp, 2009), 27–8.

63 Cf. Plessner, *Stufen des Organischen*, 63–9, 69.

64 Cf. ibid., 65, 66 (Herv. MR).

65 Cf. ibid.

Uexkülls. Das Tier nimmt eine mittlere Stellung auf der ‚Formstufenleiter' ein: nach der Pflanze und bevor der Mensch erscheint. Seine (an die Beschreibungen Drieschs und von Uexkülls angelehnte) Organisationsform exemplifiziert die Positionalität, die als grundlegende Kategorie des Lebens fungiert.[66] Das Tier *ist* im Modus des nicht bloß dinglich vorhandenen ‚Gesetztseins': Es verhält sich *mittels* seines Körpers zu seiner Umwelt, indem es „nur auf dem Wege über das Zentrum" gereizt sein und reagieren kann.[67] „Der Körper merkt das Sein und wirkt auf das Sein. Über eine Kluft hinweg steht er mit dem Anderen in sensorischer und motorischer Verbindung."[68] Hier verknüpfen sich mehrere Reflexionsstränge auf nicht ganz einfach zu lösende Weise: dialektische Denkfiguren und solche hermeneutischer, phänomenologischer und vitalistischer Provenienz. Halten wir fest: Das Tier markiert eine Stufe des Organischen, die durch zentrische Positionalität bestimmt ist; es steht in einem lebendigen Verhältnis zu sich, das einerseits physiologisch und anderseits durch ein qualitatives Erleben subjektiv-ganzheitlich, durch eine „Autonomie der Formbildung", charakterisiert ist.[69] Das im Stufenprinzip liegende hierarchische Moment findet sich im Übergang von der offenen zur geschlossenen Form, d. h. bei Plessner: im Übergang zur zentralisierten Organisation; dann aber auch in der Reflexivität, die sich im spezifisch menschlichen Objektbezug und Selbstbewusstsein zum Ausdruck bringt.[70] Beides zusammen findet sich in dem älteren naturphilosophischen Prinzip wieder, das einen Primat der Sensibilität in der physiologischen Organisation mit dem Freiheitsgrad einer riskanten Daseinsweise verbindet.[71]

Im Begriff der Entwicklung führt Plessner diese Überlegungen zusammen. In ihm verbinden sich Prozesse des Werdens mit der

---

66 Cf. Plessner, *Stufen des Organischen*, 230–32.
67 Cf. ibid., 230. Cf. auch Ibid., 127–32.
68 Ibid., 232.
69 Cf. ibid., 105. Die philosophische Biologie unterläuft laut Plessner den cartesianischen Substanzendualismus, indem sie zugleich anhand des auf eine „Grenze" im Sinne der „Aspektdivergenz" bezogenen Tiers die Zweiheit aus der (eigentlich fundamentalen) Einheit des Lebens hervorgehen lässt. Cf. ibid., 99–105.
70 „Wenn es dem außenstehenden Beobachter auffällt, daß die Umwelt eines Tieres nur von ‚Dingen' erfüllt ist, die diesem speziellen Tier allein angehören, der Regenwurm nur von Regenwurmdingen, die Libelle nur von Libellendingen umgeben ist, so wird diese Tatsache verständlich aus dem Mangel *echter* Dinglichkeit. Sie entbehren eben der Objektivität [...]." Ibid., 247.
71 Cf. ibid., 247–50.

beharrlichen Identität eines Typus oder einer „Gestaltidee".[72] Zum lebendigen Dasein gehört ein ständiges Werden im Sinne der Realisierung eines sich durchhaltenden oder mit sich identischen Etwas: also bleibt „das anders werdende Ding dasselbe."[73] Reines Werden, das die Grenzen der „Formidee" ruinierte, wäre Veränderung ohne Maß und Ziel – und jedenfalls keine Entwicklung. „So versteht man die inneren Gründe, aus welchen sich die ganze organische Natur von dem Gesetz des Typus beherrscht zeigt."[74] Im Typus oder in den Gestaltideen haben die Tiere einen unverrückbar fest stehenden Rahmen für ihre Lebensprozesse, „in dem das Anderswerden sich zu halten hat."[75]

Übertragen auf die „Sphäre" des Menschen und den spezifisch menschlichen „Personcharakter" könnte von einer „vitalen Basis" gesprochen werden, die weiterhin typische „ethnobiologische" Unterscheidungen in sich trägt.[76] Sie entsprechen dem animalischen Umweltcharakter, der ein integrales Moment im exzentrischen Weltverhältnis des Menschen bleibt: „auch seine Welt ist notwendig getragen von Umweltcharakteren, wie in der Organisation seiner eigenen Existenz das Höhere und spezifisch Menschliche vom Tierischen getragen wird. Auch sie zeigt sich notgedrungen [...] als Milieu, [...] als Fülle der Umstände."[77] Allerdings ist die „vitale Basis" einer tiefen Verbundenheit mit dem Lebendigen keine letzte Bestimmung des Menschen. Diese liegt vielmehr in der Humanität selbst, in der singulären Person des „Einen Menschen", „in der alles, was Menschenantlitz trägt, ursprünglich verknüpft bleibt".[78] Und genau an diesem Punkt macht sich auch bei Plessner eine merkwürdige – und epistemisch koloniale – Vorrangstellung der westlichen Kultur geltend,

---

72 Cf. Plessner, *Stufen des Organischen*, 136.
73 Cf. ibid., 135, 140–41.
74 Ibid., 137. „Nirgends tritt ein lebendiger Körper sozusagen als absolute Einmaligkeit auf. Er ist stets ein [...] Fall eines Typus und untersteht einer Stufenfolge solcher typischer Einheiten, die nach Graden der Verwandtschaft zu ordnen sind." Ibid.
75 Cf. ibid., 137.
76 Cf. ibid., 304. Das „Faktum der ethnobiologischen Erfahrung" verweist auf eine ‚bluthafte', rassenspezifische und traditionale Eigentümlichkeit eines Volkstums oder ‚völkischen Charakters'. Cf. dazu Helmuth Plessner, „Macht und menschliche Natur. Ein Versuch zur Anthropologie der geschichtlichen Weltansicht" [1931], in *Macht und Menschliche Natur. Gesammelte Schriften V* (Frankfurt am Main: Suhrkamp, 2003), 135–217, 171, 191–93, 230–33.
77 Plessner, *Stufen des Organischen*, 308.
78 Cf. ibid., 304.

weil diese als einzige die Humanität als weltanschaulich neutrale Idee versteht.[79] Kulturen, die nicht menschheitsbezogen denken, befinden sich dagegen in einem wenig differenzierten Entwicklungszustand: sie verabsolutieren ihr partikulares Dasein gedankenlos. Ihnen fehlt die anthropologische Aufklärung über die besonders geartete menschliche Positionalität – über die unergründliche Macht des existentialen Verstehens als kreativer Lebensgrund aller Sinnstiftung.[80]

III. TIER-WERDEN IN *TAUSEND PLATEAUS*

Wenn Guattari und Deleuze in *Tausend Plateaus* vom „Tier-Werden" sprechen, so geht es ihnen nicht zuletzt um eine Neuausrichtung des tradierten Mensch-Tier-Verhältnisses.[81] Ihnen kommt es darauf an, im Menschen das Tier freizusetzen – nicht aber darauf, im Tier den Menschen wiederzufinden. Michel Serres hat diesen Punkt treffend formuliert, wenn er in seinem *Parasiten* vorschlägt, „man möge den (in La Fontaines Fabeln angelegten) Anthropomorphismus zurückwenden."[82] Es handelt sich bei dem Tier-Werden um ein Anders-Werden des Menschen, das weder die gebräuchlichen Vorstellungen vom Tier noch die gebräuchlichen Vorstellungen vom Menschen unangetastet lässt. Das zeigt sich schon darin, dass das Tier-Werden mit anderen Formen des Werdens unmittelbar

---

79 Plessner, „Macht und menschliche Natur", 221. Es ist interessant zu sehen, dass die von Amy Allen vorgeschlagene Dekolonisierung der kritischen Theorie nicht zuletzt auf Habermas' Gedanken einer ‚posttraditionalen' Gesellschaft zielt, der im Begriff der Moderne einen historischen Fortschritt in der kommunikativen Rationalisierung der Lebenswelt festzuhalten erlaubt. Cf. Amy Allen, *Das Ende des Fortschritts. Zur Dekolonisierung der normativen Grundlagen der kritischen Theorie* [2016], übers. Frank Lachmann (Frankfurt am Main: Campus, 2019), 73–120. Die hier angelegte Plessnerkritik verhält sich dazu logisch äquivalent, wenigstens im Hinblick auf den gemeinsamen Aspekt eines überlegenen Zivilisationsstandards der ethisch nicht länger verbindlichen, weil nur kulturell-partikularen Weltanschauungen. In dieser Weise beansprucht Europa universalistische Bedeutung – und versteckt hinter dieser ihre koloniale Stellung.

80 Cf. Plessner, *Macht und Menschliche Natur*, 186.

81 Cf. Deleuze und Guattari, *Tausend Plateaus*, 317–422.

82 Cf. Michel Serres, *Der Parasit* [1980], übers. Michael Bischoff (Frankfurt am Main: Suhrkamp, 1987), 18. Der einzig sinnvolle Umgang mit dem Parasitismus wäre denn auch, nach Serres, ihn radikal zu verallgemeinern.

zusammenhängt: mit solchen des Kind-Werdens, Frau-Werdens, Molekular-Werdens – aber auch des Schwarz-Werdens, Jude-Werdens oder Minoritär-Werdens. Kinder, Frauen, Minderheiten, Andersheiten: stets lebt im Begriff des Menschen eine majoritäre Norm, die nicht in der ‚Immanenz des Werdens' zu situieren ist.[83] Und dies bedeutet zugleich, dass patriarchale Strukturen ebenso wie koloniale oder antisemitische in Veränderungsprozesse hineingezogen werden.

Im Tier-Werden bilden Mensch und Tier ein Gefüge. Der Mensch wird Tier und damit unmenschlich – und zugleich wird das Tier zu etwas anderem. Im Werden individuiert sich z.B. ein Tier-Mensch, der weder Mensch ist noch Tier. Vielleicht ein Schamane oder eine „Tricksterin", aber das erklärt nicht viel.[84] Das Werden spielt sich auf einer Ebene ab, die weder den Menschen und seine vorzüglichen Eigenschaften noch das Tier und seine primitive Natur fortbestehen lässt. Nicht einmal als Projektionsfläche für ein Anderssein. Dieses Geschehen zwischen ihnen wird daher auf eine Weise beschrieben oder konstruiert, die sich gegen anthropologische Üblichkeiten im Diskurs des Lebens und der Lebewesen konturiert.

Tier-Werden meint keinesfalls, dass Menschen einfach zu Tieren werden. „Das Werden kann und muß als ein Tier-Werden bestimmt werden, ohne einen Endzustand zu haben, der das gewordene Tier wäre."[85] Aber das „Tier-Werden des Menschlichen" ist zugleich ein Unmenschlich-Werden, das sich in einer Zone abspielt, die zwischen Mensch und Tier keine klare Grenze kennt.[86] Werden ist nicht als Entwicklung zu denken, die ein Subjekt voraussetzen würde, das sich entwickelt – auch nicht zu etwas anderem, das bereits als anderes klar bestimmt wäre. Von der Naturgeschichte über die Biologie und Evolutionsbiologie bis zum

---

83 Wenn der „Standard-Mann" eine privilegierte, majoritäre Instanz repräsentiert, so sind „in diesem Sinne [...] Frauen, Kinder und auch Tiere, Pflanzen, Moleküle minoritär." Zwischen einem minoritären „Status" und einen minoritären „Werden" wäre zu unterscheiden: „Man reterritorialisiert sich in einer Minorität [...]; aber man deterritorialisiert sich in einem Werden." Cf. Deleuze und Guattari, *Tausend Plateaus*, 396. Allerdings liegt im Minoritären – aufgrund seiner Abweichung vom repräsentativen und kolonialen Standard – immer in besonderer Weise ein Verwandlungspotential. Cf. Deleuze und Guattari, 398–99.
84 Cf. Donna Haraway, *Die Neuerfindung der Natur: Primaten, Cyborgs und Frauen*, übers. Dagmar Fink et al. (Frankfurt am Main / New York: Campus, 1995), 171.
85 „Das Tier-Werden des Menschen ist real, ohne daß das Tier, zu dem er wird, real ist." Deleuze und Guattari, *Tausend Plateaus*, 325. Die Rede ist hier auch vom Dämonischen oder von Anomalien.
86 Cf. ibid., 372, 379–80, 411.

(klassischen) Strukturalismus werden Tierbegriffe diskutiert, die nicht nur an einer irreduziblen „menschlichen Ordnung" festhalten, sondern zugleich auf wirkliche Tiere abzielen, die sich gemäß den entsprechenden diskursiven Regelungen identifizieren lassen.[87] Anhand zahlreicher Beispiele aus der Literatur – von Kleist und Melville zu Kafka – und anderer Quellen (wie Psychoanalyse und Ethnologie, Musik und Film) wird in *Tausend Plateaus* verdeutlicht, dass Tier-Werden nur sehr wenig mit Ähnlichkeiten, Analogien, Imitationen oder Fiktionen zu tun hat. Das ‚Tierische' dieses Werdens lässt sich nur schwer mit der Hilfe tradierter zoologischer Annäherungen beschreiben. Es gelingt nicht, ihm auf die Spur zu kommen, indem Eigenschaften bemerkt werden, die Tiere nach Art und Gattung klassifizieren. Ebenso wenig hilft es, ihre organischen Funktionen zu erkennen oder ihre hereditären Abstammungslinien. Werden ist weder mit Evolution noch mit Vererbung gleichzusetzen.[88] Selbst die Interpretationen von Claude Lévi-Strauss scheitern. Seine Schriften zum Totemismus sind lediglich auf äquivalente Beziehungen, symbolische Strukturen oder „Analogien der Proportionalität" ausgerichtet. In den späteren Mythenforschungen stößt er zwar „immer wieder auf jene spontanen Handlungen [...], durch die der Mensch zum Tier wird [...]", aber auch hier führt ihre Auffassung im Rahmen des Mythos „zu einer Verarmung des beobachteten Phänomens."[89]

Es bleibt nicht bei der Ablehnung eines unpassenden oder ungeeigneten Denkens. Deleuze und Guattari haben ein sozusagen ‚dichtes Phänomen' im Blick, das greifbarer wird, wenn sie von einem „unmenschlichen Einverständnis mit dem Tier" sprechen oder davon, mit ihm „einen Körper zu bilden".[90] Etwas oder besser eine Menge geschicht zwischen ihnen. Ein Thema spielt dabei eine besondere Rolle: die Individuation, verstanden als ein Prozess, der sich in einer strukturellen Mannigfaltigkeit abspielt. In *Differenz und Wiederholung* wurde das Thema von Deleuze bereits ausführlich behandelt.[91] In *Tausend Plateaus* taucht es in

---

87 Cf. Deleuze und Guattari, *Tausend Plateaus*, 372.
88 Cf. ibid., 325, 329.
89 Cf. ibid., 323–24.
90 Cf. ibid., 373.
91 Cf. Gilles Deleuze, *Differenz und Wiederholung* [1968], übers. Joseph Vogl (München: Fink, 1991), 308–28. Anne Sauvagnargues hat ihr Verständnis der Ethologie nach dem Konzept der Individuation nach Simondon und Deleuze ausgerichtet. Cf. Anne Sauvagnargues, *Ethologie der Kunst. Deleuze, Guattari und Simondon*, übers. Daniela Voss (Berlin: August, 2019), 147–53.

den ‚spinozistischen Erinnerungen' wieder auf.[92] Sie beginnen bei den Überlegungen zu den „Körpern", die Spinoza im zweiten Buch seiner *Ethik* anstellt.[93] Je nach den Bewegungsverhältnissen, in denen sie sich befinden, setzen diese Körper Individuen zusammen, die selbst wiederum Teile anderer und komplexerer Individuen sein können. Sie sind auf einer Ebene angesiedelt, „die sowohl für das Unbelebte wie das Belebte gilt, sowohl für künstliche wie für natürliche Dinge"; – eine „Verteilungsfläche", die nichts mit Formen und Funktionen, aber auch nichts mit Gründen und Zwecken zu tun hat.[94] Vor diesem Hintergrund wird zunächst die philosophische Zoologie von Geoffroy St.-Hilaire platziert, anschließend die Ethologie – mit einer Bezugnahme auf von Uexküll.

Geoffroy St.-Hilaire wird als Gegenspieler von Georges Cuvier eingeführt, dem es nicht länger darum geht, „Beziehungen von Organen zueinander und von Organen zu Funktionen" zu definieren. Vielmehr bezieht er sich auf abstrakte Körperteile, „die sich nur durch ihre Geschwindigkeit unterscheiden" und auf diese Weise verschieden kombinieren und in „dieses oder jenes individuierte Gefüge eingehen."[95] Die Vorgänge der Individuation sind auf einer Immanenzebene lokalisiert; informelle und funktionslose, verschwindend kleine Teilchen, die sich zu größeren Einheiten zusammensetzen, wenn sie Organe oder Funktionen ausbilden. „Ein einziges abstraktes *Tier* für alle Gefüge, in denen es realisiert wird."[96] Dagegen ist die Position von Cuvier durch ihr Festhalten an einem transzendenten oder verborgenen Organisationsplan bestimmt, der sich aufgrund seiner rationalen Teleologie erst in der Ordnung der Lebewesen manifestiert. Den Prinzipien der Organisation oder Entwicklung setzen Deleuze und Guattari mit Geoffroy St.-Hilaire die Faltung entgegen – Faltung und nicht: Charakter, Typus oder Gestalt.

> Und wenn es tatsächlich Sprünge oder Brüche zwischen Gefügen gibt, dann nicht aufgrund ihrer natürlichen Irreduzibilität, sondern weil es immer Elemente gibt, die nicht rechtzeitig ankommen oder

---

92 Cf. Deleuze und Guattari, *Tausend Plateaus*, 346–54.

93 „Die Körper unterscheiden sich voneinander hinsichtlich der Bewegung und der Ruhe, der Schnelligkeit und Langsamkeit, nicht aber hinsichtlich der Substanz." Spinoza, *Ethik*, übers. Jakob Stern (Stuttgart: 1977), 145 (2. Buch, Lehrsatz 13, Hilfssatz 1).

94 Cf. Deleuze und Guattari, *Tausend Plateaus*, 346.

95 Cf. ibid., 347. Cf. bereits Deleuze, *Differenz und Wiederholung*, 236–37.

96 Cf. Deleuze und Guattari, *Tausend Plateaus*, 348.

> erst dann, wenn alles vorbei ist, so daß man durch Nebelschwaden oder Leerzonen, Fortschritte und Verzögerungen hindurch muß, die selber Bestandteile der Immanenzebene sind.[97]

Von „natürlich irreduziblen" Wesenheiten kann nicht die Rede sein, wenn das Individuelle aus einer immanenten Individuation heraus entsteht, d. h. aus Verhältnissen unterschiedlich schnell bewegter formloser Partikel. Eine Maschine und kein Mechanismus, ein organloser Körper und keine Organisation. Dieser Sichtweise wird eine weitere hinzugefügt, indem mit Spinoza den quasi physikalischen Beziehungen affektive an die Seite gestellt werden.[98] Die einen sind nicht ohne die anderen. Eine Untersuchung der Affekte eines Körpers bezeichnen Deleuze und Guattari als „Ethologie": „Wenn von Uexküll die Tierwelten definiert, so sucht er nach den aktiven und passiven Affekten, zu denen das Tier fähig ist, und zwar in einem individuierten Gefüge, dessen Teil es ist."[99] Damit ist klar, was von Uexküll für die hier verfolgte Interpretation des Tiers positiv bedeutet: eine Ansammlung von Tierwelten, die sich aus den immanenten Verhältnissen der individuierten Gefüge, d. h. der affektiven Bezüge des Körpers und ihrer Umwelten, ergeben. Weder sind hier festgeformte Gestalten und eindeutige Charaktere relevant, noch eine rein natürliche Ordnung, die die Umwelten aufeinander abstimmt und das Privileg der wissenschaftlichen Forschung garantiert. Die ethologische Perspektive unterminiert die physiologische, indem sie auf die Affekte abstellt, die z. B. das Verhalten von Tieren in urbanen Räumen verändern. Allgemeiner gesagt: „Zwischen einem Rennpferd und einem Arbeitspferd gibt es mehr Unterschiede als zwischen einem Arbeitspferd und einem Ochsen."[100] Es kommt nicht auf die artspezifischen organischen Funktionen an, sondern auf die Affekte eines Körpers und „wie sie sich mit anderen Affekten, den

---

97 Deleuze und Guattari, *Tausend Plateaus*.

98 „Den Beziehungen, die ein Individuum zusammensetzen, es auflösen oder modifizieren, entsprechen Intensitäten, die es affizieren, die sein Handlungsvermögen steigern oder verringern und die von äußeren Teilen oder seinen eigenen Teilen stammen." Ibid., 349. Cf. Spinoza, *Ethik*, 149, 159–61 (2. Buch, Lehrsatz 13, Hilfssatz 3, Axiom 1 und 2. Buch, Lehrsatz 16).

99 Spinoza, *Ethik*, 350. Auch hier wird der enge Bezug zwischen der Ethik Spinozas und einem bestimmten Begriff der Ethologie herausgestellt. Cf. bereits Gilles Deleuze, *Spinoza. Praktische Philosophie* [1981], übers. Hedwig Linden (Berlin: Merve, 1988), 39.

100 Deleuze und Guattari, *Tausend Plateaus*, 350.

Affekten eines anderen Körpers, verbinden können oder nicht, um ihn entweder zu zerstören oder von ihm zerstört zu werden, um entweder zu handeln oder zu leiden, oder um mit ihm einen Körper zu bilden, der noch mehr vermag [...].“[101] Immer wieder geht es Deleuze und Guattari um Symbiosen oder ‚widernatürliche Anteilnahmen‘, die zwischen verschiedenen Tieren, zwischen Menschen, Tieren und Pflanzen stattfinden – nicht im Sinne einer prästabilierten Harmonie, die den Umwelten in der einen Natur ihren festgefügten Ort zuweisen würde, sondern im Sinne heterogener Kollektive, der Verkettung divergenter Reihen, die einen Block des Werdens miteinander bilden. Ahab und der Wal, aber auch Wespe und Orchidee – oder mit von Uexküll gesagt: Hummel und Löwenmaul.[102] Und selbst wenn es von Uexküll hin und wieder gelingt, die internen und nicht-totalisierbaren Beziehungen der (eigentlich *nicht* wie Puzzleteile zusammenpassenden) Umwelten aufzuzeigen, so hat er doch stets seine auf Ordnung bedachten Hintergedanken. Es verdient deshalb, festgehalten zu werden, dass Deleuze und Guattari ausdrücklich und an mehreren Stellen des Textes jeden transzendenten „Plan“ – oder mit deutlicher Anspielung auf von Uexküll: „Lebensplan“ – zurückweisen, der das Werden aus den Augen verlieren muss, wenn er es bereits im voraus reglementiert.[103]

Die affektiven Relationen zwischen Körpern, die sie miteinander Bündnisse eingehen lassen, sind nicht auf bestimmte Arten oder Gattungen von Lebewesen beschränkt. Es handelt sich (mit einem Ausdruck von Duns Scotus) um ‚Diesheiten‘ (*haecceitates*), die zugleich maschinelle Gefüge oder heterogene Kollektive genannt werden können. Kein Individuum, sondern „ein Ensemble von Schnelligkeiten und Langsamkeiten [...],

---

101 Deleuze und Guattari, *Tausend Plateaus.*

102 Cf. Uexküll, „Organismus und Umwelt“, 338. Allerdings sind die symbiotischen Verhältnisse nach von Uexküll stets auf „übersubjektive Gesetze“ einer „zwischen den Lebewesen überall zutage tretenden Planmäßigkeit“ bezogen, die eine grundlegende Übereinstimmung der Umwelten regeln. Cf. ibid., 337–40. Dasselbe gilt auch für Plessner, der explizit den Lebensplan von Uexkülls aufgreift: Plessner, *Stufen des Organischen*, 64.

103 „Lebensplan [...]: ein Plan, der als solcher nicht gegeben sein kann, der nur abhängig von Formen, die er entwickelt, und von Subjekten, die er formt, erschlossen werden kann, da er *für* diese Formen und Subjekte da ist.“ Deleuze und Guattari, *Tausend Plateaus*, 362. Alternativ sprechen sie auch von transzendenten Bildungs-, Organisations- und Entwicklungsplänen, die in Immanenzpläne, Diagramme oder Maschinen-Fragen zu transformieren sind. Cf. Deleuze und Guattari, *Tausend Plateaus*, 351, 361–68.

von nicht-subjektivierten Affekten."[104] Das Tier, das beim Tier-Werden auftaucht, ist eine Meute oder ein Rudel, und seine Affekte sind präindividuell, „eine Auswirkung der Kraft der Meute", keine qualifizierenden Eigenschaften.[105] „Wir können nicht Tier werden, ohne von der Meute, der Mannigfaltigkeit fasziniert zu sein."[106] Eine Wagenladung von Affen bei Virginia Woolf oder ein Haufen Ratten bei Hugo von Hofmannsthal. Kein Massenphänomen, in dem sich der Einzelne verliert und untergeht, sondern eine Meute, in der nach Elias Canetti jedes einzelne Wesen mit den anderen zusammen ist und doch auch alleine bleibt und stets eine Randposition einnimmt.[107]

Mit dem Tier-Werden verändern sich die Mensch-Tier-Verhältnisse, weil es keine in einer wesentlichen Bestimmung festliegende Grenzziehung anthropologischen Typs erlaubt. Im Menschen als eine als Spezies definierte Entität liegt ein Werden, das nicht an die diskursiv konsolidierten Ordnungen gebunden ist – und genau darin macht sich seine eigene Animalität bemerkbar. Sie lenkt den Blick auf Individuationsprozesse, die wiederum nicht auf einen zoologischen Bereich beschränkt sind. Reiterstiefel mögen kleinen Kindern dabei helfen, zum Pferd zu werden. Hitchcocks Vögel werden von vibrierenden elektronischen Geräuschen begleitet. Deleuze und Guattari finden zahllose Beispiele für die heterogenen Verkettungen, die, wie sie sagen, „aus der Welt ein Werden machen".[108] Jede Welt ist ein konkretes Gefüge oder eine „Diesheit, die durch Transparenz in andere Diesheiten hineingleitet."[109] Mit John Dewey könnte hier von ‚empirischen Qualitäten' gesprochen werden, die sich nicht auf ein Individuum begrenzen lassen, weil sie in die Situationen eingebunden sind, aus denen die Diesheiten hervorgehen.[110] Die

---

104 Cf. Deleuze und Guattari, *Tausend Plateaus*, 357.
105 Cf. ibid., 328.
106 Ibid., 327. „Der Wolf ist das Rudel [...], Wolf-Werden, Unmenschlich-Werden der deterritorialisierten Intensitäten – das ist Mannigfaltigkeit." Ibid., 50, 51. Und in Anlehnung an Artaud: „Der organlose Körper ist [...] ein lebendiger Körper, der umso lebendiger ist und von Leben wimmelt, als er den Organismus und seine Organisation auffliegen läßt. [...] Der organlose volle Körper ist ein Körper, der von Mannigfaltigkeiten bevölkert ist." Ibid., 48.
107 Cf. Elias Canetti, *Masse und Macht* [1960] (Frankfurt am Main: Fischer, 1990), 101–6.
108 Cf. Deleuze und Guattari, *Tausend Plateaus*, 381.
109 Cf. ibid.
110 Cf. John Dewey, *Erfahrung und Natur* [1925], übers. Martin Suhr (Frankfurt am Main: Suhrkamp, 2007), 253–60.

„Transparenz“ bezeichnet ein Milieu, das nicht auf einen Funktionskreis zu limitieren ist, weil es auf subliminale Intensitäten bezogen ist, die in einer beliebigen Nachbarschaftszone zwischen Individuen (wie Tier und Mensch) vermitteln oder sie in ein Werden hineinziehen. „Wir müssten die Schwelle der Photographie oder des Films erreichen“, d. h. eine Langsamkeit oder Schnelligkeit, die nicht innerhalb einer fest definierten Umwelt vorkommen kann.[111] Dann handelte es sich nicht um eine relative, auf eine Tierumwelt bezogene, sondern um die absolute Schwelle eines Unwahrnehmbar-Werdens, d. i. die unendliche Bewegung einer kontinuierlichen Variation virtueller Mannigfaltigkeit. Eine Vielzahl von Perspektiven, die an die vielen möglichen Welten gebunden sind – und sich doch beständig durchdringen und verwandeln. Keineswegs sind diese Welten unveränderliche Umwelten, die einen größeren Plan voraussetzten, der zu verstehen wäre.[112] Vielmehr wird jede Wahrnehmung mit ihrer eigenen Grenze konfrontiert, weshalb nicht das Unbewusste spekulativ zu idealisieren oder anders wiederzufinden – sondern zu konstruieren ist: „das Experimentieren ersetzt das Interpretieren.“[113]

Das Tier-Werden ist ein Experiment – und zwar immer auch als eine Praxis des Minoritär-Werdens.[114] Die Festlegung einer Minderheit hat damit zu tun, dass das nicht zugelassene Werden, das durch die permanente Reproduktion bestehender Strukturen kontrolliert wird, als eine bloße Vorstufe der Entwicklung oder eine unwesentliche Seite der menschlichen Existenz bzw. ein armseliger Charakter angesehen

---

111 Cf. Deleuze und Guattari, *Tausend Plateaus*, 382.

112 „Es ist der Organisations- und Entwicklungsplan, der Transzendenzplan, der etwas Wahrzunehmendes darstellt, ohne selbst wahrgenommen zu werden, ohne wahrgenommen werden zu können. Aber auf der *anderen* Ebene, der Immanenz- und Konsistenzebene, ist es das Kompositionsprinzip selber, das wahrgenommen werden muß, das nicht umhin kann, wahrgenommen zu werden, und zwar gleichzeitig mit dem, was es kombiniert oder ergibt [...], denn das Unwahrnehmbare ist auch das *percipiendum*. Ibid., 383.

113 Cf. ibid., 387. Nicht zuletzt besetzt das Begehren gerade die Mikroperzeptionen, d. h. das genetische Unbewusste der Wahrnehmung, indem die Sexualität im „Frau-Werden“ ihren Mehrheitsdiskurs – z. B. das Macht-Dispositiv der Sexualität nach Foucault – verlässt. An dieser Stelle ist auch die „Pharmako-Analyse“ angesiedelt und das große Themenfeld von Drogen, Sucht und ‚Pharmapornografie‘, das in letzter Zeit durch die Arbeiten von Paul B. Preciado neu aufgegriffen und popularisiert wurde. Cf. Deleuze und Guattari, *Tausend Plateaus*, 375–78, 386.

114 Cf. ibid., 396.

wird: das Vergängliche und nicht das Ewige, Passivität statt Aktivität, Instinkt und Automatismus gegen Intelligenz und Freiheit, das Unbewusste als das Noch-nicht-Bewusste. All dies kann in den Behälter der minderen Existenz geschüttet werden. Deshalb lebt im Wilden das Wilde, das exotische Tier oder die Exotisierung des Anderen. In diesen Fällen wird ein weiteres Mal das Werden verhindert, weil es auf den Anderen als Anderen gleichsam projiziert und in ihm isoliert und eingeschlossen wird. Der US-amerikanische Alptraum – die Versklavung der Schwarzen und der Genozid an den indigenen Völkern – manifestiert sich einerseits im „psychisch verdrängten Bild der Triebkraft" und andererseits im „unterdrückten Bild einer Wahrnehmung [...], die zunehmend verschärft und verfeinert, die unendlich verlangsamt oder beschleunigt wurde."[115] Vielleicht erklärt sich daraus, „dass nur eine Minorität dem Werden als aktives Medium dienen kann", wenn ein Körper mit einem anderen in ein Verhältnis der Ununterscheidbarkeit tritt und einen durch Intensitätsverhältnisse bestimmten organlosen Körper konstruiert.[116]

LITERATURVERZEICHNIS

Agamben, Giorgio *Das Offene. Der Mensch und das Tier* [2002]. Übersetzt von Davide Giuriato. Frankfurt am Main: Bruckmann, 2003.

Allen, Amy *Das Ende des Fortschritts. Zur Dekolonisierung der normativen Grundlagen der kritischen Theorie* [2016]. Übersetzt von Frank Lachmann. Frankfurt am Main: Campus, 2019.

Canetti, Elias *Masse und Macht* [1960]. Frankfurt am Main: Fischer, 1990.

Chamberlain, Houston Stewart *Natur und Leben*, herausgegeben von Jakob von Uexküll. München: Bruckmann, 1928.

Deleuze, Gilles *Die Falte. Leibniz und der Barock* [1988]. Übersetzt von Ulrich Johannes Schneider. Frankfurt am Main: Suhrkamp, 2000.

— *Differenz und Wiederholung* [1968]. Übersetzt von Joseph Vogl. München: Fink, 1991.

— *Spinoza. Praktische Philosophie* [1981]. Übersetzt von Hedwig Linden. Berlin: Merve, 1988.

115 Cf. Deleuze und Guattari, *Tausend Plateaus*, 385. Deleuze und Guattari beziehen sich auf Leslie Fiedler, *Die Rückkehr des verschwundenen Amerikaners* [1968], übers. Wolfgang Ignée und Michael Stone (Frankfurt am Main: März, 1970).

116 Cf. Deleuze und Guattari, *Tausend Plateaus*, 397.

Deleuze, Gilles und Félix Guattari *Tausend Plateaus: Kapitalismus und Schizophrenie* [1980]. Übersetzt von Gabriel Ricke und Roland Voullié. Berlin: Merve, 1992.

Dewey, John *Erfahrung und Natur* [1925]. Übersetzt von Martin Suhr. Frankfurt am Main: Suhrkamp, 2007.

Fiedler, Leslie *Die Rückkehr des verschwundenen Amerikaners* [1968]. Übersetzt von Wolfgang Ignée und Michael Stone. Frankfurt am Main: März, 1970.

Foucault, Michel *Die Ordnung der Dinge. Eine Archäologie der Humanwissenschaften* [1966]. Übersetzt von Ulrich Köppen. Frankfurt am Main 1991.

Freud, Sigmund „Totem und Tabu. Einige Übereinstimmungen im Seelenleben der Wilden und der Neurotiker" [1912–13]. In *Studienausgabe: Fragen der Gesellschaft – Ursprünge der Religion*, Bd. 9, herausgegeben von Alexander Mitscherlich et al., 287–444. Frankfurt am Main: Fischer, 2000.

Guattari, Félix *Die drei Ökologien* [1989]. Übersetzt von Alec A. Schaerer. Wien: Passagen, 1994.

Hagner, Michael und Bettina Wahrig-Schmidt, Hg. *Johannes Müller und die Philosophie.* Berlin: De Gruyter, 1992.

Haraway, Donna *Die Neuerfindung der Natur: Primaten, Cyborgs und Frauen.* Übersetzt von Dagmar Fink et al. Frankfurt am Main / New York: Campus, 1995.

Kynast, Katja „Kinematografie als Medium der Umweltforschung Jakob von Uexkülls." *kunst texte.de* 4 (2010), zuletzt geöffnet am 06. Oktober 2020, https://edoc.hu-berlin.de/bitstream/handle/18452/7581/kynast.pdf.

Luhmann, Niklas *Einführung in die Systemtheorie*, herausgegeben von Dirk Baecker. Heidelberg: Carl-Auer, 2002.

Müller-Hill, Benno *Die Philosophen und das Lebendige.* Frankfurt am Main / New York: Campus, 1981.

Plessner, Helmuth *Die Stufen des Organischen und der Mensch. Einleitung in die philosophische Anthropologie* [1928]. Berlin / New York: De Gruyter, 1975.

— *Macht und menschliche Natur. Gesammelte Schriften V.* Frankfurt am Main: Suhrkamp, 2003.

Quadflieg, Dirk *Vom Geist der Sache: Zur Kritik der Verdinglichung.* Frankfurt am Main: Campus, 2019.

Rölli, Marc *Anthropologie dekolonisieren.* Eine philosophische Kritik am Begriff des Menschen. Frankfurt am Main: Campus, 2021.

— *Immanent denken: Deleuze – Spinoza – Leibniz*, Bd. 1. Wien: Turia+Kant, 2018.

— *Kritik der anthropologischen Vernunft.* Berlin: Matthes & Seitz, 2011.

Rothacker, Erich „Probleme der Kulturanthropologie". In *Systematische Philosophie*, herausgegeben von Nicolai Hartmann, 59–119. Stuttgart: Kohlhammer, 1942.

Sauvagnargues, Anne *Ethologie der Kunst. Deleuze, Guattari und Simondon.* Übersetzt von Daniela Voss. Berlin: August, 2019.

Scheler, Max „Die Stellung des Menschen im Kosmos" [1928]. In *Gesammelte Werke IX. Späte Schriften*, 7–73. Bern/München: Francke, 1979.

Serres, Michel *Der Parasit* [1980]. Übersetzt von Michael Bischoff. Frankfurt am Main: Suhrkamp, 1987.

Spinoza, Benedictus de *Die Ethik*. Übersetzt von Jakob Stern (Stuttgart: Reclam, 1977).

Tarde, Gabriel *Die Gesetze der Nachahmung* [1890]. Übersetzt von Jadja Wolf. Frankfurt am Main: Suhrkamp, 2009.

Uexküll, Jakob von „Der Organismus und die Umwelt" [1931]. In *Kompositionslehre der Natur. Biologie als undogmatische Naturwissenschaft*, herausgegeben von Thure von Uexküll, 305–43. Frankfurt am Main / Berlin / Wien: Propyläen, 1980.

— „Psychologie und Biologie in ihrer Stellung zur Tierseele" [1902]. In *Kompositionslehre der Natur. Biologie als undogmatische Naturwissenschaft*, herausgegeben von Thure von Uexküll, 100–22. Frankfurt am Main / Berlin / Wien: Propyläen, 1980.

— „Wie sehen wir die Natur und wie sieht sie sich selber"? [1922]. In *Kompositionslehre der Natur. Biologie als undogmatische Naturwissenschaft*, herausgegeben von Thure von Uexküll, 179–213. Frankfurt am Main / Berlin / Wien: Propyläen, 1980.

Uexküll, Jakob von und Georg Kriszat *Streifzüge durch die Umwelten von Tieren und Menschen. Ein Bilderbuch unsichtbarer Welten* [1934]. Hamburg: Rowohlt, 1956.

MIRJAM SCHAUB

FOTOFALLEN FÜR SELBSTVERGESSENHEIT

Emanuel Mathias' künstlerische Forschung über Primat_innen und Primatolog_innen als Verhaltensparabel

ABSTRACT – PHOTO-TRAPS FOR SELF-FORGETTING. EMANUEL MATHIAS' ARTISTIC RESEARCH ON PRIMATES AND PRIMATOLOGISTS AS BEHAVIORAL PARABLES

Even if it is true that ethology as a characterology is a lost discipline, behavior remains a category that makes living bodies observable and comparable and thus makes attributions of species – such as human/animal/technical - pleasantly redundant. The article reflects on a collaboration between the artist and photographer Emanuel Mathias and the primatologists of the Max Planck Institute for Evolutionary Anthropology on the precarious proximity-distance relationship to their respective research objects. In this context, the behavioral-biological concept of habituation tentatively assumes media-philosophical significance. Mathias borrows it in order to determine both the appropriate distance/proximity to the photographically pursued in each case, as well as to release the behavior of the counterpart into a media-supported illusion of moving in the midst of the visible as in an optically unconscious space. Only in this way does the gift of self-forgetting succeed.

Zwei friedlich spielende Affenkinder, ein Textmarker, ein Bibliotheksbuch – Zimmerpflanzen, hängend, eine Gorillamaske, hinter der Augen leuchten – das Bild einer fürsorglichen Affenmutter mit Kind, im Bücherschrank „Afrikaremix", noch ein Philodendron – die Reproduktion von Frida Kahlos Selbstbildnis, wieder Hängepflanzen, Kreidezeichnungen von Geschlechtsteilen, dazu die Namen der Primaten – jemand, der sorgsam die Attrappe einer Schlange bemalt, Bilder von Mammutbäumen mit fröhlich forschenden Winzlingen davor, ein Mundschutz (gegen Ebola), eine Fotofalle ...[1]

Die Liste dieses körpernahen und doch menschenlosen Archivs ließe sich fortsetzen. Auffällig häufig vertreten sind Schlingpflanzen an Orten, die der Künstler und Photograph Emanuel Mathias mit *homes & offices* überschreibt (cf. Abb. 1 und 2). Um eine urwaldhafte Atmosphäre zu kreieren, reicht ein einziger südamerikanischer Philodendron. Mit seinen schnell ausgreifenden Ranken rahmt er mühelos Artefakte aus anderen, fremden Kulturen. Was versteckt sich hier noch?

Homes & offices ist eine Serie von Photographien, mit denen sich der Künstler dem verbindenden wie trennenden „und" von verschachtelten Beobachtungsverhältnissen annähert. Wo beginnt die Arbeit, wo endet das Zuhause, wenn man freilebende Affen in Afrika erforscht?

Mathias' Thema sind Primatenforscher_innen, die nach ihren Feldforschungen zur Auswertung der gesammelten Daten nach Hause zurückkehren, um sich dort zwischen Bett und Tisch ein Büro einrichten, das immer noch – in schönster Selbstvergessenheit – etwas vom Provisorium eines Feldcamps transportiert. Komfort ist in Afrika Luxus; zuhause in Europa endlich eine Frage des Details. Dass sich auffallend viele Pflanzen aus den Tropen Südamerikas – und nicht Afrikas – um die Bilderrahmen und Bücherregale ranken, stört das Gesamtbild nicht, sondern wirkt wie ein Sinnbild für eine *trügerische Ähnlichkeit*, die aufgrund minimaler Differenzen vor vorschnellen Analogien nicht gefeit ist.

In der Montage des scheinbar bloß Dokumentarischen verrät sich der künstlerische Akt (cf. Abb. 3). Er mischt sich in die scheinbar menschenfreien Drohnenbilder vom Urwaldcamp, trägt sich ein in die Nahaufnahme einer Transportkiste mit Materialproben, findet sich an unverhoffter Stelle in der Audio-Installation mit anschwellendem Affengeschrei wieder, zeigt sich in der Diaprojektion von Tiernamen, die deutlich die Vorlieben ihrer Geber_innen widerspiegeln, oder er versteckt

1 "Cat, cry, have-sorry, Koko-love". Ausstellung von Emanuel Mathias in der Spinnerei Leipzig, vom 7. September bis 26. Oktober 2019. Der Anfang des Textes wurde anlässlich der o. g. Ausstellung verfasst.

1 Emanuel Mathias: „#24 (GiSi, PaGr)“,
aus der Arbeit *homes and offices*, 2019.

2 Emanuel Mathias: „#4 (KaLi, DaHa)“,
aus der Arbeit *homes and offices*, 2015.

3 Emanuel Mathias: „#2 (Bewohner)“, aus der Arbeit *Zzzz*, 2019.

4 *Im Windschatten des T.*, Ausstellungsansicht, Galerie im Volkspark, Halle/Saale, 2018.

5 *Im Windschatten des T.*, Ausstellungsansicht, Galerie im Volkspark, Halle/Saale, 2018.

6 Emanuel Mathias: „Insel", aus der Arbeit *An den Rändern des Feldes*, 2019.

7 Emanuel Mathias: „Insel", 2019, Produktionsfoto.

8 *An den Rändern des Feldes*, Ausstellungsansicht Max-Planck-Institut für evolutionäre Anthropologie Leipzig, 2019.

9 Emanuel Mathias: „ZARGES BOX 1“, aus der Arbeit: *An den Rändern des Feldes*, Ausstellungsansicht Studio for Artistic Research, Düsseldorf, 2020.

10 Emanuel Mathias: “Me as a Gorilla – Studioportrait”, aus der Arbeit *An den Rändern des Feldes*, 2020.

11 *The Square*, Filmstill, 2017.

12 *The Square*, Filmstill, 2017.

13/14 *The Square*, Filmstill, 2017.

15 *Zzzz*, Installationsansicht, Pongo Land, Zoo Leipzig, 2019.

16 Emanuel Mathias: „#1 (Besucherin)“, aus der Arbeit: *Zzzz*, 2019.

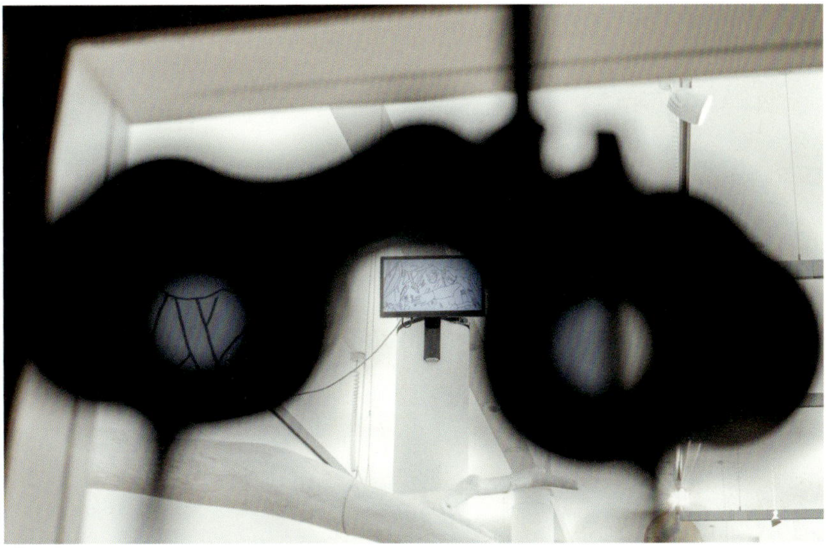

17 *Im Windschatten des T.*, Ausstellungsansicht, Galerie im Volkspark, Halle/Saale, 2018.

18 Emanuel Mathias: "Get me out of here. I am a scientist.", aus der Arbeit *Im Windschatten des T.*, Filmstill, 2019.

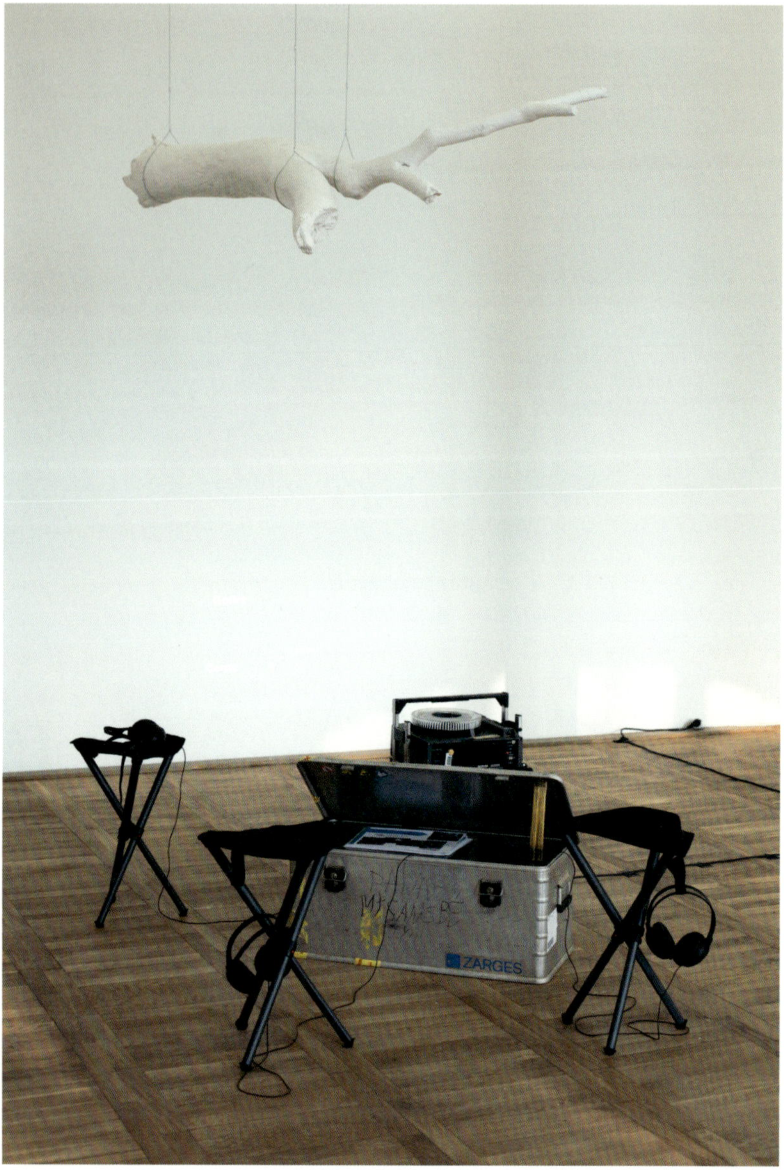

19 *Im Windschatten des T.*, Ausstellungsansicht, Galerie im Volkspark, Halle/Saale, 2018.

20 „o. T.“, Produktionszeichnung (Agnes Lammert), aus der Arbeit *Im Windschatten des T.*, 2018.

21 Emanuel Mathias: *Cat, cry, have-sorry, Koko-love*, Galerie Spinnerei Archiv Massiv, Einladungskarte Ausstellung, 2019.

22 Anthony Agbor Bakoun:
Mapping, Sobory Algae fishing tools, 2017.

23 Anthony Agbor Bakoun, Paula Dieguez:
Mapping, Sobory Algae fishing tools, 2017.

24 Young researcher Jane Goodall with baby chimpanzee Flint at Gombe Stream Research Center in Tanzania.

25 Cartoon von Gary Larson (The Far Side, 26. August 1987).

sich klug in Gestalt der meterlangen Reihe aus Feldtagebüchern, die dem scheidenden Leiter des Leipziger Max-Planck-Instituts (MPI) für Evolutionäre Anthropologie, Christophe Boesch, gehören, der sie dringend zurückverlangt.

Was dokumentarisch wirkt, ist inszeniert und was inszeniert wirkt, ist in Wirklichkeit durchaus dokumentarisch. So fällt der Blick über einen Feldstecher auf einen Monitor mit einem kurzen Animationsfilm, der von der Gefahr handelt, beim selbstvergessenen Beobachten von einem herunterfallenden Ast erschlagen zu werden. Der schwebt dann praktischer Weise als Gipsnachbau über der Szene (cf. Abb. 4 und 5).

Was also verbindet Mensch & Tier, vor allem aber Primat & Mensch? Was geschieht, wenn sich beide längst *gegenseitig* beobachten? Und welche Animositäten werden geschürt, wenn ein Künstler nun wiederum seinerseits die Forscher_innen beim Beobachten beobachtet – und das auch noch mit Methoden, welche diese selbst als unwissenschaftlich ablehnen? Stehen sie mit ihrer jeweiligen *déformation professionelle* ein wenig ratlos mit ihrem je eigenen „Gepäck" da? Stehen also eigentümlich *neben* sich, ver-rückt wie auf der künstlichen Insel inmitten des Max-Planck-Instituts in Leipzig, von Karpfen und Schildkröten umkreist und in Reichweite von heimeligem Kuchen- und Kaffeeduft (cf. Abb. 6 und 7)?

Es ist ein merkwürdiger, surrealer Ort, ein Stück inszenierte Natur, an einem von außen nicht einsehbarem Platz. Die Forscher_innen, die hier posieren, haben wenig Zeit, denn sie sind auf dem Sprung, ihre Sachen für die nächste Expedition nach Afrika zu packen. Das Photo zeigt, wie alle mit irgendetwas beschäftigt sind. Die Photos sind *deutlich* gestellt – nicht untypisch für Emanuel Mathias, der damit fröhlich gegen die Konvention löckt. Man sieht die Inszenierung. Durch sie hindurch bahnt sich das In-sich-Gekehrtsein. Es nimmt das Auf-Sich-Selber-Gestellt-Sein vorweg, das für die Tierbeobachtung im Feld so notwendig ist.

Hinzukommt Emanuel Mathias' mediale Analyse, die ihn gerne einen Schuss aus großer Distanz wählen lässt. Denn körperliche Nähe mit einer Kamera an der Hand ist selten (vielleicht nur bei Nan Goldin!) Zeichen von Intimität, sondern ein Mittel der Inquisition. Für einen Photographen, d. h. einen Beobachter aus Leidenschaft, lautet die künstlerische Gretchenfrage daher stets: Wieviel Abstand muss ich vor der Linse lassen, wie viel Diskretion ist nötig? Ein Künstler wie Mathias artikuliert als Photograph durch die Distanz zu seinem Objekt seinen Respekt.

Auch wenn Ethologie als Charakterologie zur Recht bedeutungslos geworden ist, bleibt doch das *sichtbare* Verhalten eine Kategorie, welche lebende Körper ganz unterschiedlicher Provenienz *beobachtbar und vergleichbar* macht. Dabei scheint der weiterreichende Vorteil einer solchen körperorientierten Aufmerksamkeit darin zu bestehen, dass der Begriff des Verhaltens Zuschreibungen von trennenden Gattungszugehörigkeiten – wie Mensch/Tier/Technik – wohltuend überflüssig macht. Emanuel Mathias nutzt, so meine These, diese Einsicht, um dem verhaltensbiologischen Konzept der Habituierung (Gewöhnung) eine medienphilosophische Deutung an die Seite zu stellen.

Mathias leiht sich den Begriff der Gewöhnung, um das jeweils auszuhandelnde, angemessene Distanz-Nähe-Verhältnis zum photographisch Verfolgten zu bestimmen, um das dazwischen geschaltete technische Medium sukzessive vergessen zu machen. Er geht aber noch einen Schritt weiter, wenn er Habituierung als Schlüssel begreift, um *anschließend* das Verhalten des Gegenübers in die *medial gestützte Illusion* zu entlassen, sich mitten im Sichtbaren wie in einem gemeinsamen, optisch-unbewußten Raum zu bewegen.[2] Denn nur so gelingt, scheint's, das Geschenk von Selbstvergessenheit, das als Utopie in Mathias' Arbeiten aufscheint. Weil aber völlige Selbstvergessenheit in Gegenwart eines Aufzeichnungsmedium wie die Photographie *nur* eine Illusion sein kann, begreift man im Gegenzug das Insistieren des Künstlers auf *fühlbaren Momenten ästhetischer Distanz*. Es gibt in all seinen Photographien ein irritierendes Moment eines *minimalen Daneben, eines optischen oder gestischen Versatzes, den Hauch eines Anderen* – einer wahrnehmbaren Stilisierung, Inszenierung, Gestelltheit geschuldet – die genau diese Unmöglichkeit zu reflektieren scheint.

Am MPI sind die Aushandlungsprozesse von Nähe und Distanz zwischen Primat_innen und Primatolog_innen nach dieser Diagnose nicht minder virulent. Nur ist hier Abstand einer der Bedingungen der Möglichkeit für die intellektuelle Nähe zum Gegenstand. Das Ideal der Objektivität erscheint als die Bedingung der Möglichkeit von Erkenntnis. Es führt im Fall der Beobachtung der nächsten sog. ‚tierischen Verwandten' das Problem der *unfreiwilligen Nähe* mit sich. Weil sich aber primatologische Feldforschung durch eine klare Problemstellung, systematisches

---

2 Zum Konzept des Privaten als dem heiklen Privileg, sich mitten im Sichtbaren wie in einem optisch-unbewussten Raum bewegen zu dürfen; und wie dies künstlerisch konterkariert wird, cf. einen älteren Text von mir. Mirjam Schaub, „‚A Thin Layer of Deception Between Us' Medial gestiftete Intensität und Intimität als ihr phantomatischer Rest", in *Intermedien: Zur kulturellen und artistischen Dynamik*, hg. Alexandra Kleihues, Barbara Naumann und Edgar Pankow (Zürich: Chronos Verlag, 2010), 189–201.

Vorgehen, Methodenbewusstheit, Lösungsorientierung und Distanz zum Gegenstand auszeichnet, werden – etwa durch Protokolle der ‚langsamen Habituierung' – eine Reihe von Vorkehrungen und Vorsorgemaßnahmen getroffen, um zu garantieren, dass die Beobachtung das Beobachtete nicht beeinflusst.

Demgegenüber geht es in der *künstlerischen* Forschung eher um eine interessante ‚Phänomenstellung', die ein episodisches Vorgehen ebenso zu rechtfertigen scheint, wie einen tentativen Methodenmix, der dem eigene Unwissen mit *trial-and-error* begegnet. Vielleicht ist es diesem bald tänzerischen, bald traumwandlerischen Umkreisen des Problems, der zeitlichen Verweildauer vor ihm verdanken, dass sich die Nähe zum Gegenstand schneller als gedacht auswächst. Das Interesse mündet in Sympathie und trifft sich womöglich längst mit der eigenen Neigung, die Immanuel Kant so hartnäckig aus seiner *Grundlegung zur Metaphysik der Sitten* auszuschließen suchte. Künstlerische Forschung ist nicht sittlich. Mit der schwachen oder auch scheinbar unzuverlässigen Beobachterposition verändert sich der Forschungsgegenstand selbst. Wenn der Fokus der Aufmerksamkeit ‚shiftet', wird er empfindlich und empfänglich für *feedback*, Rückkopplungen, dabei mit der Anfälligkeit für Fehler rechnend. Offenkundige Sackgassen sind – welch Horror für Naturwissenschafler_innen –: interessant. Künstlerische Forschung ist selbstreflexiv, prozessorientiert, kreativ.

Vor dem Hintergrund erheblicher methodischer Differenzen, verwundert es nicht, wie schwierig sich Mathias' Arbeit am und im MPI zuerst gestaltete. Wie die Forscher_innen, zumal die renommierten und vielbeschäftigen unter ihnen, überzeugen, sie zu beobachten? Dass es *darum* ging, war allen schnell klar. Die so Herausgeforderten brachten das Verhältnis rasch auf den entscheidenden Punkt: „Wir sind also ... Deine Affen?!?"

Aber natürlich sah Mathias nicht als Verhaltensbiologe auf die Primatolog_innen. Das machte die Sache allerdings für die Gegenseite nicht vertrauenswürdiger. Denn Mathias hatte streng genommen noch nicht mal eine Arbeitshypothese. Nur die Vermutung, dass sich aus Kontiguität zwischen der photographischen Nähe-Distanz-Beziehung und dem verhaltensbiologischen Konzept der Habituierung vielleicht etwas stricken ließe. (Dazu später mehr.)

Es wurde besser, erinnert sich Mathias, nachdem er in Weimar als Doktorand eingeschrieben war. Das habe seinem Tun eine institutionelle Rahmung und damit eine basale Form der Anerkennung gegeben, die er von seinen künstlerischen Methoden selbst nicht erwarten konnte.

Interessanter Weise gewann der Künstler das Vertrauen nicht durch verbale Beschwichtigungs- oder argumentative Überzeugungsversuche, sondern dadurch, dass er begann, mit den Artefakten der Forscher_innen erste Ausstellungen zu machen (cf. Abb. 8).

Mathias stellte aus, was an den Rändern der Forschungsfelder für ihn abfiel. In Vitrinen, die im Foyer des Instituts gewöhnlich verschiedenen Affenspezies gewidmet sind, fügte er Photographien der Feldforscher_innen in Aktion ein, ohne die Beschriftung zu ändern. Da, wo sonst eine Visualisierung von Forschungsergebnissen stattfand, präsentierte er die Notizbücher der Forscher_innen. Er öffnete ihr Gepäck, ihre Transportkisten. Und fügte, kaum merklich, seine eigenen Instrumente hinzu ... wie zwei Linoliummesser und Donna Haraways *Primaten, Cyborgs und Frauen*,[3] die nicht auf der Lektüreliste der Packenden standen (cf. Abb. 9).

Mathias interessierte sich für die unbewussten Kritzeleien, für die Skizzen und Kuliflecken in den Feldtagebücher, für ihre Selbstinszenierungen: Er zeigte den Forscher_innen neu, was sich in jederzeit sichtbaren, aber für sie selbst optisch-unbewussten Räumen abspielte. Indem er begann, seine eigene künstlerische Position in ihrer offenkundigen Andersheit, ja Fremdheit gegenüber den Forscher_innen auszustellen, setzte Anerkennung ein. Es war, sagt Mathias, nicht eine Strategie der Mimesis und der Anähnelung, die ihm hier half, sondern das Beharren auf *künstlerischer Distanz* und *methodischer Fremdheit.*

Das Affenkostüm, das Emanuel Mathias auf diesem Bild (cf. Abb. 10) in seinem Atelier trägt, stammt aus dem Fundus der Forscher_innen und wird zur Popularisierung ihrer Arbeit manchmal am Tag der Offenen Tür, in Schulen, jedoch auch zu institutsinternen Anlässen getragen. Barfuß

---

3 Darin besonders ihr Kapitel über die sog. „Wasburn-Linie", die es in den 1980er Jahren überdurchschnittlich vielen Frauen ermöglichte, in der Primatologie Karriere zu machen, weil sie zuvor „im Idealfall funktionsbezogene vergleichende Anatomie, soziokulturelle Theorie der sozialen Anthropologie sowie Feldforschung an lebenden Primaten" betrieben, so dass sie mit Fossilien, mit Zeugnissen moderner Jäger- und Sammlerkulturen und mit lebenden Primaten gleichermaßen vertraut waren, ein für die „physische Anthropologie" der 1960er Jahre einzigartiges Ausbildungsprogramm. – Donna Haraway, „Im Streit um die Natur der Primaten. Auftritt der Töchter im Feld des Jägers 1960–1980", in *Die Neuerfindung der Natur. Primaten, Cyborgs und Frauen*, übers. Dagmar Fink et al., hg. Carmen Hammer und Immanuel Stieß (Frankfurt am Main / New York: Campus, 1995), 134–35.

hockt er auf dem Boden seines Ateliers, die Hände locker gefaltet. Er passt nun auch optisch exakt in den Türrahmen hinter ihm, ein improvisiertes Bild im Bild. Sein Gesichtsausdruck ist neutral, konzentriert. Bilde ich mir das ein, oder liegt ein Hauch von Entrückung darin? Ein Bewusstsein der Deplatziertheit, bei aller Kontrolle? Ein Moment der Ratlosigkeit, der legeren Haltung des Körpers zum Trotz?

Ein Mann in mittleren Jahren, den Ehering gut sichtbar am Finger, in der möglichst entspannten Haltung eines Wilden, der er nicht ist. Ich mag deshalb besonders das Schneidegerät links hinter ihm, weil es die exakte Beschäftigung mit hartem Papier verrät und damit eine Ahnung von seiner Profession gibt. Ihm selbst scheint das offene Schneidemesser und das glänzende Plexiglas, das die Aufmerksamkeit zusätzlich darauf lenkt, eine Spur zu martialisch. Mir gefällt gerade das. Erinnert das optische Moment der Ablenkung Mathias an sein eigenes Abgelenktsein im Moment der Aufnahme? So ist das mit dem Warten auf den Selbstauslöser, der nichts von selber löst. Wohin also führt der alberne Ehrgeiz von uns Menschen, den Affen für die anderen zu machen?

THE SQUARE (R: RUBEN ÖSTLUND, 2017)

Der Film *The Square* gewann unter der Regie von Ruben Östlund 2017 die Goldene Palme von Cannes. Der Film wurde als beißende Realsatire auf den modernen Kunstbetrieb gefeiert, der die Unmöglichkeit entlarvte, politisch korrekt den eigenen archaischen Impulsen zu begegnen, wenn man in die Enge getrieben wurde. Im skandinavischen Raum ging es dabei auch um die Krise des sog. ‚Schwedischen' Modells der Integration.

Es gibt im Film eine Schlüsselszene, in der die Geldgeber_innen des Museums zu einem Galadiner eingeladen werden, bei dem vor dem Dessert die künstlerische Performance eines gewissen Oleg angekündigt wird. Mitgeteilt wird, gleich werde ein wildes Tier in den Speisesaal gelassen. Jede/r wisse, dass Tiere Angst riechen könnten. Man solle sich daher unauffällig verhalten und im Schutz der Herde untertauchen. Unnötig zu erwähnen, dass die (Aufführungs-)Situation in wenigen Minuten eskaliert, eine schöne junge Frau als das perfekte Opfer zu Boden gerissen und an den Haaren übers Parkett geschleift wird, bevor mehrere livrierte Herren nicht den Performancekünstler Oleg (im Narrativ des Film), nicht den Affendarsteller Terry Notary (im wirklichen Leben) niederringen, sondern das Monster, das heulende Tier, den aggressiven Affen in ihm und in uns (cf. Abb. 11 und 12).

Diese vielzitierte Szene berührt unangenehm –: wegen der Gewalt, aber mehr noch wegen des Vertrauenbruchs. Denn sie zeugt vom Zusammenbruch des ‚Kontrakts der Unversehrheit'[4], wonach Kunst zwar provozieren, aber nicht real verletzten darf. Zum Diner gibt es eine ausgleichende, eine zarte Szene, die in dem Apartment spielt, in dem eine amerikanische Journalistin mit dem Kurator Christian einen One-night-stand verbringt. Ohne dass je über ihre Existenz gesprochen würde, lebt die Journalistin gut sichtbar mit einer Schimpansin zusammen, die sich angesichts des männlichen Übernachtungsgastes höchst zivilisiert anstellt. Hier spielt die Schimpansin den Menschen. Sie schminkt sich, sie malt, sie liest Zeitung, sie verkleidet sich. Sie ist sehr diskret und nur ein ganz bisschen verschämt (cf. Abb. 13 und 14).

Im Unterschied dazu sehen wir beim Galadiner einen Menschen, der einen Affen verkörpert, in Gestalt von Terry Notary. Im wirklichen Leben ist Notary kein Performance-Künstler, sondern ein professioneller Affendarsteller, der in Filmen wie *Planet of Apes* mitgewirkt hat. Der Performance-Künstler, den er in *The Square* spielt, heißt nicht zufällig Oleg. Dessen Vorbild ist Oleg Borissowitsch Kulik (*1961), dem schwedischen Publikum bekannt, seit er in Stockholm nackt und angekettet als kläffender Hund Galeriebesucher gebissen hat. Und zwar jene, die das „Vorsicht, bissiger Hund"- Schild nicht respektierten. Das führte zu einem großen Aufruhr in der Presse, u. a. mit Schlagzeilen wie: „Die Kunst hat mich gebissen".

Wenn Niklas Luhmann mit der Behauptung einer *transgressiven* Leitdifferenz der Kunst recht hat (dazu später mehr), nämlich der zwischen Fiktion/Realität, die beide in den Modus des ‚als ob' geraten, dann sieht es so aus, als ob gerade dieses ‚als ob' durch einen Performance Künstler wie Oleg eingerissen, ja pulverisiert würde. Vom Zusammenbruch der Trennung von Kunst/Leben handelt *The Square* als Realsatire und Dokufiktion in einem; wobei die Fiktion der Wirklichkeit zuarbeitet, während die Realität allen fiktionalen Bemühungen Hohn spottet. Das Dasein des Kunstkurators, dessen Leben durch eine Bagatelle aus den Fugen gerät, erreicht im Realexperiment von *The Square* zu keinem Zeitpunkt die Klasse der kultivierten Schimpansin. Ihre Weisheit und Ruhe überdauern die Aufgeregtheiten des Films. Sie bleibt Philosophin. Nicht zuletzt, weil sie zu schweigen versteht. Und weil alle über sie schweigen, während sie sie verstohlen und staunend ansehen.

---

4 Cf. Mirjam Schaub, „Der Kontrakt der Unversehrtheit", in *Ästhetischer Widerstand. Zerstörung und Selbstzerstörung*, hg. Aida Bosch und Hermann Pfütze (Wiesbaden: Springer VS, 2018), 167–83.

Damit befinden wir uns womöglich bereits unfreiwillig wildernd auf dem Feld vom Umberto Eco, der in seinen literaturtheoretischen Schriften umfassend über die ganz realen, lebenspraktischen wie politischen Folgen von verschachtelten Beobachtungen Auskunft gegeben hat: über Spiegelungen, Selbstspiegelungen, trompe d'œil, Doppelcodierungen, aspektblinde fiktive Personen etc.[5]

Es führt mich auf die Spiegelbildlichkeit zurück, die sich im Mensch-Tier-Verhältnis als Inversion studieren lässt, beim zivilisierten Tier wie beim unzivilisierten Menschen. Emanuel Mathias spielt damit in Gestalt eines gähnenden Orang-Utans aus dem Leipziger Zoo (cf. Abb. 15). (Kein Schrei, aber fast!) Wildtiere gähnen im Zoo ja nicht nur, weil sie müde sind, sondern auch, weil sie im Zoo unterfordert sind, weil ihnen langweilig ist. In jedem Fall ist es ansteckend (cf. Abb. 16)! Diese Ansteckung als artübergreifende, unwillkürliche Übersprunghandlung, inszeniert Emanuel Mathias hier mit zwei Photographien, die einander gegenüberstehen. Wir sehen Anne, Mathias' Frau, sie gähnt herzhaft zurück. Beide Arbeiten werden genau an dem Ort ausgestellt, wo sie entstanden sind. Als Projektionsfläche dient eines der Fenster, durch das man sonst in den Versorgungstrakt der Tiere und Pfleger hineinsehen kann. Direkt neben den Schaukästen, wo man die Tiere beobachten kann. Ein perfektes *trompe d'œil.*

NEUE ETHOLOGIE UND HUMAN-ANIMAL STUDIES

„Tiere neu zu fassen bedeutete im Bereich der jüngeren Ethologie zunächst einmal, sie als subjektiv empfindende Individuen zu betrachten. Sowohl die Menschen wie auch nichtmenschliche Tiere in einen gemeinsamen Raum zu stellen, bedeutet hingegen, den makroskopischen Blick auf

---

5 Ecos erklärten Lieblingsromane sind, dazu passend, Nervals *Sylvie* (1853), Edgar Allan Poes *The Narrative of Arthur Gordon Pym of Nantucket* (1838) und Alexandre Dumas' *Joseph Balsamo* (1846). Der erste Roman erhielt das Rezept, mit dem Proust auf die Suche nach der verlorenen Zeit ging; der zweite begründete die postmoderne Literatur im 19. Jahrhundert und der dritte legte unfreiwillig einen der vielen trivialen Grundsteine für ein Pamphlet, das als die sog. ‚Protokolle der Weisen von Zion' eine antisemitische Verschwörungstheorie verfolgt. Cf. dazu exemplarisch Umberto Eco, *Im Wald der Fiktionen. Sechs Streifzüge durch die Literatur*, übers. Burkhart Kroeber (München: Deutscher Taschenbuch Verlag, 1996).

tierliche Handlungsweisen einschließlich die der Menschen anzulegen",[6] schreibt Vinzenz Damm[7] bei dem Versuch die ‚neue Ethologie' von den kulturwissenschaftlichen Human-Animal-Studies zu unterscheiden.

„Einen Impuls in der Tierforschung lieferte in den späten 1970er Jahren dahingehend die kognitive Ethologie, auch New Ethology genannt. Diese geht grundsätzlich ‚von der Überzeugung aus, daß Tieren subjektives Erleben eigen ist und sie über jeweils ganz spezifische mentale Zustände verfügen.'[8] Sie arbeitet dementsprechend ‚nicht länger mit der Vorannahme einer prinzipiellen Differenz zwischen ‚Mensch' und ‚Tier', sondern erhebt die Ähnlichkeit, die Nähe, die Vergleichbarkeit zwischen den Menschen und den anderen Tieren zum Ausgangspunkt ihrer Forschungen.'[9] Generell versucht die kognitive Ethologie die dem Verhalten von Tieren zugrundeliegenden mentalen Operationen aufzuzeigen, wobei neben der Berücksichtigung der Stammesgeschichte auch die Individualentwicklung einbezogen wird. Damit positioniert sie sich gegen die behavioristische Ansicht, Verhalten durch ein Reiz-Reaktions-Schema als instinkthaft bzw. konditioniert erklären zu können. Auch nehmen sie sich im Gegensatz zu den Tierversuchen in den Laboren der Behaviorist*innen die Beobachtung der Tiere in ihrer freien Wildbahn und anekdotisches Material zum Forschungsgegenstand.[10] Aber vor allem besteht eine Strategie, der anthropozentrischen Ausgangslage ihrer Forschung gerecht werdend, in der Anthropomorphisierung von Tieren."[11]

Auffällig dabei ist, dass beide Forschungsrichtungen – die neue Ethologie wie die Human-Animal Studies – betont *positive* Lehren aus

---

6 Vinzenz Damm, *Die Inszenierung von Zootieren. Eine Analyse von Präsentation und Agency des Eisbären im Erlebnis-Zoo Hannover mithilfe der Human-Animal Studies*, unveröffentlichte B.A.-Arbeit, Hildesheim 2020, 14.

7 Mein Dank geht an Vinzenz Damm, der nicht nur die Transkription meines im Juni 2020 mündlich gehaltenen Vortrags im Rahmen der Morphomata-Tagung in Köln besorgte, sondern in seinen eigenen Arbeiten zu den Human-Animal-Studies eine Übersicht über den state-of-the-art besorgte, auf den ich hier dankbar zurückgreife.

8 Franz M. Wuketits, *Die Entdeckung des Verhaltens. Eine Geschichte der Verhaltensforschung.* (Darmstadt: Wissenschaftliche Buchgesellschaft, 2010), 158.

9 Roland Borgards, „Die Tiere und Wir", in *Tiere. Respekt, Harmonie, Unterwerfung*, hg. Sabine Schulze und Dennis Conrad (München: Hirmer, 2017), 31.

10 Cf. Thomas Höller, „Das Tier in Uns – Das Tier im Wir. Verwendungsarten des Anthropomorphismus", in *Das Tier in unserer Kultur. Begegnungen, Beziehungen, Probleme*, hg. Hans Werner Ingensiep (Essen: Oldlib, 2015), 27.

11 Damm, *Inszenierung von Zootieren*, 13.

den lange geleugneten, sodann verschwiegenen, als hinderlich oder lästig wahrgenommenen *Fallstricken des Anthropomorphismus* gezogen haben. Thomas Höller unterscheidet vier Formen von Anthropomorphismus: neben dem naiven (diebische Elster), einen emotionalen (schau, er weint!), einen kognitiven (ich weiß genau, was er jetzt denkt), einen heuristischen.[12] Der letzte führt nun interessanter Weise im vollen Bewusstsein der gleichzeitig wirksamen, anderen Anthropomorphismen dazu, dass Menschen im, mit und durch Tiere wesentlich etwas über sich selbst herausfinden, gerade weil sie beginnen, sich in die Gleichung selbst miteintragen.

Zugespitzt gesagt, folgt daraus ein selbstironischer mehr noch als ein selbstkritischer Ansatz, der – allen manifesten Unterschieden, allen Hierarchie- und Machtgefällen zum Trotz – von der unvermeidlichen *Komplizenschaft* der forschenden Menschen mit den beforschten Tieren ausgeht. Für Roland Borgards schlägt diese Verwicklung *(entanglement)* eine unverhoffte und überraschende Brücke zwischen Verhaltensforschung und Kulturwissenschaften: „Ganz ähnlich wie in der naturwissenschaftlichen New Ethology gehen die kulturwissenschaftlichen Animal Studies von Nähe, Vergleichbarkeit, Berührung, Verstrickung zwischen Menschen und Tieren aus.“[13]

Bei der kognitiven Ethologie geht es um eine Forschungsrichtung, die von Donald R. Griffin angestoßen und von Marc Bekoff und Dale Jamieson weiterentwickelt wurde. Auch eine nötige Kollaboration von Naturwissenschaftler_innen und Philosoph_innen wird dabei angedacht:

> The broad field of cognitive ethology, in which internal mental states are inferred from the behavior they explain, is receiving increased attention nowadays from diverse scientists and philosophers. The nature of the results and how they are presented greatly influence how humans assess their place in the natural world and how they view other animals. The attribution of consciousness and intelligence to other animals suggests that they have moral rights. The results of comparative cognitive ethological analyses and how they are presented may play a large role in defining the domain of morally permissible research, and in the development of research strategies including decisions on feeding and housing, treatment, handling, and

12 Höller, „Das Tier in Uns – Das Tier im Wir“, 13.
13 Borgards, „Die Tiere und Wir“, 31.

> what happens to animal subjects when the research is completed. Scientists and philosophers interested in the evolution of behavior and mental continuity can have a significant impact on how others view the world.[14]

In diesem neu eröffneten Verhältnis zwischen Menschen und Tieren, scheint es nötig und möglich, neben dem philosophischen mit derselben Notwendigkeit den künstlerischen Blick einzutragen, der in der von Bekoffs/Jamieson entworfenen ‚konfrontativen Seelsorge' (Philipp Wüschner) zwischen Menschen und Tieren noch so auffällig fehlt.

„IM SCHATTEN DES T." (GALERIE IM VOLKSPARK, HALLE, 2018)

Die selbstgestellte Aufgabe stand in meinem Fall in den vergangenen drei Jahren darin, den o. g. ‚heuristischen Anthropomorphismus' anhand einer kollaborativen Forschungspraxis weiterspinnen, und zwar

1. zwischen Forscher_innen des Leipziger MPI-Instituts, Primatolog_innen, die sich als Feldforscher_innen betätigen und den Primaten-Gruppen, die sie oft seit vielen Jahren beobachten;
2. zwischen dem Künstler Emanuel Mathias, der wiederum die Forscher_innen beobachtet und eine künstlerische Promotion schreibt, in der er das Nähe-Distanz-Verhältnis zu den Tieren über den Begriff der ‚Habituierung' mit der eigenen Arbeit als Photograph ins Verhältnis setzt;
3. zwischen mir selbst, die ich als Philosophin wiederum den o. g. Künstler dabei beobachte, wie er Forscher_innen beobachtet, die wiederum eine Gruppe von Primat_innen beobachten.
4. Ich veröffentlichte dies, damit Sie, die Leser_innen mich wiederum dabei beobachten können, welchen besonderen Reim ich mir auf diese Kaskade von sich verschachtelnden Blickachsen mache usw. usf., damit eine Verhaltensparabel über das Handwerk des Beobachtens erzeugend.

Emanuel Mathias und ich reichten dazu im November 2017 ein Konzept zu einer Ausstellung ein, das im März 2018 in der Galerie im Volkspark

---

14 Marc Bekoff und Dale Jamieson, "Cognitive Ethology and Applies Philosophy: The Significance of An Evolutionary Biology Mind," *Trends in Ecology & Evolution*, vol. 5, issue 5 (May 1990): 156–59.

in Halle im Rahmen einer Gruppenausstellung von Lehrenden und Studierenden der Kunsthochschule Burg Giebichenstein realisiert wurde:

> In der Arbeit geht es um das Nähe- und Distanzverhältnis einer Primatenforscherin zu ihrem Untersuchungsgegenstand, freilebenden Schimpansen im Kongo. Dabei werden zwei Tiere (Isha und Julia) 50 Tage lang, acht Stunden pro Tag, durch den Urwald ohne feste Wege verfolgt, im Windschatten natürlich, bis hin zur körperlichen Erschöpfung. Aus dem umfangreichen Audio-Roh-Material, das der Forscherin selbst zu Dokumentationszwecken bei der Beobachtung der Tiere diente, werden in der Ausstellung vier verschiedenen Zusammenschnitte über vier Kopfhörer zu hören sein.
> Die auditiven Beobachtungseindrücke der Forscherin werden assoziativ und poetisch montiert; es soll dabei nicht sofort klarwerden, dass es sich um Primaten handelt, welche den Gegenstand eines sehr zugewandten Sprechens abgegeben. Die Forscherin formuliert dabei tastend, in Erwartung bestimmter Ereignisse; sucht selbst nach einer angemessenen Beschreibungssprache, wird immer wieder überrascht. Je länger man ihr zuhört, desto mehr teilen sich ihre Ekstase, aber auch ihre wachsende Erschöpfung und Unruhe mit.
> Die Zuhörer_innen sitzen beim Zuhören auf möglichst unbequemen Sitzgelegenheiten (Faltsitz, Schemel mit einem Bein, Kissen usf.), um sie beweglich, aufmerksam und auch ein bisschen im Ungefähren zu halten. Sie sitzen im Quadrat um eine metallische Transportkiste herum, die sich öffnen lässt. Sie enthält einen dicken Stapel mit wissenschaftlichen Aufsätzen, welche die Primatenforscherin im Ausgang ihres Rohmaterials seit 2010 veröffentlicht hat.
> Die Sitzsituation ist so beschaffen, dass über Eck zwei Wände im Rücken der Sitzenden ‚bespielt' werden können. Auf einer Wand befindet sich eine Photographie aus dem Büro der Forscherin im Leipziger Max-Planck-Institut für Evolutionäre Anthropologie, die Dias, Feld-tagebücher, selbstgebrannte CDs, Pflanzenproben, Kaugummidosen und ein Fernrohr zeigt.
> Auf der anderen Wand erscheinen im schnellen Wechsel, zunächst beinahe unterhalb der Schwelle der Sichtbarkeit, wie in flimmerndem, durch Wald gebrochenem Licht, die Namen der erforschten Primat_innen. Die Namen zeugen deutlich von den Vorlieben der Forscher_innen. (Einer orientiert sich dabei strikt an der amerikanischen Popkultur; ein anderer bevorzugt Freud, Darwin und Lorenz; eine Belgierin gibt französische Pflanzennamen.) Die verschiedenen

Namen der untersuchten Affen werden dabei ebenfalls assoziativ in Gruppen angeordnet, wie Sternbilder projiziert. Schließlich bleiben einige der Namen unterschiedlich lange sichtbar oder am Ende ganz stehen: „Madonna", „Zoro", „X".
Über der Szene schwebt, nicht auf den ersten Blick erkennbar, ein Ast aus Beton.
Die Rauminstallation besteht insgesamt aus drei Stationen. Neben der schon erwähnten 4er Sitzgruppe, soll es am anderen Ende des Raumes eine Reihe von Primatenfotos geben, in Folie eingeschweißt, kleinformatig, wie sie von den Forschern selbst im Urwald verwendet werden, um die Exemplare einer Gruppe anhand spezifischer Merkmale (wie der Form des weiblichen Geschlechtsteils) sicher zu identifizieren. In einer anderen Ecke des Raumes befindet sich ein Fernglas, das dem auf dem Photo ähnelt (cf. Abb. 17). Blickt man hindurch, läuft darin ein Trickfilm ab, der Schemazeichnungen einer Primatenforscherin zeigt (cf. Abb. 18), die sich durch den Wald kämpft, in ihr am Oberarm befestigtes Mikrophon spricht und am Ende eines langen Tages vor Erschöpfung im Urwald zusammenbricht, einschläft, und zu guter Letzt von einem Ast erschlagen wird. Fast.[15]

Die Fragen, die uns umtrieben, waren konkret: Wie wird die Aufmerksamkeit auf die Decke gelenkt, damit nicht nur der hängende Ast, sondern auch der Monitor mit dem Zeichentrickfilm zwanglos in den Blick gerät? Versteht man, dass das Monitorbild sich praktisch durch ein Fernglas vergrößern lässt, das wiederum in angrenzenden Raum, aber doch in einigem Abstand von der Decke hängt? Begreift man, warum das dazugehörige Audio ebenfalls nur getrennt existiert, nämlich in der Sitzrunde? Versteht man (intuitiv) den Sinn der räumlichen Trennung von Bild und Ton, den Sinn des zur Decke entrückten Monitors, der schlecht mit bloßem Auge betrachtet werden kann? Unterstützt die Auslagerung des Fernrohrs die gewollte Trennung von Bild und Ton? Gelingt es uns, gestaffelte Sichtbarkeiten in einer winzigen Kammer zu erzeugen, in der sich neben dem Fernrohr, hängende Fliegenfallen, zuletzt Fotofallen, wie sie im Dschungel verwendet werden, an der Wand befinden?

Wir diskutierten, welche Utensilien noch in die Transportkisten hineinzuschmuggeln waren und hätten uns 2018 nie träumen lassen,

---

15 Unveröffentlichtes Konzeptpapier von Emanuel Mathias und Mirjam Schaub, wie es im November 2017 bei Jule Reuter, der Kuratorin der Galerie im Volkspark, eingereicht wurde.

dass ausgerechnet die medizinischen Masken sich zwei Jahre später als wirksamer Schutz gegen eine Zoonose in umgekehrter Richtung erweisen sollten. Mathias experimentierte noch kurz vor der Eröffnung mit getrockneten Urwaldpflanzen und Blättern aus dem Botanischen Garten, um eine Art ‚Diorama' zu erzeugen. Ich entwickelte eine ungute Obsession für das Auftreiben von dreibeinigen Klapphockern, die unbequem sein sollten, um auf die eigene prekäre Lage im Nähe-und-Distanz-Spiel aufmerksam zu machen (cf. Abb. 19 und 20).

Uns beschäftigte die Frage, ob es im Raum mit vielen anderen Attraktionen genug Konzentration für den Audio-Loup geben würde. Die Audio-Qualität war gering, da ja das Material beim Verfolgen der Tiere rein als dokumentarisches Mittel für die Aufzeichnung des tierischen Verhaltens entstanden und nie für eine Ausspielung gedacht war. Würde sich der Schrei des – von uns so genannten – Metronom-Vogels hilfreich auswirken? Würde man die Klick- und Schnalzlaute als *menschliche* Laute identifizieren, um die Affen über die eigene Existenz hinweg zu täuschen? Wie verstörend waren für die Betrachter_innen die laminierten Identifikationskarten der Tiere? Mathias würde sie in späteren Arbeiten durch Linolschnitte ihrer Hinterteile, ihrer primären Geschlechtsmerkmale und später hinzukommender Plesssuren ersetzen.

Auffällig ist in der Rückschau unser Ringen um *einfache* installative Lösungen, um die *komplexen* Aushandlungsprozesse von Nähe und Distanz zwischen Feldforscher_innen und Primat_innen auf die Besucher_innen der Ausstellung *praktisch* zu übertragen. Wir entwickelten dazu auf dichtem Raum ein Mehr-Stationen-Konzept, das in kurzer Zeit erlaubte, sich hinter ein Fernrohr in einem viel zu engen Raum zu klemmen, mit ihm an die Decke zu schauen, flackernden Wandbildern wie aus Platons Höhle aus einem ratternden Diaprojektor zu folgen, sich hinzusetzen, Identifikationskarten in die Hand zu nehmen und Kopfhörer aufzusetzen, um für einen kurzen Moment in den akustischen Kosmos des Urwaldes einzutauchen.

Unsere Installation distanzierte Bild und Ton voneinander. Die Anordnung der sichtbaren Dinge zielte auf ein gestaffeltes System aus Sichtachsen und Sichtbarkeiten, in dem es wie im künstlerischen Forschungsprozess selbst viele Positionswechsel gab, *loops*, unbequeme Situationen, tentative Szenarien.

Im Verlauf dieser Parabel aus verschachtelten Verhaltensweisen wird die Praxis der Beobachtung, scheint's, immer fragwürdiger und absurder, gerade weil alle Beteiligten, Tiere wie Menschen, reflexive und reflektierende Wesen sind. Will sagen: Niemand wird Eins-zu-Eins jemals zum

Beobachtungsgegenstand eines anderen. Wir beobachten anders, wenn wir uns selbst dabei beobachtet *fühlen*. Wir fühlen uns, mit einem Wort ertappt. Genau dieses Ertappt-Sein, diese Verunsicherung, wie sie für künstlerische Forschungen charakteristisch ist, lässt unsere lebendige Beziehung zum anderen, zur anderen Spezies, aber auch zu uns selbst und unseresgleichen expressiv hervortreten, es ‚entstellt' sie zur Kenntlichkeit (Abb. 21).

DICHTE BESCHREIBUNGEN, SO DASS LEITDIFFERENZEN ZU GLEITEN ANFANGEN

Ich beschränke mich in diesem Aufsatz auf eine möglichst *dichte Beschreibung* des hochgradig verschachtelten Geschehens. Darin blitzen *ad hoc* Analysen auf, doch verraten diese vermutlich mehr über meine eigene ‚deformation professionelle', als über den traktierten Gegenstand. Warum dieses Wagnis? Ich hoffe so, dem eigenen Anthropomorphismus auf die Spur zu kommen, d. h. ihm expressive Wege zu bahnen und zugleich zur ‚Beute' seiner heuristischen Effekte zu werden, in der Erwartung unterwegs etwas zu finden, was ich vorher noch nicht wusste.

Entstehen bei der Kaskade von Beobachter_innen Beobachtungen *verschiedener* Ordnungen? Setzen sie, statt die systemeigene Differenz wieder und wieder zu reproduzieren, *das Gleiten von mehreren Leitdifferenzen* in Gang, anders als von Niklas Luhmann gewöhnlich angenommen? Dann wäre nicht *per se* mit einem Mehr an Differenzierung, noch mit einer Reduktion von Komplexität zu rechnen. Vielleicht blitzt dafür ja etwas anderes auf? Die seltene Möglichkeit „das Beobachten zwischen Überraschung und Wiedererkennen oszillieren zu lassen [...]. Das staunende Vergnügen, von dem in der Antike die Rede gewesen war, bezieht sich auf die Einheit der Differenz: auf die Paradoxie, daß Überraschung und Wiedererkennen *aneinander steigerbar* sind".[16]

Luhmann ist diese Möglichkeit also nicht entgangen. In seinem späten Buch über die *Kunst der Gesellschaft* (1995) zeigt er vielmehr, dass in der Kunst nicht nur die Differenz zwischen analoger, sinnlicher Wahrnehmung und digitaler sprachlicher oder gestischer Kommunikation wirksam ist,[17] sondern überdies die Differenz zwischen Fiktion/Realität,

---

16 Niklas Luhmann, *Die Kunst der Gesellschaft* (Frankfurt am Main: Suhrkamp, 1995), 228.

17 „So gesehen wäre die Funktion der Kunst, etwas prinzipiell Inkommensurables, nämlich Wahrnehmung, in den Kommunikationszusammenhang der mit dem besonderen Clou, dass Kunst als bislang einzige ‚Fiktion' das gesellschaftliche Privileg besitzt, im Modus des ‚als ob' Realität beanspruchen zu dürfen.[18] (Wohingegen, um ein zeitgeschichtliches Beispiel zu bemühen, das Verbreiten ‚fiktiver Realitäten' – vulgo ‚alternativer Fakten' –, sprich das Belügen und Täuschen der eigenen Wähler_innen nicht anerkannt wird, weil sie die Grundlagen des demokratischen Prozesses selbst erodieren lässt.)

So haben Grenzerweiterungen in der Kunst der Moderne nacheinander die Unterschiede von Kunst/Kommerz (in der Pop Art) und Kunst/Leben (in der Performance Kunst) zum Einsturz gebracht. Es sieht so aus, als ob auch die Differenz Kunst/Politik durch den gegenwärtigen ‚Artivism' (Peter Weibel) traktiert würde. Wird nicht auch die Differenz Kunst/Wissenschaft durch die ‚artistic research' ins Trudeln gebracht?

Natürlich wird man einwenden, werden diese Grenzen zunächst einmal nur *innerhalb* des Systems der Künste eingerissen. D. h. die Kunst erweitert ihre Möglichkeiten, indem sie andere Wissensfelder & Daseinsbereiche *auch* für sich reklamiert, ohne sie jedoch damit aus ihrem anderen Gebrauchszusammenhängen dauerhaft zu lösen.

DER RAUM DES OPTISCH-UNBEWUSSTEN

Wenn wir uns jetzt wieder unserem konkretem Beobachtungsgegenstand zuwenden, fällt auf, dass Emanuel Mathias sich als Künstler zunächst über das photographische Bild, d. h. über eine Ebene der Nähe, der Vertrautheit und der schon unterstellten Verwandtschaft, seinem

Gesellschaft einzubeziehen. Schon Kant hatte die Funktion der Kunst [...] darin gesehen, daß sie mehr zu denken gibt, als sprachlich und damit begrifflich gefaßt werden kann." Luhmann, *Die Kunst der Gesellschaft*, 227.

18 „Das Kunstwerk etabliert demnach eine eigene Realität, die sich von der gewohnten Realität unterscheidet. Es konstituiert, bei aller Wahrnehmbarkeit und bei aller damit unleugbaren Eigenrealität, zugleich eine dem Sinn nach imaginäre oder fiktionale Realität. Die Welt wird, wie in anderer Weise auch durch den Symbolgebrauch der Sprache oder durch die religiöse Sakralisierung von Gegenständen oder Ereignissen, in eine reale und eine imaginäre Realität gespalten. Offenbar hat die Funktion der Kunst es mit dem Sinn dieser Spaltung zu tun – und nicht einfach mit der Bereicherung des ohnehin Vorhandenen durch weitere (und seien es ‚schöne') Gegenstände. Die imaginäre Welt der Kunst [...] bietet eine Position, von der aus *etwas anderes* als *Realität* bestimmt werden kann." Luhmann, *Die Kunst der Gesellschaft*, 229.

Forschungsfeld zu wendet. Seine eigene Forschungsarbeit beschreibt er im Jahr 2017 wie folgt:

> Dafür werden die primatologischen Artefakte als Rohmaterial, beginnend vom Zeitpunkt ihrer Erstellung, über ihre Verwendung im Forschungskontext bis hin zur weiteren Nutzung für Publikationen und der Öffentlichkeitsarbeit auf ihre Bedeutung hin untersucht. Dabei soll einerseits die Innenperspektive der Disziplin der Primatologie betrachtet werden und welche Bedeutung den Artefakten durch seine Produzenten zugeschrieben wird. Dieser Auffassung möchte die Arbeit eine bildwissenschaftliche Perspektive gegenüberstellen, um herauszuarbeiten, inwieweit wissenschaftliche Bilder eine eigene Ästhetik besitzen, welche auf die subjektive Sichtweise des Forschers im Feld verweist.[19]

Eine der frühen, sehr interessanten Arbeiten, die wie aus einem optisch unbewussten Raum der eigenen Forschungsdynamik stammen, sind nicht von Emanuel Mathias inszeniert, sondern von den Forscher_innen selber (cf. Abb. 22 und 23).

Zu sehen sind drei Forscher_innen, die sich neben aus dem Urwald zurückgebrachten Stöckern fotografieren lassen, scheinbar, um einen Maßstab anzulegen, wie groß denn, wie lang man sich diese Stöcke vorstellen muss. Einer ist länger als ein Mensch. Es handelt sich um Artefakte, genauer um dünne Äste oder Stöcker, die von Primaten im Dschungel genutzt und/oder zugebissen wurden. Warum werden sie so und nicht anders arrangiert? Woher kommt das Repertoire an Körperhaltungen? Sie wirken so ausgesucht, expressiv, amüsiert und ausgelassen, dass man kaum annehmen wird, es ginge hier um nüchterne Forschung. Vielmehr scheint es um ein pantomimisches Verstecken-Spiel zu gehen, um eine Übersprunghandlung, getragen von dem leisen Bedauern, aus den vielen Stöcken nichts Sinnvolles wie ein Zelt konstruieren zu dürfen, sondern sie vermessen zu müssen, bevor sie als Archivale irgendwo verschwinden. Diese Photos, sagt Mathias, entstehen, um sie untereinander zirkulieren zu lassen. Sie haben einen gemeinschaftsstiftenden Wert.

---

19 Emanuel Mathias, unveröffentlichtes Forschungsvorhanden für die Dissertation an der Bauhaus Universität in Weimar bei Prof. Dr. Michael Lüthy, Stand Herbst 2017.

HABITUIERUNG

Wie die Unschuld zurückgewinnen in diesem Archiv des systematisch angereicherten Wissens? Mathias baut in seinen multimedialen Arbeiten im übertragenden Sinne Fotofallen für eine Kostbarkeit, für eine Rarität. Genaues Beobachten braucht neben Geduld und Unvoreingenommenheit nämlich vor allem vor allem – Selbstvergessenheit.

Wer wird man selbst, wenn man sich jahrelang unter erheblichen körperlichen Strapazen im Windschatten eines Tieres bewegt, das uns so ähnlich und doch so fremd ist, immer auf sieben Metern Abstand? Mathias zeigt Auszüge aus dem Handbuch, das die Grenze zwischen Mensch und Tier mithilfe eines *Verhaltenscodexes* zu ziehen versucht: „Do not touch, do not eat together, do not socialise! Your target chimpanzee should never watch you; if it does, you are too close."

Die selbstauferlegte, künstliche Distanz, die im Feld notwendig ist, aber im Büro zuhause sang- und klanglos in sich zusammenbricht, dient dem gegenseitigen Schutz: „Never spit in the forest. Do not urinate in view of the chimpanzees." Die Tiere sollen sich nicht an Menschen gewöhnen, die sie beobachten – denn es könnten auch Jäger sein.

Gefahr liegt über und unter dem scheinbar so wohlgeordneten Archiv: Einerseits wollen die Forscher innen, welche die wenigen noch intakten Schimpansen-, Bonobo- und Gorillapopulationen im Kongo, an der Elfenbeinküste oder in Guinea-Bissau, erforschen, um diese besser schützen zu können; andererseits legen sie selbst unwillkürlich verräterische Spuren, welche die Primaten gefährden, vielleicht sogar töten.

Der Mensch, der sich forschend dem Tier nähert, muss deshalb zugleich sehr praktische Vorkehrungen treffen, damit seine eigenen Artgenossen sich nicht heimlich mit ihm auf die Lauer legen: „All human sign, whether within the 2 metre band or not, should be recorded. If hunting camps are discovered, a description should be written down and a waypoint recorded (and written down)."

Demgegenüber unterhielten die ersten Primatolog_innen im Feld ein viel engeres, körperlicheres Verhältnis zu den Affen, in Unkenntnis der Gefahren, die für die Tiere nicht nur durch die Übertragung menschlicher Krankheiten erwuchs. Erinnert sei an Jane Goodall, wie sie in Tansania im engen Kontakt mit Schimpansen vor der Kamera für National Geographic posiert (cf. Abb. 24) und an den Cartoon von Gary Larson, der sich genau darüber auf – humorige Weise – lustig macht (cf. Abb. 25).[20] Das ist heute passé.

Es gibt viele Abstandsregeln, mittlerweile ist es eine Sieben-Meter-Regel. Doch die Abstandsregel betrifft auch die Kommunikation zwischen den Forscher_innen, die sich im Grunde nicht durch Sprache unterhalten dürfen in Gegenwart der Affen. Sie dürfen keinen Geruch, etwa durch Urin, hinterlassen. Sie dürfen nicht Eingreifen bei Gefahr, Unglück oder Tod eines Tieres.

Diese Abstandsregeln gehen sehr weit und reichen tief ins Verhalten hinein. Es geht hier nicht einfach um *distancing*. Gleichzeitig dauert diese Habituierung, also bis man eine freilebende Affenfamilie so beobachten kann, dass diese den Menschen vergisst, lange, drei bis fünf Jahre. Und natürlich muss sich der/die Forscher_in immer im Windschatten des Tieres bewegen, um nicht doch gerochen zu werden. Diese Habituierung ist ein interessanter Prozess. Dass er so langsam passiert, ist essentiell für die Sicherheit der Tiere.

Mit seltsamen, durchaus ‚tierisch' anmutenden Klicklauten und exotischen Lockrufen verständigen sich die Feldforscher_innen, die immer zu zweit losziehen, untereinander, um ihre Anwesenheit den Tieren nicht durch den Klang menschlicher Stimmen zu verraten. Aber was, wenn sich die schlauen Tiere, mit denen wir eine so erschreckende Nähe unterhalten, sich genau über diese Täuschungsmanöver längst lustigmachen, genauso wie über die ausgelegte, falsche Schlange? Was, wenn sie sich zurufen: „Seit wann können die ulkigen Vögel, die mit uns so albern Verstecken spielen, obwohl sie nicht mal klettern können, kein ordentliches Französisch mehr sprechen?"

---

20 Jane Goodall selbst beschreibt die Gründe hierfür im Rückblick wie folgt: "Being a woman helped me, I think. Louis Leakey believed that women would be better observers than men, had more patience. That's why he chose not just me, but Dian Fossey and Birute Galdikas. Has it changed now? Of course. I'd say way over half of people now out in the field studying animals are women. I think Dian, Birute and I did pave the way." Jordan Riefe, "Jane Goodall on Sexism, Controversial Feeding Stations and Science Deniers," *The Hollywood Reporter*, July, 11, 2017, https://www.hollywoodreporter.com/news/jane-goodall-sexism-controversial-feeding-stations-science-deniers-1055417.

BENUTZTE UND WEITERFÜHRENDE LITERATUR

Bekoff, Marc, and Dale Jamieson "Cognitive Ethology and Applies Philosophy: The Significance of An Evolutionary Biology Mind." *Trends in Ecology & Evolution*, vol. 5, issue 5 (May 1990): 156–59. https://www.sciencedirect.com/science/article/abs/pii/016953479090222Y.

Berger, John „Warum sehen wir Tiere an?". In *Das Leben der Bilder oder die Kunst des Sehens*, 7–26. Berlin: Wagenbach, 1981.

Borgards, Roland „Die Tiere und Wir". In *Tiere. Respekt, Harmonie, Unterwerfung*, herausgegeben von Sabine Schulze und Dennis Conrad. München: Hirmer, 2017.

— *Tiere: Kulturwissenschaftliches Handbuch*. Stuttgart: J. B. Metzler, 2016.

Damm, Vinzenz *Die Inszenierung von Zootieren. Eine Analyse von Präsentation und Agency des Eisbären im Erlebnis-Zoo Hannover mithilfe der Human-Animal Studies*. Unveröffentlichte Abschlussarbeit an der Stiftung Universität Hildesheim zur Erlangung des akademischen Grades Bachelor of Arts (B. A.), Sommersemester 2020.

Derrida, Jacques *Das Tier, das ich also bin*. Wien: Passagen, 2006.

Descola, Philippe *Die Ökologie der Anderen. Die Anthropologie und die Frage der Natur*. Berlin: Matthes & Seitz, 2014.

— *Jenseits von Natur und Kultur*. Berlin: Suhrkamp, 2011.

Despret, Vinciane, Hg. *Was würden Tiere sagen, würden wir die richtigen Fragen stellen?* Münster: Unrast, 2019.

Eco, Umberto *Im Wald der Fiktionen. Sechs Streifzüge durch die Literatur*, übers. von Burkhart Kroeber. München: Deutscher Taschenbuch Verlag, 1996.

Foucault, Michel „Andere Räume" [1967]. In *Aisthesis. Wahrnehmung heute oder Perspektiven einer anderen Ästhetik: Essais*, herausgegeben von Karlheinz Barck, 34–46. Leipzig: Reclam, 1991.

Gamerschlag, Andre, et al. „Einführung in Gesellschaftliche Mensch-Tier-Verhältnisse und Human-Animal Studies." In *Human-Animal-Studies. Über die gesellschaftliche Natur von Mensch-Tier-Verhältnissen*, herausgegeben von Chimaira, Arbeitskreis für Human-Animal Studies, 7–42. Berlin: De Gruyter, 2011.

Goldner, Colin „Zoo". In *Lexikon der Mensch-Tier-Beziehungen*, herausgegeben von Arianna Ferrari und Klaus Petrus, 438–41. Bielefeld: transcript, 2015.

Haraway, Donna „Im Streit um die Natur der Primaten. Auftritt der Töchter im Feld des Jägers 1960–1980". In *Die Neuerfindung der Natur. Primaten, Cyborgs und Frauen*. Übersetzt von Dagmar Fink et al., herausgegeben von Carmen Hammer und Immanuel Stieß, 123–59. Frankfurt am Main / New York: Campus, 1995.

Haslinger, Regina „Die Erinnerung der Kunst an das Tier". In *Herausforderung Tier. Von Beuys bis Kabakov*, herausgegeben von Städtische Galerie Karlsruhe, 18–35. München et al.: Prestel, 2000.

Hastedt, Sabine „Wirkungsmacht konstruierter Andersartigkeit. Strukturelle Analogien zwischen Mensch-Tier-Dualismus und Geschlechterbinarität". In *Human-Animal-Studies. Über die gesellschaftliche Natur von Mensch-Tier-Verhältnissen*, herausgegeben von Chiamara, Arbeitskreis für Human-Animal Studies, 191–214. Berlin: De Gruyter, 2011.

Höller, Thomas „Das Tier in Uns – Das Tier im Wir. Verwendungsarten des Anthropomorphismus". In *Das Tier in unserer Kultur. Begegnungen, Beziehungen, Probleme*, herausgegeben von Hans Weerner Igensipe, 9–34. Essen: Oldlib, 2015.

Kompatscher, Gabriela, Reingard Spannring und Karin Schachinger, Hg. *Human-animal Studies. Eine Einführung für Studierende und Lehrende.* Münster: Waxmann, 2017.

Kurth, Markus, Katharina Dornenzweig und Sven Wirth „Handeln nichtmenschliche Tiere? Eine Einführung in die Forschung zu tierlicher Agency". In *Das Handeln der Tiere. Tierliche Agency im Fokus der Human-Animal Studies*, herausgegeben von Sven Wirth et al., 7–42. Bielefeld: transcript, 2016.

Larson, Gary *The Complete Far Side.* Kansas City: Andrews McMeel Publishing, 2003.

Latour, Bruno „Vorwort. Über wissenschaftliche Fabeln in der Empirie". In *Was würden Tiere sagen, würden wir die richtigen Fragen stellen?* Herausgegeben von Vinciane Despret, XI–XXI. Münster: Unrast Verlag, 2019.

Luhmann, Niklas *Die Kunst der Gesellschaft.* Frankfurt am Main: Suhrkamp, 1995.

Macho, Thomas „Der Aufstand der Haustiere". In *Herausforderung Tier. Von Beuys bis Kabakov*, herausgegeben von Städtische Galerie Karlsruhe, 76–99. München / London / New York: Prestel, 2000.

Precht, Richard David *Tiere denken: Vom Recht der Tiere und den Grenzen des Menschen.* München: Goldmann, 2016.

Schaub, Mirjam „Der Kontrakt der Unversehrtheit". In Ästhetischer Widerstand. Zerstörung und Selbstzerstörung, herausgegeben von Aida Bosch und Hermann Pfütze, 167–83. Wiesbaden: Springer VS, 2018.

Steiner, Gary „Anthropozentrismus". In *Lexikon der Mensch-Tier-Beziehungen*, herausgegeben von Arianna Ferrari und Klaus Petrus, 28–32. Bielefeld: transcript, 2015.

Riechelmann, Cord *Bestiarium. Der Zoo als Welt – die Welt als Zoo.* Frankfurt am Main: Eichborn, 2003.

Riefe, Jordan "Jane Goodall on Sexism, Controversial Feeding Stations and Science Deniers." *The Hollywood Reporter*, July, 11, 2017, https://www.hollywoodreporter.com/news/jane-goodall-sexism-controversial-feeding-stations-science-deniers-1055417.

Wuketits, Franz M. *Die Entdeckung des Verhaltens. Eine Geschichte der Verhaltensforschung.* Darmstadt: Wissenschaftliche Buchgesellschaft, 2010.

ABBILDUNGSNACHWEISE

1-8, 10, 15-17, 20-21 © Foto: Emanuel Mathias / VG Bildkunst Bonn.
9 © Foto: Emanuel Mathias / Stephan Machac / VG Bildkunst Bonn.
11-14 © *The Square*, Regie: Ruben Östlund. Schweden, Deutschland, Frankreich und Dänemark, 2017.
18 © Foto/Film: Emanuel Mathias, Thea Kleinhempel, VG Bildkunst Bonn.
19 © Foto: Emanuel Mathias / VG Bildkunst Bonn.
22 © Foto: Anthony Agbor Bakoun / Pan African Programme: The Cultured Chimpanzee.
23 © Foto: Anthony Agbor Bakoun, Paula Dieguez, Pan African Programme: The Cultured Chimpanzee.
24 © Foto / The Jane Goodall Institute / Hugo Van Lawick. https://www.un.org/en/messengers-peace/jane-goodall
25 Zitiert nach: Gary Larson, *The Complete Far Side* (Kansas City: Andrews McMeel Publishing, 2003), 80.

STEFAN RIEGER

DAS VERHALTEN DER MASCHINE

Maschinen lassen nicht mit sich spaßen.[1]

Yet robots have failed to find a legitimate place within our habitat.[2]

ABSTRACT – THE BEHAVIOUR OF THE MACHINE

The contribution aims at the universality of behavior and its manifold, not only human subjects. The special role of machine behavior is exemplified by two individual studies. The first asks about the special role of adaptive behavior as it becomes visible in the form of conformism triggered by robotic systems. Against the background of the history of the major conformity studies of the 20th century, it is asked to what extent machines induce behavioral conformities in humans. The second study asks about the Other of conformism, which shows up in, of all things, adversarial behaviors of objects. These are things that are called upon to disobey, to be insubordinate, and to refuse functional one-senses through deliberate design measures and their own Misbehavior Kit. The treachery of the object (Vischer) turns into insidiousness and becomes the occasion for postphenomenological reflections.

1 Gustav Meyrink, „Das Automobil", in *Gesammelte Werke*, Bd. 4, Teil 1, hg. Gustav Meyrink (München: A. Langen, 1913), 11.

2 Samuel Bianchini et al., "(Mis)behavioral Objects, Empowerment of Users Versus Empowerment of Objects," in *Empowering Users Through Design. Interdisciplinary Studies and Combined Approaches for Technological Products and Services*, ed. David Bihanic (Cham: Springer, 2015), 131.

I.

Das Konzept des Verhaltens hat viele Subjekte. Weil niemand oder nichts sich nicht verhalten kann, wird Verhalten in seiner Unumgänglichkeit universal und damit zugleich auch uneindeutig. Vergleichbares gilt für das Wissen vom Verhalten. Menschen und Tiere, aber auch Pflanzen und Roboter, Alltagsdinge und Datenstrukturen geraten in den Bannkreis von Übertragungsbewegungen jenseits dessen, was Ontologie und Taxonomie an eingespielten Ordnungsmustern bereithalten.[3] Unter der Ägide von Post- und Transhumanismus sowie unter der von Theorieansätzen wie der Actor-Network-Theory Bruno Latours oder des Agentiellen Realismus Karen Barads werden mit der Handlungsfähigkeit von Tieren und Pflanzen, von Maschinen und Robotern, von Biofakten und Menschen, von Dingen und bloßen Materialien nicht nur Fragen nach dem Status der handelnden Wesen, sondern auch solche nach der Zuschreibung von Agency neu gestellt.[4] Die Zumutung eines Verhaltens von Robotern ist dabei weniger gewöhnungsbedürftig als die von bloßen Gegenständen und Dingen. Nicht zuletzt die anthropomorphe Gestaltung der ersteren hat einer solchen Übertragung nachgerade in die Hände gespielt.[5]

Für den Übergang von einem willfährigen Gegenstand zu einem autonomen Wesen gibt es hochkulturell belastete Urszenen wie Goethes Ballade vom Zauberlehrling. Aus seinem Anlass wird nicht nur die Anmutung des Unheimlichen sichtbar, die mit der Autonomie von sich verselbständigenden Objekten einhergeht, er taugt in einer weiteren Übertragungsoperation zur Erörterung von Handlungsbewertungen. Goethes wundersamer Besen wird zur Folie, vor der etwa der Jurist Sascha Ziemann im Beitrag *Wesen, Wesen, seid's gewesen? Zur Diskussion um ein Strafrecht für Maschinen* die Frage nach dem Rechtsstatus von

---

3 Volker Schurig, *Problemgeschichte des Wissenschaftsbegriffs Ethologie. Ursprung, Funktion und Zukunft eines Begründungsspezialisten* (Rangsdorf: Natur + Text, 2014).

4 Dazu Jens Kersten, „Die Konsistenz des Menschlichen. Post- und transhumane Dimensionen des Autonomieverständnisses", in *Autonomie im Recht. Gegenwartsdebatten über einen rechtlichen Grundbegriff*, hg. Christian Bumke und Anne Röthel (Tübingen: Mohr Siebeck, 2017), 315–52.

5 Zu den dadurch freigesetzten Affekten cf. Masahiro Mori, "The Uncanny Valley," *Energy* 7, no. 4 (1970): 33–5.

Maschinen auslotet.[6] Damit wird nicht nur über die Handhabung von nicht-menschlichen Handlungen reflektiert, sondern zugleich untergründig einem Techno-Animismus Vorschub geleistet, der sich zunehmend auch auf Gegenstände kapriziert, die nicht mehr unter einem konventionellen Verständnis von Natur zu fassen sind. Es ist wenig verwunderlich, dass wir Robotern die Übernahme soziale Funktionen zutrauen und als *companion* in unserer Nähe zulassen – natürlich unter Berücksichtigung von Etikette und Sprachregelung.[7] Aber es geraten auch bloße Dinge und selbst Elemente der allgemeinen Datenverarbeitung in den Geltungsbereich entsprechender Besetzungen. Als Folge dieser Ausweitung fallen digitale Schmuckgegenstände ebenso wie bloßen Algorithmen unter das Kuratel des Animismus.[8]

Verhalten findet nicht im luftleeren Raum, sondern in Umgebungen statt. Solchen Umgebungen gelten bis heute eine Vielzahl von theoretischen Bemühungen. In ihrem Zuge wurden Nuancierungen von Begriffen wie Ambiente, Milieu oder Umwelt vorgenommen und damit schlussendlich ein Denken von Systemen auf den Weg gebracht. Die Wege reichen über die frühen Konzeptualisierungen in der theoretischen Biologie bei Jakob von

---

6 Cf. Sascha Ziemann, „Wesen, Wesen, seid's gewesen? Zur Diskussion um ein Strafrecht für Maschinen", in *Robotik und Gesetzgebung. Beiträge der Tagung vom 7. bis 9. Mai 2012*, hg. Eric Hilgendorf und Jan Philipp Günther (Baden Baden: Nomos, 2013), 183–94, sowie im selben Band den Beitrag von Susanne Beck, „Über Sinn und Unsinn von Statusfragen zu Vor- und Nachteilen der Einführung einer elektronischen Person", 239–61.

7 Dazu Claire Huijnen et al., "'Maybe it Becomes a Buddy, but do not call it a robot' – Seamless Cooperation between Companion Robotics and Smart Homes", in *Ambient Intelligence. Lecture Notes in Computer Science*, 7040, ed. David V. Keyson et al. (Berlin/Heidelberg: Springer, 2011), 324–29, sowie für das Verhältnis Mensch und Computer Jonathan Grudin, *From Tool to Partner: The Evolution of Human-Computer Interaction* (San Rafael: Morgan & Claypool, 2017).

8 Zum Technoanimismus cf. etwa Timo Kaerlein, "The Social Robot as Fetish? Conceptual Affordances and Risks of Neo Animistic Theory," *International Journal of Social Robotics* 7, no. 3 (2015): 361–70 oder Doros Polydorou, Kening Zhu und Alexis Karkotis, "Digital Humanities and Techno-Animism in Wearables: A Case-Study-Based Collaborative Design Framework for Digitally-Ensouled Jewellery," in *Design, User Experience, and Usability: Designing Pleasurable Experiences. DUXU 2017. Lecture Notes in Computer Science*, 10289, ed. Aaron Marcus and Wentao Wang (Cham: Springer, 2017), 719–36. Cf. ferner Betti Marenko, "Algorithm magic. Simondon and technoanimism," in *Believing in Bits: Digital Media and the Supernatural*, hg. Simone Natale und Diana Pasulka (New York: Oxford University Press, 2019).

Uexküll über die Leistung von Strukturwissenschaften wie der Kybernetik und ihrer lebenden Artefakte bis hin zu einer allgemeinen Systemlehre Ludwig von Bertalanffys oder der Systemtheorie Niklas Luhmanns.[9] Problematisch wurde damit auch der Status der Natur als einer exzeptionellen Umgebung, als einer Umgebung ohne Gleichen.[10] In einer berühmten Reihe schickt sich Martin Heidegger an, entlang einer gestaffelten Teilhabe an Welt Steine, Tiere und Menschen voneinander zu unterscheiden (‚der Stein ist weltlos', ‚das Tier ist weltarm', ‚der Mensch ist weltbildend').[11] Der Kulturphilosoph Rudolf Kassner treibt diese Stufenleiter der Weltteilhabe noch weiter und verfügt im Rahmen seiner universalen Physiognomik, dass die Maschine umweltlos und gänzlich ohne Gesicht sei.[12]

So essayistisch entschlossen (und mit Blick auf die Interface-Diskussion wenig eingängig) Kassners Befund ist, ausgemacht scheint die kategoriale Umweltlosigkeit der Technik nicht und so wird ausgerechnet anlässlich von Maschinen die Frage nach deren spezifischer Umgebung gestellt. Bereits die Fragemöglichkeit, ob denn Roboter eine Umwelt haben, scheint Kassners abschlägiges Diktum Lügen zu strafen. Die Frage mutet schon allein deswegen befremdlich an, weil das Konzept Uexkülls mitsamt dem deutschen Wort Umwelt Eingang in den entsprechenden Titel findet (*Does a robot have an Umwelt?*).[13] Und wenn man die Frage

---

9 Jan Müggenburg, *Lebhafte Artefakte. Heinz von Foerster und die Maschinen des Biological Computer Laboratory* (Konstanz: Konstanz University Press, 2018).
10 Zu einer Epistemologie der Umgebung cf. Florian Sprenger, *Epistemologien des Umgebens – Zur Geschichte und Biopolitik künstlicher environments* (Bielefeld: Transcript, 2019).
11 Cf. Martin Heidegger, *Die Grundbegriffe der Metaphysik. Welt – Endlichkeit – Einsamkeit (Wintersemester 1929/30)*, hg. Friedrich-Wilhelm von Herrmann (Frankfurt am Main: Vittorio Klostermann, 2004).
12 Rudolf Kassner, „Das Gesicht. Deutung und Deutbarkeit", in Kassner, *Zahl und Gesicht. Nebst einer Einleitung: Umriß einer universalen Physiognomik* (Frankfurt am Main: Suhrkamp, 1979), 149. Umgekehrt ist zu konstatieren, dass die Technik neue Formen der Gesichtlichkeit eigens befördert. Cf. dazu Henry Fournier, „Das Automobilgesicht", *Allgemeine Automobil-Zeitung* 3 (1902): 11.
13 Claus Emmeche, "Does a robot have an Umwelt? Reflections on the qualitative biosemiotics of Jakob von Uexküll," *Semiotica* 134, no. 1–4 (2001): 653–93. Dort finden sich auch andere Arbeiten, die im Rekurs auf Uexküll das Verhalten von Tieren und Maschinen einander annähern. Cf. dazu Tom Ziemke und Noel E. Sharkey, "A stroll through the worlds of robots and animals: Applying Jakob von Uexküll's theory of meaning to adaptive robots and artificial life," *Semiotica* 134, no. 1 (2001): 701–46.

positiv beantwortet, worin liegt deren Spezifik und welche Folgen hat das für die Beschreibung von Verhaltens- und Interaktionsweisen von und mit ihnen? Solche Verhaltensweisen sind vielfältig: Sie können adaptiv sein oder gerade nicht, sie können in die Fußstapfen des Konformismus treten und damit eine soziale Funktion einnehmen oder sie können eingespielte Objektbeziehungen unterlaufen, indem sie bestimmte Affordanzen und Scripts schlicht verweigern. Im Folgenden sollen zwei ausgewählte Verhaltensweisen beschrieben werden. Deren Objekte könnten auf den ersten Blick unterschiedlicher nicht sein: Es sind zum einen Roboter, die ob ihres konformen Verhaltens in den Blick geraten und es sind zum anderen verhaltensauffällige Dinge, die mit einigem Aufwand um das gebracht werden, was ihre Tauglichkeit, ihre Schicklichkeit und ihre Willfährigkeit ausmachen. Sie sollen Fehlverhalten regelrecht verkörpern.

II. ADAPTIVES VERHALTEN - KONFORMISMUS

Konformismus gilt als Vorrecht des Menschen – ebenso wie eine entsprechend habitualisierte Geste der ostentativen Konformitätsverweigerung.[14] Besondere Aufmerksamkeit erfuhren Verhaltenskonformitäten im Rahmen der Sozialpsychologie nach dem II. Weltkrieg, etwa im Milgram- oder im Stanford Prison-Experiment. Vor dem Hintergrund der politischen Totalitarismen des zwanzigsten Jahrhunderts wurde die unrühmliche Tendenz zum Konformismus Gegenstand großer Aufmerksamkeit – nicht zuletzt in Form experimenteller Untersuchungen zur Dynamik von Gruppen.[15] Vor allem die Untersuchungen des amerikanischen Sozial- und Gestaltpsychologen Solomon E. Asch in der Mitte des letzten Jahrhunderts wurden für die Verwissenschaftlichung des Phänomens zentral. In ihnen wurde experimentell nachstellbar, welche Dynamik zwischen dem Einzelnen und der Gruppe bei der Einschätzung einfacher Wahrnehmungen herrschte. Anhand der Exposition einer Referenz- und dreier unterschiedlich langer Vergleichslinien soll in einer Gruppensituation geklärt werden, welche

---

14 Cf. dazu Stefan Rieger, „Maschinenkonformismus", in *Konformieren. Festschrift für Michael Niehaus*, hg. Jessica Güsken et al. (Heidelberg: Synchron, 2019), 401–16.

15 Zur Zeitabhängigkeit der Konformismusforschung cf. Michael Gorman, "Pre-War Conformity Research in Social Psychology: The Approaches of Floyd H. Allport and Muzafer Sherif," *Journal of the History of Behavioral Sciences* 17 (1981): 3–14.

Vergleichslinie dieselbe Länge wie die Referenzlinie hat und welche davon abweichen. Eine Versuchsperson, die sich in einem Experiment zur Wahrnehmung wähnt, wird im Zuge mehrfacher Durchläufe und in einer Gruppe von Mitwissern des Versuchsleiters, die gezielt falsche Einschätzungen abgaben, zur Preisgabe ihrer eigenen und richtigen Einschätzungen gebracht. Das Vertrauen in die Gruppe ist stärker als das in sich selbst. Diese Anordnung, geschildert in den *Studies of independence and conformity: I. A minority of one against a unanimous majority* aus dem Jahre 1956, sollte zum vielfach variierten Ausgangspunkt einer nachmaligen Konformitätsforschung werden. Variiert wird sie etwa in Untersuchungen zum autokinetischen Effekt, einer subjektiven Wahrnehmungstäuschung, bei der im Dunkeln exponierte statische Lichtreize als bewegt wahrgenommen werden. Dieser Effekt gilt als nachgerade prädestiniert für den Nachweis von durch Gruppendruck erzeugten Anpassungen. Wie die einschlägigen Untersuchungen des Sozialpsychologen Muzafer Sherif in den 1950er Jahren zeigen, glichen sich die individuell eingeschätzten Entfernungen in Folge der Mitteilung der von anderen Versuchspersonen abgegebenen Werte zunehmend einander an – ein Effekt, der soziale Faktoren in der Wahrnehmung und nicht zuletzt auch deren Stabilität über den Anlass und die Zeitdauer der Experimentalsituation hinaus belegt.[16]

Was aber passiert, wenn sich konformistische Verhaltensweisen aus den Residuen des Menschlichen lösen und auf andere Wesenheiten übergehen. Was passiert, wenn sie das Verhalten von Maschinen betreffen? Diese Frage steht im Zentrum einer Reihe von Untersuchungen, die unter Titeln wie *Trust and Conformity when Interacting with Groups of Robots* oder *Humans Conform to Robots: Disambiguating Trust, Truth, and Conformity* den Konformitätsdruck auf Roboter übertragen.[17] Ebenso wurden verschiedene Untersuchungen unter virtuellen Bedingungen und ohne

---

16 Cf. dazu Muzafer Sherif, "A study of some social factors in perception," *Archives of Psychology* 187 (1935): 1–60. Zur Stabilität J. H. Rohrer et al., "The Stability of Autokinetic Judgments," *The Journal of Abnormal and Social Psychology* 49, no. 4 (1954): 595–97.

17 Dazu Nicole Salomons and Brian Scassellati, "Trust and Conformity when Interacting with Groups of Robots," in *HRI '18: Companion of the 2018 ACM/IEEE International Conference on Human-Robot Interaction* (New York: ACM, 2018), 315–16, sowie Nicole Salomons et al., "Humans Conform to Robots: Disambiguating Trust, Truth, and Conformity," in *HRI '18: Proceedings of the 2018 ACM/IEEE International Conference on Human-Robot Interaction* (New York: ACM, 2018), 187–95.

die Präsenz realer Roboter unternommen und dabei wurde auf die Rolle der Anonymität bei der Abgabe von Einschätzungen geachtet.[18] Dabei dienen die klassischen Anordnungen der Sozialpsychologie als Vorgabe, auf die sich auch expressis verbis bezogen wird (*A peer pressure experiment: Recreation of the Asch conformity experiment with robots*).[19] Untersucht wird in diesen Konstellationen, ob Roboter Konformitätsverhalten beim Menschen induzieren und wie sich diese Induktionsleistung zum menschlichen Konformitätsdruck verhält – ob es also signifikante Unterschiede in Haltungsfragen gibt oder eben nicht. Eine 2018 erschienen Studie *Humans Conform to Robots: Disambiguating Trust, Truth, and Conformity* konstatiert, dass es zwei früheren Studien nicht gelungen sei, die Befunde von Asch und damit ein entsprechendes Konformitätsverhalten zwischen Mensch und Robotern nachzuweisen. Als Erklärung werden mangelndes Vertrauen und fehlende Wahrhaftigkeit ins Feld geführt. "Shiomi et al. and Brandstetter et al. attempted to replicate the Asch paradigm with robot confederates instead of humans [...], but neither study was able to show conformity to a group of robots."[20] Die angeführten Arbeiten bleiben dabei der Vorgabe treu und wiederholen die von Asch gestellte Wahrnehmungsaufgabe, also den Abgleich unterschiedlich langer Linien. Der Befund ist überraschend, weil das persuasive Potential, das von individuellen Einzelrobotern ausgeübt wird, in anderen Kontexten außer Frage steht und es dafür hinlängliche Bestätigungen gibt – bis hin zur Bereitschaft, Geld zu spenden. Diese Bindung sei so stark, heißt es mit Verweis auf eine entsprechende Studie, dass ihr Einfluss selbst noch nach Beendigung der Begegnung mit dem Roboter und damit über die Zeitspanne der sozialen Interaktion hinaus anhält. Als Beleg für diesen Befund wird das Phänomen des *Lexical Entrainment* angeführt: „The

---

18 Serena Coppolino Perfumi et al., "Conformity in Virtual Environments: A Hybrid Neurophysiological and Psychosocial Approach," in *Internet Science. INSCI 2016. Lecture Notes in Computer Science*, 9934, ed. Franco Bagnoli et al. (Cham: Springer, 2016), 148–57.

19 Masahiro Shiomi und Norihiro Hagita, "Do Synchronized Multiple Robots Exert Peer Pressure?," in *HAI '16: Proceedings of the Fourth International Conference on Human Agent Interaction* (New York: ACM, 2016), 27–33, sowie Jürgen Brandstetter et al., "A peer pressure experiment: Recreation of the Asch conformity experiment with robots," in *2014 IEEE/RSJ International Conference on Intelligent Robots and Systems* (2014), 1335–40, https://doi.org/10.1109/IROS.2014.6942730.

20 Salomons et al., "Humans Conform to Robots," 187.

tendency for speakers to imitate one another's vocabulary choices is known as lexical entrainment."[21] Diese Angleichung des Sprachverhaltens wird auch in der Kommunikation mit Robotern sichtbar – und zwar so, dass die Verhaltensänderung etwa in der Wahl der verwendeten Wörter auch nach Beendigung der Interaktion persistiert.[22]

Die Studie aus dem Jahr 2018 setzt anders an und verwendet statt der Wahrnehmungsaufgabe ein Kartenspiel namens *dixit.* Bei diesem wird ein Begriff vorgegeben (etwa ‚Ironie') und auf diese Vorgabe mit dem Abgeben einer von sechs Spielkarten reagiert. Die darauf abgebildeten Szenen, die den Begriff umschreiben, sind nicht eindeutig, haben gewisse Plausibilitäten, lassen aber auch Entscheidungsspielräume zu. Es werden mehrere Runden gespielt und die Entscheidung der anderen Spielteilnehmer auf einem gemeinsam einsehbaren Bildschirm mitgeteilt. Ziel ist es, ein Maß für die Konformität zu finden. Im Gegensatz zu den offensichtlichen Verhältnissen des Linienwahrnehmungsexperiments ist es der Spielraum der Einschätzung, der die Konformität im Spiel hält. Mit krassen und offensichtlichen Fehleinschätzungen bringen sich die Roboter jedenfalls um die Kategorie jener Vertrauenswürdigkeit, die als Voraussetzung für Konformitätsverhalten gilt.

> Robots cause less social pressure then humans and their level of trustworthiness is unclear when compared to a person. We propose to unravel the interplay between trust, truth and conformity in human-robot groups by changing the task to one where there is no obvious objective truth, and therefore analyze the effect of trust in the interaction.[23]

Damit ist eine Erklärung und mit dieser ein anderes Design für künftige Konformitätsexperimente angestrebt:

> In previous human-robot conformity studies the correct answer was very prominent, and the robots choosing incorrect answers might have caused low trust in the robots. We wish to further study the correlations between trust and conformity by using an experiment

---

21 Jürgen Brandstetter et al., "Persistent Lexical Entrainment in HRI," in *HRI '17: Proceedings of the 2017 ACM/IEEE International Conference on Human-Robot Interaction* (New York: ACM, 2017), 63.
22 Brandstetter et al., "Persistent Lexical Entrainment," 70.
23 Salomons et al., "Humans Conform to Robots," 188.

> where there is no obvious correct answer. Current work will be presented showing that robots are capable of causing conformity using a different task than Asch's line experiment.[24]

Die Wahl des Kartenspiels spielt ihrerseits einer Binnenunterscheidung innerhalb der Konformitätsforschung in die Hände. Diese differenziert nach einer sozialen und einer informationellen Konformität. Die erstere ist einem reinen Gruppendruck geschuldet, der sich bei eindeutigen Aufgabenstellungen abzeichnet und der dem Ausgangs-Experiment bei Asch zugrunde liegt. Davon setzt sie eine informationelle Konformität ab, die sich bei nicht eindeutigen Einschätzungen zeigt und die den Untersuchungen bei Muzafer Sherif zugrunde liegt. Die Vorgaben des Kartenspiels zielen mit ihren Auslegungsspielräumen auf eine solche informationelle Konformität. Doch es gibt noch andere Faktoren, die für Konformität ausschlaggebend sind: Nicht nur die gemeinsame Unsicherheit über die Einschätzung von Aufgaben, sondern die gemeinsame Erfahrung von Verletzlichkeit, von Vulnerabilität, schweißt Mensch und Roboter zusammen.[25] So wird in Untersuchungen, die das Vertrauen messen wollen, auf den Unterschied zwischen einem relationalen und einem taskorientierten Vertrauen unterschieden. „The human-human interaction literature often studies trust as an agent's acceptance of vulnerability in an interaction or relationship, believing that the other will not exploit the vulnerability [...]. By contrast, the human-automation literature often focuses on trust that is grounded in a machine's performance and reliability [...]."[26]

Ein relationales Vertrauen zum Roboter herzustellen und sich nicht nur mit dessen Zuverlässigkeit im Durchführen bestimmter Aufgaben zu begnügen, ist Gegenstand einer Untersuchung, die an den Gepflogenheiten menschlicher Vertrauensbildung ansetzt. Weil Vertrauen in einer Atmosphäre der Mittteilung entsteht, muss sich der Roboter dem Menschen öffnen. Erst in diesem Modus der Entäußerung vermag er als

---

24 Salomons and Scassellati, "Trust and Conformity," 315.

25 Cf. dazu etwa Mark Coeckelbergh, "Artificial Companions: Empathy and Vulnerability Mirroring in Human-Robot Relations," *Studies in Ethics, Law, and Technology* 4, no. 3 (2010).

26 Daniel Ullman and Bertram F. Malle, "What Does it Mean to Trust a Robot?: Steps Toward a Multidimensional Measure of Trust," in *HRI '18: Companion of the 2018 ACM/IEEE International Conference on Human-Robot Interaction* (New York: ACM, 2018), 263.

Sozialpartner ernst genommen zu werden und sich vom Werkzeugcharakter zu lösen.[27] Eine besondere Rolle spielt dabei das Eingeständnis eigener Schwächen.[28] So untersucht eine Studie mit dem Titel *The Ripple Effects of Vulnerability: the Effects of a Robot's Vulnerable Behavior on Trust in Human-Robot Teams*, welche Folgen das Bekenntnis von Schwächen und Unpässlichkeiten durch den Roboter auf den Menschen hat. Roboter berichten über Details ihrer Befindlichkeit – das Zugestehen von Selbstzweifeln und Fehlern, die Mitteilung persönlicher Reminiszenzen und launiger Witzchen gelten als besonders probate Mittel, das Band des Vertrauens zu knüpfen. Neben schlechten Scherzen erweist sich die geteilte Erfahrung von Schwäche als Königsweg zur Empathie des Menschen.

> Using self-disclosure expressions, the robot expressed uncertainty about its ability to successfully play the game (e.g. "I sometimes doubt my abilities") and admitted failure after having made a mistake (e.g. "I'm sorry everyone. My path was incomplete that round. I feel bad letting you all down."). Through telling personal stories, the robot expressed vulnerability by revealing its interests and past experiences (e.g. "This reminds me of when my soccer team came from behind to win the 2016 championship"). Humor, especially in tense situations, can also be an expression of vulnerability, when a person making a humorous comment takes an interpersonal risk in order to ease tension, encourage others' participation, and display a willingness to share opinions [...]. One of the humorous comments the robot makes in this experiment is, "I think our team is as effective as Will Smith against an army of bad robots."[29]

---

27 Rosanne M. Siino, Justin Chung und Pamela J. Hinds, "Colleague vs. Tool: Effects of Disclosure in Human-Robot Collaboration," *RO-MAN 2008 – The 17th IEEE International Symposium on Robot and Human Interactive Communication* (2008): 558–62, https://doi.org/10.1109/ROMAN.2008.4600725.
28 Cf. dazu Nikolas Martelaro et al., "Tell Me More: Designing Hri to Encourage More Trust, Disclosure, and Companionship," *2016 11th ACM/IEEE International Conference on Human-Robot Interaction (HRI)* (2016): 181–88, https://doi.org/10.1109/HRI.2016.7451750 und Sarah Strohkorb Sebo et al., "The Ripple Effects of Vulnerability: the Effects of a Robot's Vulnerable Behavior on Trust in Human-Robot Teams," in *HRI '18: Proceedings of the 2018 ACM/IEEE International Conference on Human-Robot Interaction* (New York: ACM, 2018), 178–86.
29 Strohkorb Sebo et al., "The Ripple Effects of Vulnerability," 180.

Die egalisierende Form der Vulnerabiltiät bleibt nicht auf den Bereich eigens angestellter und hochspezialistisch wirkender Studien beschränkt. Vielmehr gerät sie zunehmend ins Zentrum von post- und transhumanistischen Gemengelagen. Die Erfahrung gemeinsamer Schwäche vereint Seinsweisen und Lebensformen über die Artengrenzen hinaus – und sie macht es möglich, eigene Formen der Sozialität mit dem *Techno-Anderen* zu stiften.[30]

III. FEHLVERHALTEN – DAS ANDERE DES KONFORMISMUS

Weil soziale Interaktion nicht auf den Menschen beschränkt bleibt, müssen die damit befassten Wissenschaften auch auf die Sozialität als eigener Qualität von Artefakten reagieren.[31] So ruft die Interaktion mit virtuellen Kreaturen die Soziologie auf den Plan – mit der Option auf *Soziologische Theorieperspektiven* und der Forderung nach einer eigenen Sozialwissenschaft: *Social Robots call for Social Sciences*.[32] Dass die Maschine als sozialer Faktor in Erscheinung tritt, ist ein Allgemeinplatz, dem mit Teildisziplinen wie den *social robotics*, der *machine* und *robot ethics* längst Rechnung getragen wird.[33] Studien in entsprechend neu gestalteten Wissensverbünden wie etwa den *Science and Technology Studies* sind daher Legion.[34] Die Übernahmeangebote und die Anähnlichungstrategien lassen

---

30 Cf. dazu etwa Rosi Braidotti, *Posthumanismus. Leben jenseits des Menschen* (Frankfurt am Main: Campus, 2014), 107.

31 Cf. dazu Karen A. Cerulo, "Nonhumans in Social Interaction," *Annual Review of Sociology* 35 (2006): 531–52; Olli Pyyhtinen, *More-than-Human Sociology: A New Sociological Imagination* (Basingstoke: Palgrave Macmillan, 2016), sowie Florian Muhle, „Sozialität von und mit Robotern? Drei soziologische Antworten und eine kommunikationstheoretische Alternative. Sociality of – and with Robots? Three Sociological Answers and a Communication-Theoretical Alternative", *Zeitschrift für Soziologie* 47, Nr. 3 (2018): 147–63.

32 Dazu Holger Braun-Thürmann, „Agenten im Cyberspace: Soziologische Theorieperspektiven auf die Interaktionen virtueller Kreaturen", in *Soziologie des Cyberspace. Medien, Strukturen und Semantiken*, hg. Udo Thiedecke (Wiesbaden: Springer VS, 2004), 70–96, sowie Michaela Pfadenhauer and Knud Böhle, "Social Robots call for Social Sciences," *Science, Technology & Innovation Studies* 10, no. 1 (2014): 3–10.

33 Cf. etwa Spyros G. Tzafestas, *Roboethics. A Navigating Overview* (Cham: Springer, 2016).

34 Cf. stellvertretend *The Handbook of Research on Synthetic Emotions and Sociable Robotics*, ed. Jordi Vallverdú and David Casacuberta (Hershey: IGI Global, 2009).

dabei nichts zu wünschen übrig. Es wird gebuhlt und geschmeichelt, gescherzt und gelogen, dass sich die Balken biegen. Ein im Jahr 2017 erschienener Band zu einer der jährlich stattfindenden Konferenz *Distributed, Ambient and Pervasive Interactions* enthält gar eine eigene Rubrik mit dem Titel *Ambient Games and Humour*.[35] Mit Scherz und Frohsinn adressiert das Technisch-Andere den Menschen – und wie im Fall des oben geschilderten Roboters und seines Verweises auf Will Smith mit ausgestellter Verletzlichkeit und kulturkompetenter Selbstironie.

Bei den anthropophilen Großoffensiven, die allerorten zu beobachten sind, stehen weniger Aspekte der Gestaltähnlichkeit oder der mimetischen Angleichung im Vordergrund als vielmehr solche, die, wie im Fall des Maschinenkonformismus, genuin als menschlich veranlagte Verhaltensweisen in die Welt der Maschine zu überführen suchen.[36] Dabei wird eine regelrechte Dynamik rückgekoppelter Übertragungsübertragungen freigesetzt.[37] Gerade dieser Bereich ist von einer großen Menschentümelei geprägt.[38] Dafür spricht ein Vokabular, das mit ausgestellt altertümlichen Kategorien wie Vertrauen und Aufrichtigkeit, Verlässlichkeit und Etikette, Glaubwürdigkeit und Wahrhaftigkeit, Charakter und Stimmigkeit den Tugendkatalog früherer Zeiten zu übernehmen scheint – um von den semantischen Freundschaftsanfragen gar nicht erst zu reden.[39] Und mit den

---

35 Cf. *Distributed, Ambient and Pervasive Interactions. DAPI 2016. Lecture Notes in Computer Science*, ed. Norbert Streitz and Panos Markopoulos (Cham: Springer, 2016), 9749.

36 Zur Anthropophilie cf. *Unterwachen und Schlafen. Anthropophile Medien nach dem Interface*, hg. Michael Andreas, Dawid Kasprowicz und Stefan Rieger (Lüneburg: Meson Press, 2018).

37 Cf. zu diesem Wechselverhältnis etwa John A. Velez et al., "Switching Schemas: Do Effects of Mindless Interactions With Agents Carry Over to Humans and Vice Versa?" *Journal of Computer-Mediated Communication* 24, no. 6 (2019): 335–52.

38 Solche Spiralen der Adaptation betreffen nicht zuletzt Fragen der geteilten Steuerung. Cf. dazu Negin Amirshirzad, Asiye Kumru und Erhan Öztop, "Human Adaptation to Human-Robot Shared Control," *IEEE Transactions on Human-Machine Systems* 49, no. 2 (2019): 126–36, https://doi.org/10.1109/THMS.2018.2884719.

39 Dazu James C. Lester et al., "The Persona Effect: Affective Impact of Animated Pedagogical Agents," in *CHI '97: Proceedings of the ACM SIGCHI Conference on Human factors in computing systems* (New York: ACM, 1997), 359–66, sowie James C. Lester und Brian A. Stone, "Increasing believability in animated pedagogical agents," in *AGENTS '97: Proceedings of the first international conference on Autonomous agents* (New York: ACM, 1997), 16–21.

Tugenden brechen sich auch die Untugenden, die menschlichen Schwächen und Eigenheiten, die Marotten und Nickligkeiten Bahn. Vertrauen und Konformität sind dabei nicht auf Aspekte der Oberflächen und eines zwischen Anthropomorphisierung und Naturalisierung schwankenden Designs beschränkt. Vielmehr zielen sie ins Herz menschlicher Verhaltensweisen. Computer, die über Ironie verfügen und scherzen, die lügen und betrügen, die täuschen und etwas vortäuschen, die flunkern und ihrem Benutzer schmeicheln, übernehmen bei solchen Versuchen, zwischenmenschliche Verhaltensweisen zu simulieren und zu dissimulieren, eine ganze Bandbreite menschlicher Arten und Unarten.[40] Und sie stellen ihr Gegenüber vor neue Herausforderungen hinsichtlich der Frage, wie man dem Techno-Anderen begegnen soll.[41] Wie weit ihre Bereitschaft geht, sich auf die Eigenheiten des Menschen einlassen, zeigt eine Arbeit mit dem Titel *Silicon Sycophants: The Effects of Computers That Flatter*, die mit den Sykophanten die semantische Tradition des antiken Speichelleckertums als Spielart konformistischen Verhaltens bemüht und so die Schmeicheleien der Gegenwart mit historischem Tiefgang versieht.[42]

Doch es bleibt nicht bei anthropophilen Großoffensiven auf Seiten der Maschinen. So als ob sie Kassners Dekret von der gesichtslosen Maschine gleichermaßen bestätigen und zugleich Lügen strafen wollen, erweisen sich Dinge sowohl gesichtslos als auch eigenwillig – und lassen Überlegungen anklingen, wie es um den Status der Gesichtlichkeit von Interfaces tatsächlich bestellt ist.[43] Dabei ist es kein Spezifikum

40 Cf. dazu etwa Keith W. Miller, "It's Not Nice to Fool Humans," *IT Professional* 12, no. 1 (2010): 51–2, https://doi.org/10.1109/MITP.2010.32 und Peter Khooshabeh et al., "Does it matter of a computer jokes?" in *CHI EA '11: CHI '11 Extended Abstracts on Human Factors in Computing Systems* (New York: ACM, 2011), 77–86.

41 Maha Salem et al., "Would You Trust a (Faulty) Robot?: Effects of Error, Task Type and Personality on Human-Robot Cooperation and Trust," in *HRI '15: Proceedings of the Tenth Annual ACM/IEEE International Conference on Human-Robot Interaction* (New York: ACM, 2015), 141–48.

42 B. J. Fogg und Clifford Nass, "Silicon Sycophants: The Effects of Computers That Flatter," *International Journal for Human-Computer Studies* 46, no. 5 (1997): 551–61. Auch die Frage nach der Manipulierbarkeit des Menschen durch Roboter wird berücksichtigt. Cf. dazu Eduardo Benítez Sandoval et al., "Can a Robot Bribe a Human? The Measurement of the Negative Side of Reciprocity in Human Robot Interaction," in *HRI '16: The Eleventh ACM/IEEE International Conference on Human Robot Interaction* (New York: ACM, 2016), 117–24.

43 Lee Sproull et al., "When the Interface Is a Face," *Human-Computer Interaction* 11, no. 2 (1996): 97–124.

unserer Zeit, das sich im Reich der Dinge Widerstand gegen Formen der Vereinnahmung rührt. Einer, der das beschrieben hat, ist der Ästhetiker Friedrich Theodor Vischer. In seinem Roman *Auch einer. Eine Reisebekanntschaft* aus dem Jahre 1879 prägt er die berühmte Formel von der Tücke des Objekts, mit der Unarten und Widerspenstigkeiten analoger Dinge beschrieben werden. Es sind einfache Büroklammern oder Jackenknöpfe, unverfügbare Brillen oder sperrige Kleidungsstücke, die den Helden der Geschichte aus der Contenance und um den Verstand bringen.[44] Besagte Tücke ist aber nicht nur gemütliches Relikt einer verschollenen Romanliteratur, es macht auch in der Gegenwart von sich reden. Deutlich zeigt das ein Projekt, das sich unter dem Titel *The misbehavior of animated object* der regelrechten Invertierung des Wohlverhaltens verschrieben hat. Von den Dingen, die dem Menschen zur Hand sein sollen, die ihm als willfährige Werkzeuge taugen und die sich ihm und seinen Bedürfnissen fügen, ist keine Rede mehr.[45] Im Reich der Dinge herrscht vielmehr Aufruhr und bei den Menschen macht sich die Auffassung breit, die Dinge anders bedenken zu müssen. Die Anthropophilie erweitert ihr Spektrum – neben positive Affektlagen treten Tücke und sogar Feindseligkeit: „While producing animated objects with surprising behaviors, we aim at exploring the stimulation of emotions, empathy, or eventually animosity and a new people-animated objects relationship".[46] Im Umfeld dieser Achtsamkeit auf das Verhaltenspotential der Dinge finden Aktivitäten statt, die sich nicht mit Beschreibungen und Reflexionen begnügen, sondern die auf eigene Formen der Gestaltung abzielen und diese auch material befördern. Mit einfachen Mitteln, mit dem Selbstverständnis einer DiY-Kultur, an der Grenze von Kunst und Wissenschaft und am Sachverstand von

---

44 Cf. dazu Charlotte Jaekel, *Vive la Bagatelle: Animismus und Agency bei Friedrich Theodor Vischer* (Würzburg: Königshausen & Neumann, 2019), sowie übergreifend *Vom Eigensinn der Dinge. Für eine neue Perspektive auf die Welt des Materiellen*, hg. Hans Peter Hahn (Berlin: Neofelis, 2015).

45 Aufgerufen ist damit die Beschreibungssprache von Heideggers hermeneutischer Phänomenologie. Cf. zu deren Verhältnis zu postphänomenologischen Positionen von Don Ihde, Peter-Paul Verbeek und Suzana Alpsancar, „Vom Fahrzeug zum Fahrding. Eine Heideggerianischer Kommentar zum autonomen Automobil", in *Autonome Autos*, hg. Florian Sprenger (Bielefeld: Trancript) (in Vorbereitung).

46 Samuel Bianchini et al., "The misbehavior of animated object," in *TEI '14: Proceedings of the 8th International Conference on Tangible, Embedded and Embodied Interaction* (New York: ACM, 2014), 382.

Informatik und Ingenieurswissen vorbei wird im Umfeld eines größeren Forschungsprojekts ausgerechnet ein *Misbehavior Kit* auf den Weg gebracht. Warum gerade das Fehlverhalten zum Ziel genommen wird, ist dabei äußerst erklärungsbedürftig und verweist in einen Kosmos entsprechender Forschungen, die den Dingen des Alltags gelten.

> WHY A MISBEHAVIOR KIT?
>
> The kit has been developed in the frame of a bigger research project entitled *The Behavior of Things* conducted by Emanuele Quinz and Samuel Bianchini. This project is interested by the ways everyday objects (tables, chairs or lamps) or simple abstract shapes (cubes, spheres, cylinders) can express a certain behaviour through movement. [...] How to give the impression that such objects hold a certain personality and act on their own and/or according to the surroundings? How to design objects that disobey and misbehave?[47]

Und die Autoren erklären auch, warum sich der Gestaltungsbereich nicht nur auf die Dinge des Alltags, sondern auch auf geometrische Grundformen übertragen lassen soll. Das MisB KIT, das als *prototyping toolkit to experiment with behavioral objects* eingeführt wird, stellt die sehr einfachen Voraussetzungen zur Verfügung, um den Dingen des Alltags schlechte Umgangsformen und den Formen der Geometrie den zivilen Ungehorsam nahezubringen.[48] Das Werkzeugförmige ist dabei alles andere als eine Metapher. Bilder zeigen das Kit in Form von aufgereihten Koffern – standardisierte Musterkoffer, die nur darauf zu warten scheinen, auf eigens eingerichteten Workshops zum Einsatz zu gelangen. In der Verschränkung von Fehlverhalten und Unbotmäßigkeit, von Selbstbewegung und Reaktion auf die Umwelt zeichnet sich so die Option auf eine regelrechte Persönlichkeitsbildung der Dinge ab, die wiederum zur Voraussetzung für animistische Besetzungen wird.

Dabei ist zu beobachten, dass und wie die Frage nach der Eigenbewegung von Artefakten mit der Tradition von Bewegungsnotationssystemen

---

47 "Why a Misbehaviour Kit?," Misbehaviour Kit, abgerufen am 15. Oktober 2019, https://misbkit.ensadlab.fr/misb-what/.

48 Cf. dazu Samuel Bianchini, "Towards Organogenesis: For an Instrumental Approach in Research in Art," *NCM Media-N* 11, no. 3 (2015): 22–31.

verbunden wird, wie sie etwa für den Tanz Verwendung finden.[49] Selbst der Anschluss an historische Bewegungsnotationen wie die des ungarischen Choreographen und Tanztheoretiker Rudolf Laban ist zu verzeichnen – in einem System, das unter dem Akronym *LOL* (Laban On Lisp) die Nähe zu avancierten Konzepten der klassischen Moderne sucht und dabei die Roboter neben Wesen stellt, bei denen die Kategorie des Lebendigen moduliert wird (*Laban Movement Analysis and Affective Movement Generation for Robots and Other Near-Living Creatures*).[50] Für die Autoren der Arbeit über das *Misbehaviour* wird die Verschränkung von Animismus und Animosität, Unbotmäßigkeit und Ungehorsam zur Frage ihrer Umsetzung.

> How to create & animate an object of simple, abstract form which movement would confer a behavior? How to give the impression that such an object have (sic! S.R.) a personality allowing to be proactive, with selfmotivated behavior, not directly responding to our expectations, or even challenging them through the demonstration of mis-behavior?[51]

Mit dem Zugeständnis von Verhalten soll es den Dingen möglich sein, aus der Rolle zu fallen, der Banalität des Erwartbaren zu entgehen, zu überraschen und sich schlecht zu benehmen. Das Zugeständnis der Individuation von Technik ist verbunden mit dem Zugeständnis der Marotte, der Eigenheit, des Sperrigen und des Schwierigen.[52] Dazu ist es allerdings nötig, die Perspektive zu wechseln und sich in die Position der Dinge zu versetzen.[53]

---

49 Cf. dazu Samuel Bianchini et al., "Towards Behavioral Objects: A Twofold Approach for a System of Notation to Design and Implement Behaviors in Non-anthropomorphic Robotic Artifacts," in *Dance Notations and Robot Motion*, ed. Jean-Paul Laumond and Naoko Abe (Cham: Springer, 2016), 1–24.

50 Sarah Jane Burton et al., "Laban Movement Analysis and Affective Movement Generation for Robots and Other Near-Living Creatures," in *Dance Notations and Robot Motion*, ed. Jean-Paul Laumond and Naoko Abe (Cham: Springer, 2016), 25–48.

51 Bianchini et al., "The misbehavior of animated object," 381.

52 Zur Kopplung von Marotte und Individuation cf. etwa Aloha Hufana Ambe et al., "Technology Individuation: The Foibles of Augmented Everyday Objects," in *CHI '17: Proceedings of the 2017 CHI Conference on Human Factors in Computing Systems* (New York: ACM, 2017), 6632–44.

53 Zu einem Beispiel, das ausgerechnet das Auto zum Gegenstand entsprechender Bezugnahmen um- und aufrüstet, cf. Joshua McVeigh-Schultz et al.,

> While the movement toward granting ever more power to users is very real, can we understand it not from the viewpoint of humans, but that of the objects? How can we design the empowerment of both users and objects, but starting from the objects? Could the object then change its status and become a subject, or at least an agent? With that as our starting position, we pose the hypothesis, theoretical and practical, that in order to engage with such prospects, the objects in question must be endowed with behaviors.[54]

Die Aufkündigung des utilitaristischen Paktes und eines auf Funktionalität angelegten Selbstverständnisses wird dabei zur Fluchtlinie, die sich unter dem Konzept einer Postphänomenologie versammelt und formiert – nicht nur um Belange eines anderen Nachdenkens über das Verhältnis zu den Dingen, sondern auch durch deren Gestaltung.[55] Was das konkret heißt, wurde auf einem Workshop deutlich, der im Rahmen der TEI (*8th International Conference on Tangible, Embedded and Embodied Interaction*) im Februar 2014 in München stattfand. Dort kam es für das Toolkit zur Nagelprobe und die standardisierten Musterkoffer zur Gewährleistung auffälligen Verhaltens gelangten endlich zum Einsatz. Zuvörderst galt es allerdings Präliminarien zu klären. So sollte durch die Zusammensetzung der Arbeitsgruppen vermieden werden, dass Personen mit vergleichbaren Kompetenzen und Herkünften an einem Tisch zu sitzen kamen. Überhaupt wurde alles daran gesetzt, kreative Freiräume des Denkens und des Gestaltens umzusetzen. In dieser Atmosphäre, die auf einen offenen Denkraum und auf das handwerkliche Geschick im Umgang mit den Musterkoffern (und unterstützendes Personal) setzt, erfahren Dinge Beachtung, die sich dem Erwartbaren entziehen. Selbstredend gibt es auch für die Art und Weise des Aus-der-Rolle-Fallens Nuancierungen und Sprachregeln. „Definitions seem to settle on four dimensions: ‚unexpected behavior',

---

"Vehicular lifelogging: new contexts and methodologies for human-car interaction," in *CHI EA '12: CHI '12 Extended Abstracts on Human Factors in Computing Systems* (New York: ACM, 2012), 221–30.

54 Samuel Bianchini et al., "(Mis)behavioral Objects, Empowerment of Users vs. Empowerment of Objects," in *Empowering Users Through Design. Interdisciplinary Studies and Combined Approaches for Technological Products and Services*, ed. David Bihanic (Cham: Springer, 2015), 129–30.

55 Cf. zu einzelnen Beispielen Ron Wakkary und William Odom, "Slow, Unaware Things Beyond Interaction," in *Funology 2. From Usability to Enjoyment*, ed. Mark Blythe and Andrew Monk (Cham: Springer, 2018), 177–91.

‚socially unacceptable behavior', ‚surprising/poetic' (only one vote), ‚doing differently, intentionally, with an unexpected goal', aiming specifically (as in the garbage can example) at changing the behavior of the audience."[56]

Diese Kategorien taugen zur Beschreibung von verhaltensauffälligen Dingen. Als Beispiel wird etwa eine schlichte Leinentüte angeführt, die erstens voll, zweitens verkehrt herum (mit dem Mund nach unten) und drittens durch Eigenbewegung sich ihrer Benutzung als probates Warentransportbehältnis verweigert oder ein Mülleimer, der den Versuch, etwas in ihn zu verbringen, durch Fluchtbewegungen vereitelt – und damit wie es in der nachträglichen Reflexion heißt – einen ökologisch wertvollen, weil systemkritischen Beitrag zum Konsumverhalten leistet. Die planmäßige Außerkraftsetzung der Nützlichkeit erfolgt für die damit befassten Autoren entlang zweier Achsen oder Fluchtlinien:

> (1) objects whose behavior (possibly moralizing) tends to question users about their own behavior and thus induce a change of attitude, thereby creating a new form of empowerment for users; (2) imperfect, clumsy, perhaps handicapped objects that arouse empathy, able thereby to create a stimulating affect and to hold our interest. These two approaches point to an answer, from a design point of view, about how the misbehavior of objects could stimulate a renewed form of habitability in the world: the empowerment of the object can bring about a favorable subject-subject relationship from either a moral or an empathic point of view.[57]

Nur eine Frage bleibt, die ausgerechnet von Hiroshi Ishii, einer der zentralen Gestalten der Tangible Media Group am MIT, aufgeworfen wird. Wie stellt man schlechtes Benehmen auf Dauer? Wie sorgt man dafür, dass das Unerwartete sich auch dauerhaft den Charakter des Unerwarteten bewahrt? Wie sichert man ab, dass ein als Fehlverhalten erkanntes Verhaltensmuster weiter als Fehlverhalten zu irritieren vermag und nicht selbst in seiner Dysfunktionalität einer Habitualisierung anheimfällt. Damit gerät die Anordnung zu einer unterschwelligen Antwort auf die Frage nach dem Konformismus. Regelverstoß und Normabweichung haben die Seiten gewechselt und sind nun selbst die Norm geworden. Schlechtes Benehmen wird für die *behavioral objects* zur unablässigen Aufgabe.

---

56 Bianchini et al., "(Mis)behavioral Objects," 149.
57 Ibid.

LITERATURVERZEICHNIS

Ambe, Aloha Hufana et al. "Technology Individuation: The Foibles of Augmented Everyday Objects." In *CHI '17: Proceedings of the 2017 CHI Conference on Human Factors in Computing Systems*, 6632–44. New York: ACM, 2017.

Amirshirzad, Negin, Asiye Kumru, and Erhan Öztop "Human Adaptation to Human-Robot Shared Control." *IEEE Transactions on Human-Machine Systems* 49, Nr. 2 (2019): 126–36, https://doi.org/10.1109/THMS.2018.2884719.

Andreas, Michael, Dawid Kasprowicz und Stefan Rieger, Hg. *Unterwachen und Schlafen. Anthropophile Medien nach dem Interface.* Lüneburg: Meson Press, 2018.

Beck, Susanne „Über Sinn und Unsinn von Statusfragen zu Vor- und Nachteilen der Einführung einer elektronischen Person". In *Robotik und Gesetzgebung. Beiträge der Tagung vom 7. bis 9. Mai 2012 in Bielefeld (Robotik und Recht, Bd. 2)*, herausgegeben von Eric Hilgendorf und Jan-Philipp Günther, 239–61. Baden-Baden: Nomos, 2013.

Bianchini, Samuel "Towards Organogenesis: For an Instrumental Approach in Research in Art." *NCM Media-N* 11, no. 3 (2015): 22–31.

Bianchini, Samuel et al. "(Mis)behavioral Objects, Empowerment of Users versus Empowerment of Objects." In *Empowering Users Through Design. Interdisciplinary Studies and Combined Approaches for Technological Products and Services*, herausgegeben von David Bihanic, 129–52. Cham: Springer, 2015.

— "The misbehavior of animated object." In *TEI '14: Proceedings of the 8th International Conference on Tangible, Embedded and Embodied Interaction*, 381–84. New York: ACM, 2014.

— "Towards Behavioral Objects: A Twofold Approach for a System of Notation to Design and Implement Behaviors in Non-anthropomorphic Robotic Artifacts." In *Dance Notations and Robot Motion*, herausgegeben von Jean-Paul Laumond und Naoko Abe, 1–24. Cham: Springer, 2016.

Brandstetter, Jürgen et al. "A peer pressure experiment: Recreation of the Asch conformity experiment with robots." *2014 IEEE/RSJ International Conference on Intelligent Robots and Systems (2014)*: 1335–40, https://doi.org/10.1109/IROS.2014.6942730.

— "Persistent Lexical Entrainment in HRI." In *HRI '17: Proceedings of the 2017 ACM/IEEE International Conference on Human-Robot Interaction*, 63–72. New York: ACM, 2017.

Braidotti, Rosi *Posthumanismus. Leben jenseits des Menschen.* Frankfurt am Main: Campus, 2014.

Braun-Thürmann, Holger „Agenten im Cyberspace: Soziologische Theorieperspektiven auf die Interaktionen virtueller Kreaturen." In *Soziologie des*

Cyberspace. Medien, Strukturen und Semantiken, herausgegeben von Udo Thiedecke, 70–96. Wiesbaden: Springer VS, 2004.

Burton, Sarah Jane et al. "Laban Movement Analysis and Affective Movement Generation for Robots and Other Near-Living Creatures." In *Dance Notations and Robot Motion*, edited by Jean-Paul Laumond and Naoko Abe, 25–48. Cham: Springer, 2016.

Cerulo, Karen A. "Nonhumans in Social Interaction." *Annual Review of Sociology* 35 (2006): 531–52.

Coeckelbergh, Mark "Artificial Companions: Empathy and Vulnerability Mirroring in Human-Robot Relations." *Studies in Ethics, Law, and Technology* 4, no. 3 (2010).

Emmeche, Claus "Does a robot have an Umwelt? Reflections on the qualitative biosemiotics of Jakob von Uexküll." *Semiotica* 134, no. 1–4 (2001): 653–93.

Fogg, B. J. and Clifford Nass "Silicon Sycophants: The Effects of Computers That Flatter." *International Journal for Human-Computer Studies* 46, no. 5 (1997): 551–61.

Fournier, Henry „Das Automobilgesicht." *Allgemeine Automobil-Zeitung* 3, Nr. 11 (1902): 10–11.

Gorman, Michael "Pre-War Conformity Research in Social Psychology: The Approaches of Floyd H. Allport and Muzafer Sherif." *Journal of the History of Behavioral Sciences* 17 (1981): 3–14.

Grudin, Jonathan *From Tool to Partner: The Evolution of Human-Computer Interaction.* San Rafael: Morgan & Claypool, 2017.

Hahn, Hans Peter, Hg. *Vom Eigensinn der Dinge. Für eine neue Perspektive auf die Welt des Materiellen.* Berlin: Neofelis, 2015.

Heidegger, Martin *Die Grundbegriffe der Metaphysik. Welt – Endlichkeit – Einsamkeit (Wintersemester 1929/30)*, herausgegeben von Friedrich-Wilhelm von Herrmann. Frankfurt am Main: Vittorio Klostermann, 2004.

Huijnen, Claire et al. "'Maybe it Becomes a Buddy, but do not call it a robot' – Seamless Cooperation between Companion Robotics and Smart Homes." In *Ambient Intelligence. Lecture Notes in Computer Science*, 7040, edited by David V. Keyson et al., 324–29. Berlin/Heidelberg: Springer, 2011.

Ihde, Don, Peter-Paul Verbeek und Suzana Alpsancar „Vom Fahrzeug zum Fahrding. Eine Heideggerianischer Kommentar zum autonomen Automobil". In *Autonome Autos*, herausgegeben von Florian Sprenger. Bielefeld: Trancript in Vorbereitung.

Jaekel, Charlotte *Vive la Bagatelle: Animismus und Agency bei Friedrich Theodor Vischer*. Würzburg: Königshausen & Neumann, 2019.

Kaerlein, Timo "The Social Robot as Fetish? Conceptual Affordances and Risks of Neo Animistic Theory." *International Journal of Social Robotics* 7, no. 3 (2015): 361–70.

Kassner, Rudolf „Das Gesicht. Deutung und Deutbarkeit". In Kassner, *Zahl und Gesicht. Nebst einer Einleitung: Umriß einer universalen Physiognomik*, 147–95. Frankfurt am Main: Suhrkamp, 1979.

Kersten, Jens „Die Konsistenz des Menschlichen. Post- und transhumane Dimensionen des Autonomieverständnisses“. In *Autonomie im Recht. Gegenwartsdebatten über einen rechtlichen Grundbegriff*, herausgegeben von Christian Bumke und Anne Röthel, 315–52. Tübingen: Mohr Siebeck, 2017.

Khooshabeh, Peter et al. “Does it matter of a computer jokes?” In *CHI EA ’11: CHI ’11 Extended Abstracts on Human Factors in Computing Systems*, 77–86. New York: ACM, 2011.

Lester, James C., and Brian A. Stone “Increasing believability in animated pedagogical agents.” In *AGENTS ’97: Proceedings of the first international conference on Autonomous agents*, 16–21. New York: ACM, 1997.

Lester, James C. et al. “The Persona Effect: Affective Impact of Animated Pedagogical Agents.” In *CHI ’97: Proceedings of the ACM SIGCHI Conference on Human factors in computing systems*, 359–66. New York: ACM, 1997.

Martelaro, Nikolas et al. “Tell Me More: Designing Hri to Encourage More Trust, Disclosure, and Companionship.” *2016 11th ACM/IEEE International Conference on Human-Robot Interaction (HRI)* (2016): 181–88, https://doi.org/10.1109/HRI.2016.7451750.

Marenko, Betti “Algorithm magic. Simondon and technoanimism.” In *Believing in Bits: Digital Media and the Supernatural*, edited by Simone Natale and Diana Pasulka. New York: Oxford University Press, 2019.

McVeigh-Schultz, Joshua et al. “Vehicular lifelogging: new contexts and methodologies for human-car interaction.” In *CHI EA ’12: CHI ’12 Extended Abstracts on Human Factors in Computing Systems*, 221–30. New York: ACM, 2012.

Meyrink, Gustav „Das Automobil.“ In Meyrink, *Gesammelte Werke*, Bd. 4, Teil 1, 1–11. München: A. Langen, 1913.

Miller, Keith W. “It’s Not Nice to Fool Humans.” *IT Professional* 12, no. 1 (2010): 51–2, https://doi.org/10.1109/MITP.2010.32

Mori, Masahiro “The Uncanny Valley.” *Energy* 7, no. 4 (1970): 33–5.

Muggenburg, Jan *Lebhafte Artefakte. Heinz von Foerster und die Maschinen des Biological Computer Laboratory*. Konstanz: Konstanz University Press, 2018.

Muhle, Florian “Sozialität von und mit Robotern? Drei soziologische Antworten und eine kommunikationstheoretische Alternative. Sociality of – and with Robots? Three Sociological Answers and a Communication-Theoretical Alternative.” *Zeitschrift für Soziologie* 47, Nr. 3 (2018): 147–63.

Perfumi, Serena Coppolino et al. “Conformity in Virtual Environments: A Hybrid Neurophysiological and Psychosocial Approach.” In *Internet Science. INSCI 2016. Lecture Notes in Computer Science*, 9934, edited by Franco Bagnoli et al., 148–57. Cham: Springer, 2016.

Pfadenhauer, Michaela, and Knud Böhle “Social Robots call for Social Sciences.” *Science, Technology & Innovation Studies* 10, no. 1 (2014): 3–10.

Polydorou, Doros, Kening Zhu, and Alexis Karkotis “Digital Humanities and Techno-Animism in Wearables: A Case-Study-Based Collaborative Design Framework for Digitally-Ensouled Jewellery.” In *Design, User Experience, and Usability: Designing Pleasurable Experiences. DUXU 2017. Lecture Notes* *in Computer Science*, 10289, edited by Aaron Marcus and Wentao Wang, 719–36. Cham: Springer, 2017.

Pyyhtinen, Olli *More-than-Human Sociology: A New Sociological Imagination.* Basingstoke: Palgrave Macmillan, 2016.

Rieger, Stefan „Maschinenkonformismus“. In *Konformieren. Festschrift für Michael Niehaus*, herausgegeben von Jessica Güsken et al., 401–16. Heidelberg: Synchron, 2019.

Rohrer, J. H. et al. “The Stability of Autokinetic Judgments.” *The Journal of Abnormal and Social Psychology* 49, no. 4 (1954): 595–97.

Salem, Maha et al. “Would You Trust a (Faulty) Robot? Effects of Error, Task Type and Personality on Human-Robot Cooperation and Trust.” In *HRI ’15: Proceedings of the Tenth Annual ACM/IEEE International Conference on Human-Robot Interaction*, 141–48. New York: ACM, 2015.

Salomons, Nicole, and Brian Scassellati “Trust and Conformity when Interacting with Groups of Robots.” In *HRI ’18: Companion of the 2018 ACM/ IEEE International Conference on Human-Robot Interaction*, 315–16.New York: ACM, 2018.

Salomons, Nicole et al. “Humans Conform to Robots: Disambiguating Trust, Truth, and Conformity.” In *HRI ’18: Proceedings of the 2018 ACM/IEEE International Conference on Human-Robot Interaction*, 187–95. New York: ACM, 2018.

Sandoval, Eduardo Benítez et al. “Can a Robot Bribe a Human? The Measurement of the Negative Side of Reciprocity in Human Robot Interaction.” In *HRI ’16: The Eleventh ACM/IEEE International Conference on Human Robot Interaction*, 117–24. New York: ACM, 2016.

Schurig, Volker *Problemgeschichte des Wissenschaftsbegriffs Ethologie. Ursprung, Funktion und Zukunft eines Begründungsspezialisten.* Rangsdorf: Natur+Text, 2014.

Sherif, Muzafer “A study of some social factors in perception.” *Archives of Psychology* 187 (1935): 1–60.

Shiomi, Masahiro, and Norihiro Hagita “Do Synchronized Multiple Robots Exert Peer Pressure?” In *HAI ’16: Proceedings of the Fourth International Conference on Human Agent Interaction*, 27–33. New York: ACM, 2016.

Siino, Rosanne M., Justin Chung, and Pamela J. Hinds “Colleague vs. Tool: Effects of Disclosure in Human-Robot Collaboration.” *RO-MAN 2008 – The 17th IEEE International Symposium on Robot and Human Interactive Communication* (2008): 558–62, https://doi.org/10.1109/ROMAN.2008.4600725.

Sprenger, Florian *Epistemologien des Umgebens – Zur Geschichte und Biopolitik künstlicher environments.* Bielefeld: Transcript, 2019.

Sproull, Lee et al. “When the Interface Is a Face.” *Human-Computer Interaction* 11, no. 2 (1996): 97–124.

Streitz, Norbert, and Panos Markopoulos, eds. *Distributed, Ambient and Pervasive Interactions. DAPI 2016. Lecture Notes in Computer Science*, 9749. Cham: Springer, 2016.

Strohkorb Sebo, Sarah et al. "The Ripple Effects of Vulnerability: the Effects of a Robot's Vulnerable Behavior on Trust in Human-Robot Teams." In *HRI '18: Proceedings of the 2018 ACM/IEEE International Conference on Human-Robot Interaction*, 178–86. New York: ACM, 2018.

Tzafestas, Spyros G. *Roboethics. A Navigating Overview.* Cham: Springer, 2016.

Ullman, Daniel, and Bertram F. Malle "What Does it Mean to Trust a Robot?: Steps Toward a Multidimensional Measure of Trust." In *HRI '18: Companion of the 2018 ACM/IEEE International Conference on Human-Robot Interaction*, 263–64. New York: ACM, 2018.

Vallverdú, Jordi, and David Casacuberta, eds. *The Handbook of Research on Synthetic Emotions and Sociable Robotics.* Hershey: IGI Global, 2009.

Velez, John A. et al. "Switching Schemas: Do Effects of Mindless Interactions With Agents Carry Over to Humans and Vice Versa?" *Journal of Computer-Mediated Communication* 24, no. 6 (2019): 335–52.

Wakkary, Ron, and William Odom "Slow, Unaware Things Beyond Interaction." In *Funology 2. From Usability to Enjoyment*, edited by Mark Blythe und Andrew Monk, 177–91. Cham: Springer, 2018.

"Why a Misbehaviour Kit?," Misbehaviour Kit, zuletzt abgerufen am 15. Oktober 2019, https://misbkit.ensadlab.fr/misb-what/.

Ziemann, Sascha „Wesen, Wesen, seid's gewesen? Zur Diskussion um ein Strafrecht für Maschinen." In *Robotik und Gesetzgebung. Beiträge der Tagung vom 7. bis 9. Mai 2012 in Bielefeld (Robotik und Recht, Bd. 2)*, herausgegeben von Eric Hilgendorf und Jan-Philipp Günther, 183–94. Baden-Baden: Nomos, 2013.

Ziemke, Tom, and Noel E. Sharkey "A stroll through the worlds of robots and animals: Applying Jakob von Uexküll's theory of meaning to adaptive robots and artificial life." *Semiotica* 134, no. 1 (2001): 701–46.

ETHOLOGISCHE INTERFERENZEN UND PRAKTIKEN

ETHOLOGICAL INTERFERENCES AND PRACTICES

STEPHAN ZANDT

ZWISCHEN NATUR UND KULTUR UND DARÜBER HINAUS

Überlegungen zu einer anderen Geschichte der Ethologie

ABSTRACT - BETWEEN NATURE AND CULTURE AND BEYOND. REFLECTIONS ON ANOTHER HISTORY OF ETHOLOGY

The relations that structure the connections and distinctions between animals and humans, anthropology and zoology are currently being redefined, in which the question of *ethos* is gaining new topicality. Based on Philippe Descola's ethology of collectives and Dominique Lestel's ethno-ethology and with respect to the interferences and demarcations between zoological ethology and cultural anthropology, the contribution turns to the history of ethological theory formation in two steps. The first part of the article is dedicated to the eminently cultural-theoretical efforts to understand human and animal *ethos* in the 1950s and 60s, which provide important keywords for a contemporary ethology of relations. The second part seeks to reconstruct the prehistory of these efforts along the now almost forgotten tradition of a cultural-theoretical ethology, which leads from Harriet Taylor and John Stuart Mill via Bronislaw Malinowski to Gregory Bateson.

In den letzten Jahren sind die Tiere, deren Erforschung für eine lange Zeit vornehmlich den zoologischen Fächern – der Ethologie, der Evolutionsbiologie und der Ökologie – überlassen worden war, von ihrem Status als Randfiguren zu einem ernstzunehmenden Gegenstand der Geistes-, Kultur- und Sozialwissenschaften aufgestiegen. Mehr und mehr rückt die Frage nach dem Anteil der Tiere an der menschlichen Gesellschaft und *vice versa* sowie nach ihren je unterschiedlichen wechselseitigen Beziehungsmodi in den Fokus.[1] Dabei geht die Ausweitung der einstmals auf den Menschen beschränkten Fragestellungen der *Humanities* auf das Feld der Zoologie auch mit disziplinären Verwerfungen einher, in denen insbesondere die Grenzen und Übergänge zwischen den zoologischen und anthropologischen Disziplinen und Kompetenzen eine Neuaushandlung erfahren. Hatte sich die Arbeitsteilung zwischen der naturwissenschaftlich ausgerichteten Zoologie und den kultur- und geisteswissenschaftlichen Disziplinen der Humanwissenschaften in der modernen Voraussetzung eines kategorialen Unterschieds zwischen Tieren und Menschen beziehungsweise zwischen Natur und Kultur begründet, so steht mit dem Anspruch einer theoretischen, methodischen und begrifflichen Befragung, wenn nicht Revision dieser Differenz(en), auch die Frage nach den zukünftigen disziplinären Grenzen bis hin zu ihrer Auflösung im Raum.

Dass sich mit der Überschreitung der eingespielten modernen Grenzziehung zwischen Natur und Kultur die Frage nach dem Menschen auf neue Weise stellt, macht neben vielen Anderen Philippe Descola in seinem opus magnum *Jenseits von Natur und Kultur* deutlich. Die Anthropologie steht demnach vor der Aufgabe „ihr Gebiet und ihre Werkzeuge so zu überdenken",

> daß sie in ihren Gegenstand nicht nur den *anthropos*, sondern die gesamte Gemeinschaft der Existierenden einbezieht, die mit ihm verbunden ist und der gegenwärtig eine Nebenfunktion zugewiesen wird. [...] Die Kulturanthropologie muß mit einer Naturanthropologie einhergehen, die offen ist für jenen Teil ihrer selbst und der Welt, den die Menschen aktualisieren und mittels dessen sie sich objektivieren.[2]

---

1 Cf. hierzu prägnant etwa Roland Borgards, „Einleitung: Cultural Animal Studies", in *Tiere. Kulturwissenschaftliches Handbuch*, hg. Roland Borgards (Stuttgart: J. B. Metzler, 2016), 1–5.

2 Philippe Descola, *Jenseits von Natur und Kultur*, übers. Eva Moldenhauer, mit einem Nachwort von Michael Kaupert (Berlin: Suhrkamp, 2011), 18.

Gerade Descolas Entwurf einer Anthropologie jenseits von Natur und Kultur ist dabei in mehrerlei Hinsicht für die Frage nach dem Verhältnis von Ethologie und Kulturwissenschaft beziehungsweise für deren Leitbegriffe *ethos* und Kultur interessant: *Zum einen* geht es ihm nicht nur darum, in der Tradition der Umweltanthropologie den Bereich der Natur für kulturspezifische Fragestellungen zu öffnen, sondern er stellt den Leitbegriff der *Humanities* – die Kultur – selbst zur Disposition. *Zum anderen* ist es gerade der Begriff des *ethos*, der im Zentrum seines Gegenentwurfs zur Kulturanthropologie der Moderne steht, nämlich der „Ethologie der Kollektive".

Aus Sicht Descolas ist der Dualismus von Natur und Kultur nicht primär das Resultat einer *episteme* der Moderne, sondern Ausdruck einer von mehreren unterschiedlichen „Dispositionen des Seins"[3]. In dieser Perspektive erweisen sich die bewussten diskursiven Schemata, die normativen Ordnungen und „kulturellen Modelle", „die durch Erziehung eingeflößt werden"[4] und aus denen die entsprechenden Dichotomien zu folgen scheinen, nurmehr als nachträgliche Versuche einer Beschreibung der Welt. In ihnen spiegeln sich grundlegendere „integrative Schemata der Praxis" wieder, die sich aus der Regelmäßigkeit der „Praktiken und Verhaltensweisen" sowie der Ähnlichkeit der Erfahrungen und Lebensformen innerhalb einer Gemeinschaft und deren Gewohnheiten ergeben.[5] Dabei unternimmt Descola den Versuch seine Anthropologie der praktischen und erfahrungsgemäßen Beziehungen von Mensch und „Natur" zwischen den theoretischen Traditionslinien einer Hypostasierung universeller „patterns of culture"[6] auf der einen Seite und der Ausdifferenzierung kultureller Partikularismen – etwa in Form des von Pierre Bourdieu geprägten Begriff des *Habitus* als strukturierter und strukturierender Struktur sozialer Beziehungen[7] – auf der anderen Seite zu positionieren. Statt sich auf eine Klassifikation von kulturellen Typen der Mensch-Natur Beziehung oder umgekehrt von kulturintern differenzierten Habitusformen zu stützen,

---

3 Descola, *Jenseits von Natur und Kultur*, 195.

4 Ibid., 146.

5 Ibid., 145–46, 166.

6 Ruth Benedict, *Patterns of Culture* (Boston: Houghton Mifflin Co, 1934).

7 Pierre Bourdieu, *Die feinen Unterschiede. Kritik der gesellschaftlichen Urteilskraft*, übers. Bernd Schwibs und Achim Russer (Frankfurt am Main: Suhrkamp, [23]2013); Pierre Bourdieu, „Zur Genese der Begriffe Habitus und Feld", in *Der Tote packt den Lebenden. Schriften zu Politik und Kultur 2*, hg. Margareta Steinrücke (Hamburg: VSA-Verlag, 1997), 59–78.

greift Descola auf den von Gregory Bateson in seiner Studie über die *Naven*-Rituale der Iatmul in die Kultur- und Sozialanthropologie eingeführten und nach ihm kaum rezipierten Begriff des *ethos* zurück.[8] Mit der Aktualisierung von Batsons Studien zum *ethos* im Rahmen des Lévi-Strauss'schen Strukturalismus versucht Descola eine kulturübergreifende, begrenzte Zahl strukturierter und unter transformativen Gesichtspunkten miteinander vergleichbarer Beziehungsschemata zwischen Menschen und von ihnen in Interiorität und Physikalität unterschiedenen Lebensformen zu differenzieren. Descola zufolge lassen sich ausgehend von einer solchen Ethologie der Beziehungen vier verschiedene, heterogene – das heißt aus Menschen und Nichtmenschen bestehende – Kollektive unterscheiden, und zwar anhand der ihre Lebensformen und Beziehungs- und Identifikationsmodi bestimmenden *ethea*: einen *ethos* des Naturalismus, einen *ethos* des Animismus, einen *ethos* des Totemismus und einen *ethos* des Analogismus. Dabei werden „die Grenzen eines Kollektivs" bei Descola explizit nicht mehr durch den Begriff der Kultur definiert – „da die daraus resultierende Einheit nicht zwangsläufig den üblichen Einteilungen in Ethnien, Sprachgruppen etc. entspricht"[9] –, sondern durch das „Vorherrschen eines spezifischen Beziehungsschemas" – jenes „*ethos* des Kollektivs"[10] – mit dessen Hilfe „die Menschen ihre Erfahrung, insbesondere bei ihren Beziehungen zu den Nichtmenschen, organisieren."[11]

---

8 Cf. Descola, *Jenseits von Natur und Kultur*, 146–49. Nicht zufällig liegt Gregory Batesons *Ethos*-Begriff auch theoriegeschichtlich genau zwischen Ruth Benedicts und Pierre Bourdieus Konzeptionen der Schemata der Praxis: Entwickelte Bateson den Begriff des *ethos* in enger Anbindung und Auseinandersetzung mit dem Manuskript zu *Patterns of Culture* (cf. Gregory Bateson, *Naven. A Survey of the Problems Suggested by a Composite Picture of the Culture of a New Guinea Tribe Drawn from Three Points of View* [London: Cambridge University Press, 1936], 258), so finden die von Bateson entwickelten Begriffe *ethos* und *eidos* etwa im Spätwerk Bourdieus, den *Pascalianischen Meditationen* eine nahtlose, wenn auch unausgesprochene, Rezeption (Cf. Deborah Reed-Danhay, *Locating Bourdieu* (Bloomington/Indianapolis: Indiana University Press, 2005), 107–8) Hervorzuheben gilt außerdem, dass der spätere Begriff des *Habitus* im Bourdieuschen ethnologischen Frühwerk noch unter dem Begriff des *ethos* abgehandelt wird. Cf. hierzu etwa Boike Rehbein und Gernot Saalmann, „Habitus (habitus)", in *Bourdieu Handbuch. Leben – Werk – Wirkung*, hg. Gerhard Fröhlich und Boike Rehbein (Stuttgart: J. B. Metzler, 2014), 110–18.

9 Descola, *Jenseits von Natur und Kultur*, 525.

10 Ibid., 522.

11 Ibid., 528.

Indem Descola den Begriff des *ethos* ins Zentrum einer solchermaßen erneuerten Anthropologie stellt, beschreitet seine Anthropologie einen Weg, der von einer allein auf den Menschen bezogenen Kulturanthropologie zu einer Ethologie der Beziehungen zwischen Menschen und anders-als-menschlichen Lebensformen führt. Und auch auf der anderen Seite der Disziplinengrenze, im Feld der gegenwärtigen zoologischen Verhaltenswissenschaft, finden sich Bestrebungen, die auf ihre Weise die große Trennung zwischen Natur und Kultur sowie zwischen Anthropologie und Zoologie in Frage stellen, indem sie umgekehrt versuchen dem Begriff der Kultur im Rahmen einer erneuerten Ethologie Geltung zu verschaffen.

In seinem bereits 2001 erschienen Buch *Les origines animales de la culture* skizziert etwa Dominique Lestel eine zukünftige Neuausrichtung der Ethologie in Richtung einer Kulturzoologie oder Ethno-Ethologie, die sich, analog zu den auf den Menschen bezogenen Wissenschaften der *Humanities*, der Frage der tierlichen Gesellschaften und ihren Kultur(en) zuwendet. Ganz in diesem Sinne liest Lestel die Geschichte der zoologischen Ethologie als eine Geschichte der Begründung beziehungsweise Ablehnung der Idee der Kultur als zentralem Begriff zum Verständnis tierlicher Gesellschaften, sei es auf dem Feld der Technik und des Werkzeuggebrauchs oder auf dem Feld der Kommunikation.[12] Dabei entscheidet, wie Lestel im Anschluss an Primatolog*innen wie Frans de Waal, Richard Wrangham oder Shirley Strum sowie Ornithologen wie Amotz Zahavi deutlich macht, vor allem die Bedeutung, die die Ethologie einer möglichen Subjektivität der Tiere zuspricht, über die Möglichkeit, die Wissenschaft von den Tieren statt als streng naturwissenschaftliche Disziplin, als sozial- bzw. kulturwissenschaftliche Disziplin zu konzipieren: Begreift man die „mehr oder minder festgelegte Art des Handelns“[13] der Tiere als Ausdruck eines angeborenen Instinktes oder eines mechanischen, biologischen Programms, wie dies die Ethologie als biologische Verhaltensforschung im Anschluss etwa an Konrad Lorenz und Niko Tinbergen lange getan hat? Oder begreift man das Handeln der Tiere vielmehr, unter Berufung auf Emile Durkheim, als Ausdruck „sozialer Tatsachen“, „die die Fähigkeit besitzen, auf den Einzelnen einen äußeren Zwang auszuüben; oder auch, die im Bereiche einer gegebenen

---

12 Dominique Lestel, *Les origines animales de la culture* (Paris: Flammarion, 2001), 301–3.

13 Émile Durkheim, *Die Regeln der soziologischen Methode*, übers. René König (Neuwied/Berlin: Luchterhand, [7]2011), 114.

Gesellschaft allgemein auftreten, wobei sie ein von ihren individuellen Äußerungen unabhängiges Eigenleben besitzen“[14]? In ähnlicher Weise, wie sich die Anthropologie als Kultur- oder Sozialanthropologie gründet, sobald sie die „sozialen Tatbestände“ der menschlichen Lebensform in den Fokus rückt, erscheint nach Lestel die zoologische Ethologie als „Kulturzoologie“ begründbar, indem sie die Tiere zum Gegenstand einer neuen Disziplin macht, die sie als tierliche soziale Subjekte konzeptualisiert.[15]

Sowohl Lestels Entwurf einer *Ethnography of Animal worlds*[16] als auch Philippe Descolas Vorschlag einer Ethologie der Beziehungsformen nehmen auf je eigene Weise – und geradezu überkreuz – nicht nur eine Neubestimmung des Verhältnisses von Natur und Kultur, sondern auch der Disziplinen von Kulturanthropologie und zoologischer Ethologie vor.[17] Dabei verweisen sie in ihren Anschlüssen an und Rückbezügen auf ältere Diskurse und Konzepte der Ethologie in bemerkenswerter Weise auf eine geteilte Geschichte von Kulturanthropologie und zoologischer Ethologie, der bisher wissenschaftshistorisch kaum Beachtung geschenkt worden ist. Dieser Umstand ist sicherlich auch dem Erfolg der Gründung der Disziplin der Ethologie als Verhaltensbiologie zu Beginn der zweiten Hälfte des 20. Jahrhunderts geschuldet, die eng mit den Namen Konrad Lorenz, Niko Tinbergen und Ireäneus Eibl-Eibesfeld verbunden ist. Gleichermaßen muss ihr humanethologisches Ausgreifen auf das Feld der Anthropologie aufgrund der unzulänglichen Übertragung ihres mechanischen Verständnisses des Tierkörpers auf den Menschen als großes

---

14 Durkheim, *Die Regeln der soziologischen Methode*, 114.

15 Lestel, *Les origines animales de la culture*, 307–8. Cf. auch Dominique Lestel, Florence Brunois and Florence Gaunet, “Towards an etho-ethnology and ethno-ethology,” *Social Sciences Information* 45 (2006): 155–77.

16 Dominique Lestel, “Towards an Ethnography of Animal Worlds,” *Angelaki. Journal of the Theoretical Humanities* 19, no. 2 (2014): 75–89.

17 Eine solche Herausstellung des Begriffs des *ethos* und der Ethologie „as the science of the human interpretation of animal interpretations“ (Dominique Lestel, Jeffrey Bussolini and Matthew Chrulew, „The Phenomenology of Animal Life,“ *Environmental Humanities* 5 [2014]: 128) und damit als einer hermeneutischen Grenzwissenschaft zwischen oder jenseits der Trennung von Natur- und Kulturwissenschaften findet sich darüber hinaus auch bei Vinciane Despret oder Roberto Marchesini, deren Arbeiten etwa von Brett Buchanan, Jeffrey Bussolini und Matthew Chrulew unter dem Label „new philosophical ethology“ eingeordnet werden. (Cf. Dominique Lestel, Jeffrey Bussolini and Matthew Chrulew, „General Introduction: Philosophical Ethology“, *Angelaki* 19 [2014]: 1–3).

Scheitern begriffen werden. Entgegen dieser scheinbar monolithischen biologischen Traditionslinie der Ethologie und geradezu in ihren Lücken und Verwerfungen, lässt sich ausgehend von Lestel und Descola und in ihren Rückbezügen, so lautet die hier vertretene These, eine durchaus vielfältigere, so heterogene wie diskontinuierliche Theoriegeschichte der Ethologie(n) skizzieren, die ihren jeweiligen Begriff des *ethos* auf unterschiedliche Weise als Grenz- oder Brückenbegriff zwischen Natur und Kultur konzipiert. So liefert Lestels Entwurf einer Geschichte der Ethologie als Geschichte der Auseinandersetzungen um die Frage der Kulturfähigkeit der Tiere wichtige Stichworte für eine Wissenschafts- und Theoriegeschichte der Ethologie: Wiederholt betont er den engen disziplinären Bezug zwischen Fragestellungen der Zoologie und der Kulturanthropologie und stellt außerdem – nicht zuletzt mit Blick auf die japanische Primatologie –, die Bedeutung der von Descola als *ethos* konzeptualisierten unterschiedlichen kollektiven Beziehungsmodi zwischen Menschen und Tieren für die wissenschaftliche Standortbestimmung der Ethologie heraus. Gleiches ließe sich umgekehrt auch für die Rückbindungen von Philippe Descolas Ethologie der Beziehungen an Gregory Batesons ethologische Forschungen sagen, die spätestens in den 1950er und 1960er Jahren von den kulturanthropologischen Überlegungen zum *ethos* zur Frage nach der Kommunikation und der Lernfähigkeit von Tieren übergehen. In beiden Fällen wird deutlich, wie eng in eben jener Neubestimmungs- und Hochphase der Ethologie in den 1950er und 1960er Jahren die Wechselwirkungen, die Verbindungen aber auch Abgrenzungen zwischen zoologischen und anthropologischen Forschungen immer wieder verlaufen sind.

Dabei lässt sich allerdings die Geschichte einer Ethologie zwischen Natur und Kultur deutlich über diesen Horizont ausweiten. Denn die moderne Ethologie und ihr Konzept des *ethos* ist nicht erst seit den 1950er Jahren, sondern von Anfang an ein umkämpftes und vieldeutiges Projekt, dass sich nicht auf die Traditionslinie einer biologischen Begründung des Verhaltens reduzieren lässt. So findet sich bereits zu Beginn des 19. Jahrhunderts bei John Stuart und Harriet Taylor Mill der Entwurf des Programms einer explizit kulturwissenschaftlichen Ethologie, die auf Umwegen Eingang in die Kulturanthropologie findet und von dort auf die Zoologie übergreift. Dabei operiert auch diese Traditionslinie – ganz dem modernen Schema der Gegensätze entsprechend – kontinuierlich mit der grundlegenden Differenz von Natur und Kultur; verdankt sie doch gerade dieser Dichotomie die Möglichkeit, sich von den zeitgenössischen, auf natürliche Letztbegründungen setzenden, charakterologischen Typenlehren abzugrenzen. Indem sie den der aristotelischen Ethik entlehnten Begriff des *ethos* und des an ihn anschließenden Begriffs des Charakter gerade nicht als Ausdruck der „instinktiven, d. h. angeborenen Sitten und Gebräuche"[18] verstanden wissen will, konzipiert sie ihn umgekehrt als Einprägung der durch kulturelle Traditionsbestände, Institutionen und sozialen Austausch erworbenen Gebräuche, Gewohnheiten und Sitten, die erst durch ihre kontinuierliche und unentwegt wiederholte praktische Ein- und Ausübung so sehr in Fleisch und Blut übergehen, dass sie geradezu „natürlich" und instinktiv erscheinen.[19]

Bereits hier formulieren sich also jene Konfliktlinien zwischen Natur und Kultur, die, folgt man Lestel und Descola, die ethologischen Diskurse der Moderne – die zoologischen wie anthropologischen – bestimmen. Im Folgenden soll es darum gehen, jene *lost discipline* einer Ethologie zwischen Zoologie und Anthropologie zu rekonstruieren, die auf der einen Seite kontinuierlich mit jenem, von Descola herausgearbeiteten, kollektiven *ethos* der naturalistischen Abgrenzung von Natur und Kultur operiert, in der sich aber andererseits ebenso jene Geschichte der Entdeckung der Tiere als Subjekte und ihre Prägung durch und Verortung in regulierten sozialen Relationen wie Verwandtschaften, Freundschaften, Allianzen und Kooperationen abzeichnet, die uns heute in mehr als einer Hinsicht zu denken geben.

I. ETHNO-ETHOLOGIE UND ETHO-ETHNOLOGIE IM 20. JAHRHUNDERT

Folgt man Dominique Lestels Archäologie einer kultur- und sozialwissenschaftlich inspirierten *Ethnography of Animal worlds*, so findet diese ihre Bezugspunkte neben der Ökologie und Ethologie Jakob von Uexkülls vor allem in der japanischen Primatologie und der Ethologie der Tokyo Schule um Kinji Imanishi. Diese hatte, ganz entgegen ihres westlichen Pendants, bereits in den 1940er Jahren und ausgehend von

---

18 Oskar Heinroth, *Beiträge zur Biologie, namentlich Ethologie und Psychologie der Anatiden* (Berlin: V. Internationalen Ornithologen-Kongress, 1910): 590; cf. Georg Toepfer, „Ethologie", in Toepfer, *Historisches Wörterbuch der Biologie. Geschichte und Theorie der biologischen Grundbegriffe*, Bd. 1: Anatomie – Ganzheit (Stuttgart: J. B. Metzler, 2011), 461–80.

19 Aristoteles, *Die Nikomachische Ethik, Griechisch-Deutsch*, übers. Olof Gigon, hg. Rainer Nickel (Düsseldorf: Artemis & Winkler, [2]2007), 57 (NE, II, 1 [1103b]).

einem kollektiven *ethos*, der sich mit Philippe Descola als analogisch beschreiben lässt,[20] die grundlegend soziale Verfasstheit der Welt der Lebewesen behauptet und die Tiergesellschaften (wie auch die Pflanzengesellschaften) – unter Berücksichtigung all ihrer Differenzen und Ähnlichkeiten zur menschlichen Lebensform wie auch untereinander – in strenger Analogie zur Sozialität menschlicher Gesellschaften entworfen. So erklärte Kinji Imanishi in seinem Buch *Seibutsu no sekai* (*Die Welt der Lebewesen*), das als Gründungsmanifest der japanischen Ethologie gelten kann, „die Tendenz zur Gesellschaftsbildung" zum „Strukturprinzip der Welt"[21] und ermöglichte hierin die grundlegende ethologische Adaption einer ethnographischen Perspektive. Und es war dieser ethnographische Blick, den sich in der Folge die japanische Primatologie in den 1950er Jahren zu eigen machte, um – Jahre vor den aufsehenerregenden und lange umstrittenen Forschungen Jane Goodalls, Dian Fosseys und Birutė Galdikas – die Mitglieder einer Tierhorde von alphanumerisch bezeichneten Forschungsobjekten in individuell benannte soziale Subjekte zu verwandeln. Eine Verschiebung, die es in der Folge ermöglichte, Verwandtschafts- und Organisationsstrukturen von Wildpferden und dann insbesondere von japanischen Makaken herauszuarbeiten. Durch die Überzeugung Imanishis, dass jedes In-der-Welt-Sein als Lebensform ein grundlegendes In-Gesellschaft-und-Verwandtschaft-Sein bedeutet, wurde der Nachweis linearer Herrschafts- und Unterordnungsstrukturen, matrilinearer Verwandtschaftsbeziehungen, Anführerschaft und nicht zuletzt sogar eines nachdrücklichen Inzesttabus unter Makaken möglich.[22] Während Claude Lévi-Strauss 1949 in seinem epochemachenden Werk über *Die elementaren Strukturen der Verwandtschaft*, und mit Verweis auf die von der zeitgenössischen westlichen Primatologie behauptete Regellosigkeit des Paarungsverhaltens von Affen, gerade das Inzesttabu und die aus ihm hervorgehenden Verwandtschaftsstrukturen zum Umschlagort und zur Transformations- und Demarkationslinie zwischen Natur und

---

20 Cf. Descola, *Jenseits von Natur und Kultur*, 301–44.

21 Kinji Imanishi, *Die Welt der Lebewesen*, übers. Asa-Bettina Wuthenow und Kurashara Satoko, mit einer Einführung von Asa-Bettina Wuthenow (München: Iudicium, 2002), 102.

22 Cf. Tetsuro Matsuzawa and Juichi Yamagiwa, "Primatology: The Beginning," *Primates* 59 (2018): 313–26; Tetseru Matsuzwa and William C. McGrew, "Kinji Imanishi and 60 Years of Japanese Primatology," *Current Biology* 18, no. 14 (2008): R587–R591.

Kultur erklärt hatte,[23] machte die im Westen lange ignorierte japanische Ethno-Ethologie deutlich, dass die durch das Inzesttabu bedingten exogamen Allianzstrukturen auch in Tiergesellschaften zu finden sind. In der verwandtschaftsethnologischen Analogie von menschlichen und tierlichen Gesellschaften wird der Begriff des *ethos* entsprechend unscharf und die beiden gegensätzlichen – naturwissenschaftlichen und kulturwissenschaftlichen – Bedeutungen, die man ihm verliehen hat, das heißt die Auffassung des *ethos* als biologisch vererbtes instinktives Verhalten sowie umgekehrt als durch die institutionellen Regeln äußerer Tradition bedingtes Handeln, beginnen zu interferieren: Denn wie kategorisch kann vor dem Hintergrund der Verwandtschaftsstrukturen der Affen und Wildpferde tatsächlich die von Lévi-Strauss in den *Elementaren Strukturen der Verwandtschaft* angeführte Differenz zwischen der Haltung eines Kindes, „für das alle Probleme durch deutliche Unterscheidungen geregelt sind", und derjenigen der „Mitglieder einer Gruppe von Affen", ausfallen, wenn von letzteren nicht mehr behauptet werden kann, dass deren Unterscheidungen „ganz dem Zufall überlassen bleiben", dass „das Verhalten eines Subjekts nichts über seine Artgenossen aussagt" und dass „sich das Benehmen eines Individuums [...] von heute auf morgen ändern kann"?[24]

Dabei war es jedoch nicht nur die von Dominique Lestel ins Feld geführte und lange im Westen – nicht zuletzt aufgrund eurozentrischer Resentiments[25] – ignorierte analogisch grundierte japanische Ethologie, die durch ihre „silent invasion"[26] mehr und mehr die Grenzen zwischen Ethologie und Ethnologie verkomplizierte, wenn nicht in Frage stellte. Auch an den Rändern der westlichen Kultur- und Sozialanthropologie gab es immer wieder Ansätze einer Überbrückung der großen Trennung

---

23 Cf. in ähnlicher Argumentation auch Marshall D. Sahlins, "The Social Life of Monkeys, Apes and Primitive Man," *Human Biology* 31, no. 1 (1959): 54–73.

24 Claude Lévi-Strauss, *Die elementaren Strukturen der Verwandtschaft*, übers. Eva Moldenhauer (Frankfurt am Main: Suhrkamp, ²1984), 51.

25 Cf. hierzu etwa auch George Devereux's zeitgenössische Auseinandersetzungen mit dem nicht zuletzt xenophob grundierten Angst- und Abwehrverhalten in den Verhaltenswissenschaften: George Devereux, *Angst und Methode in den Verhaltenswissenschaften*, übers. Caroline Neubaur und Karin Kersten, hg. Wolf Lepenies und Henning Ritter (Frankfurt am Main / Berlin / Wien: Ullstein, 1976).

26 Frans de Waal, "Silent Invasion. Imanishi's Primatology and Cultural Bias in Science," *Animal Cognition* 6 (2002): 293–99.

zwischen Menschen und Tieren.[27] So werden gerade in den 1950er Jahren, und damit parallel zur japanischen Ethologie, in den Texten des für sein lockeres Denken berüchtigten Ethnologen Gregory Bateson das Spiel sowie die Interaktion und Kommunikation von Ottern und Affen im Fleishhacker Zoo in San Francisco zum Ausgangspunkt einer „vollständigen Revision" seines Denkens:[28] Mit den ethnologischen Ritualstudien seines Lehrers Alfred Radcliffe-Brown und mit seinen eigenen Überlegungen zu den *Naven*-Ritualen auf Neu-Guinea[29] im Rücken, entdeckt Bateson eine Ebene der Metakommunikation bei Tieren und die Bedeutung von Rahmen und Kontexten für die Interpretation von Verhalten.[30] Nicht zuletzt die Auseinandersetzung mit John Cunningham Lillys ethologischen Studien zur Sprache von Delphinen sowie Benson Ginsburgs Studien über Wolfsrudel wird für Bateson zum Anwendungs- und Prüffall seiner aus der Ethnologie, der ethologischen und psychiatrischen Theorie sowie der Kybernetik gewonnenen Prämissen hinsichtlich der Speziesgrenzen überschreitenden Frage des Lernens und der Charakterbildung.[31] Die Thesen Batesons zur Charakterbildung fußen dabei auf einer abstrakten Hierarchie von Lerntypen, in denen das „Proto-Lernen" – das heißt ein Lernen, verstanden als Reaktionsform auf einen bestimmten Kontext – mit einer bestimmten Art und Weise dieses Lernen zu lernen verbunden ist, die bei Bateson als „Deutero-Lernen" bezeichnet wird und in Gewohnheiten und Geisteszuständen firmiert, die schlussendlich in der Summe den Charakter bilden.[32] Setzt man wie Bateson den Abstraktionsgrad auf

---

27 Als frühes Beispiel hierfür kann etwa Lewis Henry Morgans Frontierethnologie der amerikanischen Biber gelten: Lewis Henry Morgan, *The American Beaver and His Works* (Philadelphia: J. B. Lippincott & Company, 1868).

28 Gregory Bateson, „Eine Theorie des Spiels und der Phantasie", in Bateson, *Ökologie des Geistes. Anthropologische, psychologische, biologische und epistemologische Perspektiven*, übers. Hans Günter Holl (Frankfurt am Main: Suhrkamp, 1981), 243. Cf. auch den im Zuge dieser Studien zusammen mit Weldon Kees gedrehten Film *The Nature of Play*: Gregory Bateson and Weldon Kees, "The Nature of Play. Part 1, River Otters," *Grey Room* 66 (2017): 110–14.

29 Gregory Bateson, *Naven. A Survey oft the Problems suggested by a Composite Picture oft he Culture of a New Guinea Tribe drawn from Three Points of View* (Stanford: Stamford University Press, 1958).

30 Gregory Bateson, „Eine Theorie des Spiels", in Bateson, *Ökologie des Geistes.*

31 Cf. Bateson, „Probleme in der Kommunikation von Delphinen und anderen Säugetieren", in Bateson, *Ökologie des Geistes*, 468–71.

32 Cf. Ibid., 468; sowie Gregory Bateson, „Sozialplanung und der Begriff des Deutero-Lernens", in Bateson, *Ökologie des Geistes*, 219–40; Bateson, „Die dieser Höhe an, so lässt sich ein solches „Deutero-Lernen“ und damit die Frage des *ethos* als Charakterbildung bei jeglichem lebenden Organismus auffinden, sei es nun ein Menschen oder ein Tier[33]. Die aus der Antike stammende Charakterkunde des Menschen als Erziehungslehre des Subjekts,[34] wird hier auf die tierliche Verhaltensforschung übertragen und steht bei Bateson in expliziter Konkurrenz zu jener Prämisse eines mechanischen Instinkts als *Black Box* des tierlichen Bewusstseins, wie sie Lorenz und Tinbergen zur gleichen Zeit vertraten.[35] Alle präverbalen Säugetiere, so Bateson in seinem Vortrag über die *Probleme in der Kommunikation von Delphinen und anderen Säugetieren*, kommunizierten über das Medium der soziale Beziehungen und es sei einzig und allein die noch nicht einmal zwangsläufig vorteilhafte Besonderheit des Menschen, über eine Sprache zu verfügen, in der er seine Kommunikation der sozialen Beziehungen über die Diskussion von Dingen und Realien zu vermitteln sucht.[36]

Es sind nicht zuletzt diese ethologischen Parallelisierungen und der Einfluss Gregory Batesons in der Ethnologie der 1960er Jahre, die Claude Levi-Strauss im Vorwort zur zweiten Ausgabe seiner *Elementaren Strukturen* von 1966, dazu bewegen werden, jene ursprünglichen Verbindungen der menschlichen Gesellschaften „mit den übrigen Manifestationen des Lebens“ in ihren permanenten Reprisen zu bezeugen und die Erforschung des „Wesens der Kultur“ im Wiederverknüpfen jener „abgerissenen Fäden“ zu gründen, „deren freies Ende in anderen Tier- und

---

logischen Kategorien von Lernen und Kommunikation [1964]“, in Bateson, *Ökologie des Geistes*, 362–99; als auch Jürgen Ruesch and Gregory Bateson, *Communication. The Social Matrix of Psychiatry* (New York: W. W. Norton & Company, 1951).

33 Cf. Bateson, „Probleme in der Kommunikation“, 468.

34 Dieser Frage widmete sich Bateson nicht zuletzt 1942 zusammen mit seiner damaligen Partnerin Margaret Mead im Rahmen ihrer kulturtheoretischen Überlegungen zu Möglichkeiten von Entnazifizierungs- und Demokratieprogrammen. Cf. etwa Gregory Bateson, „Sozialplanung und der Begriff des Deutero-Lernens“; sowie Margaret Mead, “The Comparative Study of Culture and the Purposive Cultivation of Democratic Values,” in *Science, Philosophy and Religion, Second Symposium*, ed. Lyman Bryson and Louis Finkelstein (New York: Conference on Science, Philosophy and Religion in Their Relation to the Democratic Way of Life, 1942), 56–69.

35 Cf. Bateson, „Metalog: Was ist ein Instinkt?“ [1969], in Bateson, *Ökologie des Geistes*, 73–96.

36 Cf. Bateson, „Probleme in der Kommunikation“, 477–78.

sogar Pflanzenfamilien" zu suchen seien.[37] Eine Formulierung die heute in jenem Strang der Anthropologie der Natur seiner Schüler*innen neue Aktualität gewinnt.

Dabei ist die Entdeckung der Tiere als Subjekte und die Ausweitung bzw. Übertragung anthropologischer Modelle auf die zoologische Ethologie in den 1950er und 1960er Jahren zumindest im Falle Gregory Batesons von einer eminent kulturwissenschaftlichen Theoriebildung des *ethos* abhängig. Woher aber bezieht Bateson seinen *Ethos*-Begriff und die Stichworte für sein entsprechendes Programm einer kulturanthropologischen Ethologie, das er in den 1930er Jahren in seinen Studien zu den Geschlechterverhältnissen der Iatmul-Kultur auf Neu Guinea entwickelt und das in der Folge seine Revision und Differenzierung im Umkreis der Kybernetik, der Ethologie der Tiere und der Lern- und Kommunikationstheorie erfährt? In welcher Weise ist die Tradition der Ethnologie also selbst in eine Geschichte der Ethologie eingelassen und welche Traditionslinien einer eminent kulturwissenschaftlichen Ethologie lassen sich hier auffinden? Im Folgenden wird es entsprechend um die Geschichte jener verstreuten Entwürfe einer Ethologie gehen, die sich entlang einer diskontinuierlichen Linie von John Stuart Mill und Harriet Taylor über Bronislaw Malinowski bis hin zu Gregory Bateson nachzeichnen lässt und die spätestens bei Letzterem in die Geschichte einer geteilten – anthropologischen wie zoologischen – Ethno-Ethologie Eingang findet.

II. ETHOLOGIE ODER DIE WISSENSCHAFT VON DER BILDUNG DES CHARAKTERS: JOHN STUART UND HARRIET TAYLOR MILL

In John Stuart Mills 1843 veröffentlichten *System der deduktiven und induktiven Logik* bildet, in der Logik der Geisteswissenschaften, das Kapitel über die *Ethologie, oder die Wissenschaft von der Bildung des Charakters*, den Übergang zwischen der Psychologie und den Allgemeinen Betrachtungen über die Gesellschaftswissenschaften. Das Programm der Ethologie, das hier und auch später zusammen mit Harriet Taylor in der feministischen Programmschrift *The Subjection of Woman* von Mill entworfen wird,[38] wendet sich dabei der Frage zu, unter welchen historischen, institutionellen und gesellschaftlichen Umständen sich dieser oder jener Charakter

37 Bateson, „Probleme in der Kommunikation", 24–5.

38 Cf. hierzu auch Terence Ball, "The Formation of Character: Mill's 'Ethology' Reconsidered," *Polity* 33, no. 1 (2000): 25–48.

herausbildet.[39] Ganz seinem liberalen politischen Programm entsprechend und entgegen vieler zeitgenössischer und auch späterer Charakterkunden, richtet sich Mills und Taylors Ethologie gegen die Idee einer unveränderlichen Natur der Charaktere, und seien es die der Nation oder der Geschlechter: „Das französische Volk", so Mill,

> hat einen bestimmten nationalen Charakter, oder man nimmt an, es habe ihn; aber es vertrieb seine königliche Familie und seine Aristokratie, änderte seine Institutionen, ging während eines halben Jahrhunderts durch eine Reihe von außerordentlichen Ereignissen hindurch und erschien nach Verlauf dieser Zeit in vielen Beziehungen sehr verändert. Zwischen Männern und Frauen wird eine lange Reihe von Verschiedenheiten beobachtet oder angenommen; aber in einer künftigen und, wie zu hoffen, nicht sehr entfernten Zeit werden beide gleiche Freiheit und eine gleich unabhängige sociale Stellung besitzen, und die Verschiedenheiten des Charakters werden entweder verschwinden oder ganz verändert werden.[40]

Dabei unterliegt die Ethologie Mills in ihrer Methodik einem doppelten Verfahren, das nicht zuletzt eine kulturvergleichende Perspektive des *ethos* eröffnet, die über Umwege auch die spätere vergleichende Ethnologie Bronislaw Malinowskis und Gregory Batesons beeinflussen wird. So müsse eine künftige Ethologie sich einerseits „dem vermehrten Studium der verschiedenen in der Welt zu findenden Typen der menschlichen Natur" zuwenden und gleichermaßen „das Charakteristische des Typus durch die Eigentümlichkeit der Umstände" zu erklären versuchen. Andererseits müsse die Ethologie umgekehrt die „theoretische Deduction der ethologischen Consequenzen besonderer Umstände der Lage" leisten.[41] Gerade in Letzterem eröffnet die Ethologie Mills und Taylors eine Perspektive, die Isabel Stengers in ihrem *Kosmopolitischen Vorschlag* als eine ethisch-ökologisch ausgewiesen hat, und der es darum geht, „zu bestimmen, welche wirklichen oder möglichen Combinationen von Umständen die Erzeugung [...] [der Eigenschaften menschlicher Wesen]

---

39 Cf. John Stuart Mill, *System der deduktiven und induktiven Logik. Eine Darlegung der Principien wissenschaftlicher Forschung, insbesondere der Naturforschung in zwei Theilen, Zweiter Theil*, übers. Jacob Schiel (Braunschweig: Friedrich Vieweg und Sohn, 1868), 477.

40 Mill, *System der deduktiven und induktiven Logik*, 476–77.

41 Ibid., 483.

befördern oder verhindern können."[42] Wie Stengers, so betont schon Mill die Untrennbarkeit

> von *ethos*, die einem Lebewesen eigene Verhaltensweise, und *oikos*, das Habitat dieses Wesens und die Art und Weise, in der dieses Habitat den Anforderungen, die mit dem *ethos* verbunden sind, entspricht oder ihnen widerspricht, oder Gelegenheiten für ursprüngliches *ethos*, sich selbst aufs Spiel zu setzen, bietet.[43]

Und auch bei Mill ist der *ethos* nicht vollständig durch die Umstände determiniert und kann nicht in beliebiger Weise umgestaltet werden, ebenso wie er jedoch in gleicher Weise auch umgekehrt nicht „seine eigene Bedeutung" in sich enthält, oder „Herr über seine eigenen Gründe"[44] ist. „Wir wissen nie", so Stengers, „zu was ein Wesen fähig ist, oder werden kann."[45] Und Mill sekundiert ihr in seiner zusammen mit Harriet Taylor 1869 verfassten, wenn auch unter seinem Namen erschienenen, Schrift über die Forderungen zur Gleichstellung der Frau – *The Subjection of Woman* –, in der beide die Gedanken über die Geschlechterunterschiede von 1843 wieder aufnehmen und zu einer kritischen und ethologischen Genderwissenschaft *avant la lettre* ausformulieren:

> [Ich] leugne [...], daß irgend Jemand die Natur der beiden Geschlechter kennen kann, so lange dieselben in ihren jetzigen Beziehungen zu einander verharren. [...] was man jetzt die Natur der Frauen nennt, ist etwas durch und durch künstlich Erzeugtes – das Resultat erzwungener Niederhaltung.[46]

Die den *ethos* der Geschlechter formende Niederhaltung liegt nach Mill und Taylor dabei nicht allein in einer Erziehung begründet, die von Kindesbeinen den Frauen das Ideal einer der Männlichkeit entgegengesetzten Charakterbildung der Unterwerfung, der Fügsamkeit und Dienstbarkeit,

---

42 Mill, *System der deduktiven und induktiven Logik*, 484.
43 Isabel Stengers, „Der kosmopolitische Vorschlag", in *Spekulativer Konstruktivismus*, mit einem Vorwort von Bruno Latour, übers. Gabriele Ricke, Henning Schmidgen und Ronald Voullié (Berlin: Merve, 2008), 163.
44 Stengers, „Der kosmopolitische Vorschlag".
45 Ibid.
46 John Stuart [und Harriet Taylor] Mill, *Die Hörigkeit der Frau*, übers. Jenny Hirsch (Berlin: F. Berggold, 1869), 37.

der Schüchternheit und der Unselbstständigkeit eintrichtert, sondern ebenso durch eine ganze Ökologie der gesellschaftlichen Institutionen – von der Politik über die Universitäten bis zur Ökonomie –, die den Frauen als einziges gesellschaftliche Habitat, dasjenige der Ehe und des Haushalts übriglässt. Und noch die Widerstände gegen eine freiheitlich-politische Veränderung des *ethos* der Geschlechter sind entsprechend ethologisch-ökologischer Natur und verweisen hierin die politische „Apotheose der Vernunft“[47] in ihre Schranken. Denn die Gleichstellung der Frau ist, wie Harriet Taylor und John Stuart Mill nicht müde werden zu betonen, keine Frage der vernünftigen Argumente, sondern, eine Frage des Überkommens der „eingewurzelt[en]“ und „intensiv[en]“ populären Gefühle all jener, „welche an alten Einrichtungen und Gebräuchen hängen und sie beschützen“.[48] Der politische Streit um die Unterwerfung und Befreiung der Frauen ist ein Streit „zwischen dem Verständnis der Leute auf der einen und ihren Gefühlen und langgehegten Gewohnheiten auf der anderen Seite“.[49] Und er erfordert dementsprechend nicht nur eine Denunziation des politischen und nur vermeintlich natürlichen „reaktionairen“ Instinkts[50], als psychische Sedimentation der herrschenden Umstände, sondern gleichermaßen ein politisch-aufklärerisches Erziehungsprogramm, das auf eine grundlegende Veränderung des *ethos* abzielen soll: „das Fassungsvermögen der großen Menge müßte anders geschult und entwickelt sein“ damit jenes Vertrauen in Argumente und Vernunft überhaupt eine solche Überzeugungskraft entwickeln könnte, um jene „praktisch geübte[n] Principien aufzugeben, in welchen sie geboren und erzogen ist, und welche die Grundlage der meisten gegenwärtig in der Welt [...] bestehenden Einrichtungen bildet.“[51]

Dass die politische Ethologie Mills und Taylors auch jenseits des Feldes einer Ethologie der Geschlechter eine anthropozentrische Angelegenheit bleiben muss, ist dem Argument eines Fortschritts der Zivilisation geschuldet, auf das sich beide unentwegt beziehen und das die neuzeitliche Freiheit des Menschen gegen seine vormaligen Naturzwänge in Stellung bringt. Von der (scheinbar) natürlichen, in den Unterschieden der körperlichen Kraft begründeten Geschlechterdifferenz und der aus ihr folgenden Unterwerfung der Frauen, wie sie etwa in der Antike und den

---

47 Mill, *Die Hörigkeit der Frau*, 6.
48 Ibid., 2.
49 Ibid., 5.
50 Cf. Ibid., 6.
51 Ibid., 5–6.

außereuropäischen Gesellschaften vorherrschend gewesen sei, führt die progressive Geschichte der Menschheit zur zeitgenössisch, aufgeklärten Abkehr von der Sklaverei und zu den Möglichkeitsbedingungen eines universellen und egalitären, freiheitlichen geistigen Charakters. Entgegen letzterem sind die außereuropäischen Kollektive und nicht zuletzt die Tiere, als Verkörperungen der Natur schlechthin, unhinterfragt dem Instinkt des Naturzustands und dem Determinimus ihrer natürlichen Anlagen verschrieben und verbleiben im Status einer supplementären Kontrastfolie einer Ethologie der Gleichheit und Freiheit.

III. EINE ETHOLOGISCHE KRITIK DER PSYCHOANALYSE: BRONISLAW MALINOWSKI

Wird in Taylors und Mills ethologischem Programm die Differenz von Natur und Kultur, von Instinkt und gesellschaftlichem Charakter sowie von Tier und Mensch stillschweigend vorausgesetzt, so gerät sie in Bronislaw Malinowskis Entwurf einer etho-ethnologischen Kritik der Psychoanalyse, die er 1924 in *Sex and Repression in Savage Society* entwickelt, zum entscheidenden Argument gegen die von Sigmund Freud und seinen Schülern behauptete Universalität des Ödipus-Komplex als Grundlage aller Kultur. Dass Malinowski trotz seiner eigenen Appelle, sich in der Wissenschaft „die Überheblichkeit unseren anthropoiden Brüdern gegenüber abzugewöhnen“,[52] die Differenz zwischen Natur und Kultur gerade an dem Unterschied zwischen Affen und Menschen exemplifiziert und an der Soziologie der Familienstrukturen festmacht, ist sicherlich vor allem dem Kenntnisstand der zeitgenössischen Zoologie geschuldet. In systematischer Hinsicht verdankt sie sich jedoch auch dem Versuch das Dilemma all jener Erzählungen zu umgehen, die von den Kontraktualisten über die Naturzustandsentwürfe der Aufklärung bis hin zu Freud den Ursprung der Kultur in der Natur suchen, deren unendlichen Reprisen und Rückprojektionen die Kulturtheorie kontinuierlich heimsuchen.[53] Freuds

---

52 Bronislaw Malinowski, *Geschlecht und Verdrängug in primitiven Gesellschaften*, übers. Hugo Seinfeld, hg. Ernesto Grassi (Reinbeck bei Hamburg: Rowohlt, 1962), 146.

53 Cf. hierzu Iris Därmann und Stephan Zandt, „Andere Ökologien. Transformationen“, in *Andere Ökologien. Tranformationen von Mensch und Tier*, hg. Iris Därmann und Stephan Zandt, unter Mitarbeit von Fiona Faßler (Bielefeld: transcript, 2017), 9–21.

Totem und Tabu scheitere, so Malinowski, gerade an jenem Problem, das „große Ereignis, mit dem die Kultur begann in den Griff zu bekommen und zu definieren"[54] und damit auch des entsprechenden Versuchs, die Ontogenese der Psyche auf die Phylogenese der Menschheit zu skalieren, der die Psychoanalyse zum Konkurrenzprojekt einer ethnologischen Theoriebildung werden ließ. Diesem Dilemma trachtet Malinowski mit einem entschiedenen Schnitt zwischen Tieren und Menschen zu begegnen. Verbunden mit dem Abschied von der Hypostasierung der *einen* (europäischen) Menschheitsgeschichte, wie sie Mills Ethologie noch zu Grunde gelegen hatte und wie sie auch Freud voraussetzte, ist es gerade dieser Schritt, der den Weg zu jener Pluralisierung gleichrangiger und nebeneinanderstehender menschlicher Kulturen ermöglicht, der als Multikulturalismus und Kulturrelativismus zur Gründungs-DNA der Kulturanthropologie gehört.

Hatte Freud in seinem Entwurf einer Ursprungserzählung der Kultur Darwins Urhorde bemüht, um die Hypothese vom Vatermord auf naturgeschichtliche Grundlagen zu stellen, so führt Malinowski seinerseits nun gerade Darwins Zeilen über die Familienstrukturen der Gorillas gegen deren Fehllektüre durch Freud ins Feld,[55] um hierin – wie auch später noch Claude Lévi-Strauss und Marshall Sahlins – die „überragende Bedeutung" der „Trennungslinie zwischen Natur und Kultur", zwischen Affen und Menschen sowie die Differenz von Anthropologie und Zoologie herauszustellen[56]: So gebe es bei Gorillas zwar Rivalitätskämpfe zwischen dem Oberhaupt der Gruppe und den heranwachsenden Männchen um die Weibchen, in denen sich das Oberhaupt der Herde durchsetzt, indem es die anderen tötet oder vertreibt, jedoch spreche Darwin explizit nur von den Frauen des Hordenführers und nicht, wie Freud, von allen Weibchen überhaupt. Entgegen Freuds Behauptung gelingt es so in der Regel auch den verstoßenen jungen Männchen eine Partnerin zu finden.[57] Das Monopol über die Frauen mit aller Dramatik des Vatermords durch die Bruderhorde und die aus ihnen resultierenden totemistischen Taburegeln, die den Ursprung eines universellen Ödipuskomplexes bilden sollen, fällt dementsprechend aus, und die Ursprungserzählung Freuds entpuppt sich unter der Lektüre Malinowskis als „eben so hinerzählte Geschichte".[58]

---

54 Malinowski, *Geschlecht und Verdrängung*, 146.
55 Ibid., 145–46.
56 Ibid.
57 Ibid., 147.
58 Ibid., 164.

Mehr noch: Der ethnologisch-vergleichende Blick Malinowskis setzt sie dem Verdacht aus, die partikulare patriarchale und patrilineare Familienstruktur des europäischen Bürgertums auf die Menschheitsgeschichte zu projizieren. Freuds „Zyklopenfamilie“, so Malinowski, sei mit Tendenzen, Gewohnheiten und seelischen Haltungen belastet, die jegliche Fortpflanzung der Gruppe durchkreuzen müssen und „mit denen ausgestattet keine Tierart lebensfähig wäre“.[59] Stattdessen sei es „unschwer einzusehen“, schreibt Malinowski, „daß hier in einer höchst anziehenden, aber phantastischen Hypothese die Urhorde mit sämtlichen Vorurteilen, Fehlanpassungen und Mißlaunen der europäischen Bürgersfamilie ausgestattet und im prähistorischen Dschungel zum Amoklauf ausgesetzt wurde.“[60] Der Ödipuskomplex ebenso wie dessen psychische Grundstrukturen verdankten ihre Herkunft entsprechend keinem ominösen prähistorischen Ursprung der Kultur, sondern ließen sich sehr präzise auf eine lokal wie historisch spezifische Gesellschafts- und Familienstruktur zurückführen. Das ist die kritische ethnologische Wendung, die Malinowski der Psychoanalyse verleiht, indem er zwar ihre psychologischen Theorien anerkennt, ihre kulturtheoretischen Thesen jedoch mit dem Deutungsanspruch der eigenen Disziplin begegnet, hierin neu formuliert und zu einer vergleichenden Ethnologie der Psyche und des Gefühlslebens ausarbeitet: „Die psychoanalytische Lehre ist im wesentlichen“, so Malinowski,

> eine Theorie vom Einfluß des Familienlebens auf den menschlichen Geist. Sie zeigt, wie die Leidenschaften, die Belastungen und Konflikte des Kindes in seinen Beziehungen zu Vater, Mutter, Bruder und Schwester in der Bildung gewisser permanenter geistiger Haltungen oder Sentiments ihnen gegenüber resultieren, Gefühle, die [...] das spätere Leben des Individuums in seinem Verhältnis zur Gesellschaft beeinflussen.[61]

Der ödipale Komplex oder das ödipale *Sentiment* sind Ausdruck einer spezifischen Struktur der Organisation der Familie und der Verwandtschaft, die sich zwischen den Kulturen – etwa der europäischen patriarchalen bürgerlichen Gesellschaft und der matriarchalen auf den Trobriand-Inseln – fundamental unterscheidet, wie Malinowski in seinem Werk detailreich ausführt.

---

59 Malinowski, *Geschlecht und Verdrängung*, 157.
60 Ibid., 158.
61 Ibid., 15.

Dass Malinowskis kulturanthropologische Neufassung der Psychoanalyse eine erneuerte Wissenschaft vom *ethos* abgibt, die weitestgehend dem folgt, was John Stuart Mill in seiner Ethologie entworfen hatte, ist bisher weitestgehend übersehen worden.[62] Deutlich wird dies jedoch, wenn man dem für Malinowski wichtigen Begriff des *Sentiments* folgt, der für ihn den therapeutisch aufgeladenen freudianischen Begriff des Komplexes ersetzt:[63] Wie auch Alfred Radcliffe-Brown, der später seinen Doktoranden Gregory Bateson anlässlich seiner *Naven*-Studien auf den Begriff des *ethos* zur Untersuchung der emotionalen Einstellungen aufmerksam machen wird,[64] so war auch Malinowski von der heute so gut wie vergessenen psychologischen Theorie der Emotionen und Instinkte Alexander F. Shands fasziniert. In dessen 1896 erschienen Artikel mit dem Titel *Character and the Emotions*,[65] den er später zum Buch ausarbeiten sollte[66], hatte Shand versucht die Millsche Ethologie, unter Verkennung ihres historisch-kritischen und eminent politischen Programms in eine psychologische Typologie des Charakters und der Emotionen und damit in eine Temperamentenlehre umzuschreiben.[67] Was die Ethnologen an Shands Charakterologie faszinierte, war die in ihr ausführlich entwickelte Idee der Organisiertheit von Emotionen und Affekten zu komplexen Gefühlen, die mit der Umgebung des Subjekts so koordiniert erscheinen, „daß eine Anzahl von Dingen und Personen unsere gefühlsmäßigen Reaktionen weckt."[68] „Um jede Person, um jeden Gegenstand herum sind die Emotionen zu einem bestimmten System organisiert", das eine Gefühlshaltung oder ein *Sentiment* bildet. Shands Theorie mache deutlich, so Malinowski, dass die „gesellschaftliche[n] Beziehungen wie auch [die] kulturelle[n] Werte unter dem Einfluß von Tradition und Kultur standardisierte Gefühlshaltungen sind."[69] Und

---

62 Cf. jedoch David E. Leary, "The Fate and Influence of John Stuart Mill's Proposed Science of Ethology," *Journal of the Histories of Ideas* 13, no. 1 (1982): 153–62.

63 Cf. Malinowski, *Geschlecht und Verdrängung*, 165–69.

64 Gregory Bateson, „Spekulationen über ethnologisches Beobachtungsmaterial" [1941], in *Ökologie des Geistes*, 125.

65 Alexander F. Shand, "Character and the Emotions," *Mind. New Series* 5, no. 18 (1896): 203–26.

66 Alexander F. Shand, *The Foundations of Character. Being a Study of the Tendencies of the Emotions and Sentiments* (London: Macmillan and Co., Ltd., 1914).

67 Cf. Shand, "Character and the Emotions," 203–4.

68 Malinowski, *Geschlecht und Verdrängung*, 167.

69 Ibid., 168.

Malinowski reformuliert fast wörtlich das ethologische Programm Mills und Taylors, wenn er der Ethnologie die Aufgabe zuspricht, im Rahmen einer Analyse des jeweiligen kulturellen Familienlebens „die Einflüße [zu] untersuch[en], die zu ihrer Formierung beitragen" und zu zeigen „wie die Einstellung des Kindes zu den wichtigsten Dingen seiner Umgebung schrittweise geformt wird".[70]

IV. VOM *SENTIMENT* ZUM *ETHOS*: GREGORY BATESON

Es ist ein verschlungener Weg, auf dem durch die sozialkritische und ethnologische Rezeption der Shandschen Charaterologie durch Malinowski und Radcliffe-Brown – und wahrscheinlich in völliger Unkenntnis der Mill'schen Texte selbst – dem ethologischen Erbe von Mill entgegen seiner Deformierung durch Shand Gerechtigkeit widerfährt. Und es wird Gregory Bateson sein, der dem Begriff des *ethos*, der in den strukturalfunktionalen Texten Malinowskis und Radcliffe-Browns merkwürdig abwesend erscheint, im Rahmen einer ethologischen argumentierenden Ethnologie seine volle Bedeutung zurückerstatten wird. Der Umweg, auf dem Bateson, der seinerseits Mills Texte nicht zu kennen scheint, eine erneute Aktualisierung der Millschen Ethologie unter transformativen Vorzeichen angeht, nimmt diesmal seinen Ausgang von der sensitiven Literatur Charles Doughtys, Jane Austens und John Galsworthys, der Bateson zutraut, den Mangel der analytischen Begrifflichkeit der Ethnologie auszugleichen, insofern die Literatur entgegen dem Szientismus der objektivierenden Sprache in der Lage sei, den emotionalen Ton und den *ethos* einer Kultur zur Darstellung zu bringen:

> If we read Arabia Deserta, we are struck by the astonishing tone of Arab life. More than this, many of the incidents would be impossible with a different emotional background. Evidently this emotional background is causually active within the culture, and no functional study can ever be reasonable complete unless it links up the structure and pragmatic working of the culture with *its emotional tone or ethos* [...].[71]

---

70 Malinowski, *Geschlecht und Verdrängung*, 168.
71 Bateson, *Naven*, 2 (Herv. SZ).

Dabei folgt Bateson in seiner Verwendung des *Ethos*-Begriffs dem Lemma des *Oxford English Dictionary*, wenn er den unter Anthropolog*innen erklärtermaßen zum großen Teil unbekannten Begriff als „characteristic spirit, prevalent tone of sentiment of a people or community; the ‚genius' of an institution or system"[72] bezeichnet. Hiermit hebt er die Thesen Malinowskis und Radcliffe-Browns zu den Gefühlshaltungen auf jene neue Ebene, die heute in der Ethologie der Beziehungen Philippe Descolas ihre Renaissance feiert. Denn es geht nun nicht mehr nur um die Gefühlshaltungen des Individuums, die durch die verwandtschaftlichen Strukturen erzeugt werden, sondern darum, die vorherrschenden, standardisierten Gefühlshaltungen als solche zwischen den Kulturen und Kollektiven zu differenzieren. Hatte bereits Malinowski die psychisch-soziale Zirkularität des *ethos* betont, in der die sozialen Beziehungen einen bestimmten *ethos* des Individuums standardisieren, während dessen der *ethos* wiederum umgekehrt auf die kollektiven sozialen Verhaltensformen zurückwirkt, so macht sich Bateson daran, anhand des Problems der Travestie in den *Naven*-Ritualen der Iatmul auf Neu-Guinea die Prozesse und Verfahren dieser Wechselwirkung von Psyche und Gesellschaft genauer zu fassen und zu einer ethnologisch-vergleichenden Ethologie auszuarbeiten.

Indem Bateson davon ausgeht, dass die Haltung der Geschlechter zueinander und ihr jeweiliger *ethos* nicht von Natur aus gegeben ist – was im Angesicht der Vielfalt an Geschlechterbeziehungen kaum überzeugen konnte, die seinerzeit Batesons Partnerin in Crime, Margret Mead, herausgestellt hatte[73] –, schließt er an das ethologische Forschungsprogramm Malinowskis an, das es sich zur Aufgabe gemacht hatte, jene Prozesse zu analysieren, in denen bestimmte Gefühlshaltungen durch Erziehung und Selektion in der jeweiligen Gruppe kulturell verschieden betont und ausgearbeitet werden. Und Bateson vertieft diesen Ansatz, indem er die „schismogenetischen" kulturellen Verfahrensweisen in den Blick nimmt, in denen sich, in Form von symmetrischen Konkurrenzverhältnissen oder asymmetrischen Hierarchien, die jeweiligen sozial-kontrastiven Wechselbeziehungen zwischen den Geschlechtern wechselseitig ausdifferenzieren sowie verstärken oder auch abschwächen.[74] Bateson zufolge ist es dabei bei den Iatmul gerade das *Sentiment* des Stolzes, in dem der männliche *ethos* seinen Ausdruck findet, auf die Gesellschaft zurückwirkt und diese

---

72 Cf. Bateson, *Naven*.

73 Cf. Margaret Mead, *Sex and Temperament in Three Primitive Societies* (New York: William Morrow & Co., 1935).

74 Cf. hierzu insbesondere Bateson, *Naven*, 171–97.

geradezu überdeterminiert. So geht der Stolz der Männer mit der spektakulären Ausstellung von Prestige und mit der Größe der Zeremonialhäuser einher, die eine organisierte Arbeit im großen Stil erfordern, ebenso wie mit der Größe der Zeremonien und Tänze, die ihrerseits eine große Menge an Tänzer voraussetzen, oder auch mit der erfolgreichen Kopfjagd, die ebenso viele Männer erfordert.[75] Die Größe des Dorfes steht in direkter Relation zur Befriedigung des Stolzes und zu einem spezifischen *ethos* der Männlichkeit, das sich nicht zuletzt in den rituellen Gesten, der Kleidung, dem stolzen Verhalten und der Körperhaltung ausdrückt. Insbesondere in den kulturell zentralen *Naven*-Ritualen werden die Kontraste und Hierarchien zwischen dem *ethos* des männlichen Stolzes und dem einer schambesetzten Weiblichkeit rituell und in körperlichen Haltungen ausagiert. Während die Männer und insbesondere der Mutter-Bruder bei den *Naven*-Ritualen, in buffonesker Verkleidung als alte hässliche Witwen und in einer ironischen und clownesken Mimikry an das Verhalten der Frauen, ihre kulturelle Abscheu vor dem weiblichen *ethos* zum Ausdruck bringen, versuchen die Frauen der Vaterseite in umgekehrter Weise und angetan mit männlicher Kleidung am Stolz der Männer zu partizipieren und bestätigen und sedimentieren ihn hierin auf ihre Weise.[76] Alles in den Ritualen zielt darauf ab, den männlich stolzen *ethos* der Iatmul-Kultur zu stärken und zu stabilisieren, wie Bateson in seiner ethologischen Geschlechteranalyse herausarbeitet, die ihre engen Bezüge zum Programm einer Ethologie der Geschlechter, wie sie schon Mill und Taylor ihrerzeit mit Blick auf die westliche, bürgerliche Gesellschaft entworfen hatten, nicht verleugnen kann.

Auch wenn Bateson die heute unter neuen Vorzeichen wieder aufgegriffene Idee ganze Kollektive nach ihrem *ethos* zu klassifizieren spätestens in der Nachkriegszeit wieder aufgeben wird, und auch wenn die erste Auflage von Batesons unkonventionellem, so kreativ wie unsystematischen Buch eher verrissen wurde, so kommt seinen frühen ethnologischen Texten doch eine Scharnierfunktion in der Geschichte dieses Strangs der Ethologie zu. Sie geben den Blick frei auf eine andere Traditionslinie der Ethologie als einer *lost discipline* im Rahmen der Kulturanthropologie, die spätestens mit der mehr als erfolgreichen Neuauflage des *Naven*-Buches in den 60er Jahren und flankiert vom Programm einer allgemeinen, kybernetisch formulierten *Ökologie des Geistes*, nicht nur zum Stichwortgeber

75 Cf. Bateson, *Naven*, 116, 123–41.
76 Cf. ibid., 198–203.

der Kulturtheorie werden sollte, sondern nachdrücklich die Differenz von Anthropologie und Zoologie überschreitet.

LITERATURVERZEICHNIS

Aristoteles *Die Nikomachische Ethik. Griechisch-deutsch.* Übersetzt von Olof Gigon, herausgegeben von Rainer Nickel. Düsseldorf: Artemis & Winkler, [2]2007.

Ball, Terence "The Formation of Character: Mill's 'Ethology' Reconsidered." *Polity* 33, no. 1 (2000): 25–48.

Bateson, Gregory *Ökologie des Geistes. Anthropologische, psychologische, biologische und epistemologische Perspektiven.* Übersetzt von Hans Günter Holl. Frankfurt am Main: Suhrkamp, [2]1983.

— *Naven. A Survey of the Problems Suggested by a Composite Picture of the Culture of a New Guinea Tribe Drawn from Three Points of View.* London: Cambridge University Press, 1936.

Bateson, Gregory, and Weldon Kees "The Nature of Play. Part 1, River Otters." *Grey Room* 66 (2017): 110–14.

Benedict, Ruth *Patterns of Culture.* Boston: Houghton Mifflin Co, 1934.

Borgards, Roland „Einleitung: Cultural Animal Studies". In *Tiere. Kulturwissenschaftliches Handbuch*, herausgegeben von Roland Borgards, 1–5. Stuttgart: J. B. Metzler, 2016.

Bourdieu, Pierre *Die feinen Unterschiede. Kritik der gesellschaftlichen Urteilskraft.* Übersetzt von Bernd Schwibs und Achim Russer. Frankfurt am Main: Suhrkamp, [23]2013.

— „Zur Genese der Begriffe Habitus und Feld". In *Der Tote packt den Lebenden. Schriften zu Politik und Kultur 2*, herausgegeben von Margareta Steinrücke, 59–78. Hamburg: VSA, 1997.

Buchanan, Brett, Jeffrey Bussolini, and Matthew Chrulew "General Introduction: Philosophical Ethology." *Angelaki. Journal of the Theoretical Humanities* 19 (2014): 1–3.

Därmann, Iris und Stephan Zandt „Andere Ökologien. Transformationen". In *Andere Ökologien. Tranformationen von Mensch und Tier*, herausgegeben von Iris Därmann und Stephan Zandt unter Mitarbeit von Fiona Faßler, 9–21. Paderborn: transcript, 2017.

Descola, Philippe *Jenseits von Natur und Kultur.* Übersetzt von Eva Moldenhauer, mit einem Nachwort von Michael Kaupert. Berlin: Suhrkamp, 2011.

Devereux, George *Angst und Methode in den Verhaltenswissenschaften.* Übersetzt von Caroline Neubaur und Karin Kersten, herausgegeben von Wolf Lepenies und Henning Ritter. Frankfurt am Main / Berlin / Wien: Ullstein, 1976.

De Waal, Frans "Silent Invasion. Imanishi's Primatology and Cultural Bias in Science." *Animal Cognition* 6 (2002): 293–99.

Durkheim, Émile *Die Regeln der soziologischen Methode.* Übersetzt von René König. Neuwied/Berlin: Luchterhand, [7]2011.

Heinroth, Oskar *Beiträge zur Biologie, namentlich Ethologie und Psychologie der Anatiden*, 589–702. Berlin: V. Internationalen Ornithologen-Kongress, 1910.

Imanishi, Kinji *Die Welt der Lebewesen.* Übersetzt von Asa-Bettina Wuthenow und Kurashara Satoko, mit einer Einführung von Asa-Bettina Wuthenow. München: Iudicium, 2002.

Leary, David E. "The Fate and Influence of John Stuart Mill's Proposed Science of Ethology." *Journal of the Histories of Ideas* 13, no. 1 (1982): 153–62.

Lestel, Dominique *Les origins animals de la culture.* Paris: Flammarion, 2001.

— "Towards an Ethnography of Animal Worlds." *Angelaki. Journal of the Theoretical Humanities* 19, no. 2 (2014): 75–89.

Lestel, Dominique, Jeffrey Bussolini, and Matthew Chrulew "The Phenomenology of Animal Life." *Environmental Humanities* 5 (2014): 125–48.

Lestel, Dominique, Florence Brunois, and Florence Gaunet "Towards an etho-ethnology and ethno-ethology." *Social Sciences Information* 45 (2006): 155–77.

Lévi-Strauss, Claude *Die elementaren Strukturen der Verwandtschaft.* Übersetzt von Eva Moldenhauer. Frankfurt am Main: Suhrkamp, [2]1984.

Malinowski, Bronislaw *Geschlecht und Verdrängung in primitiven Gesellschaften*, herausgegeben von Ernesto Grassi. Übersetzt von Hugo Seinfeld. Reinbeck bei Hamburg: Rowohlt, 1962.

Matsuzawa, Tetsuro, and Juichi Yamagiwa "Primatology: The Beginning." *Primates* 59 (2018): 313–26.

Matsuzawa, Tetsuro, and William C. McGrew "Kinji Imanishi and 60 Years of Japanese Primatology." *Current Biology* 18, no. 14 (2008): R587–R591.

Mead, Margaret "The Comparative Study of Culture and the Purposive Cultivation of Democratic Values." In *Science, Philosophy and Religion, Second Symposium*, edited by Lyman Bryson and Louis Finkelstein, 56–69. New York: Conference on Science, Philosophy an Religion in Their Relation to the Democratic Way of Life, 1942.

— *Sex and Temperament in Three Primitive Societies.* New York: William Morrow & Co., 1935.

Mill, John Stuart [und Harriet Taylor] *Die Hörigkeit der Frau.* Übersetzt von Jenny Hirsch. Berlin: F. Berggold, 1869.

— *System der deduktiven und induktiven Logik. Eine Darlegung der Principien wissenschaftlicher Forschung, insbesondere der Naturforschung in zwei Theilen, Zweiter Theil.* Übersetzt von J. Schiel. Braunschweig: Friedrich Vieweg und Sohn, 1868.

Morgan, Lewis Henry *The American Beaver and His Works.* Phiadelphia: J. B. Lippincott & Company, 1868.

Reed-Danahay, Deborah *Locating Bourdieu.* Bloomington and Indianapolis: Indiana University Press 2005.

Rehbein, Boike und Gernot Saalmann „Habitus (habitus).“ In *Bourdieu Handbuch. Leben – Werk – Wirkung*, herausgegeben von Gerhard Fröhlich und Boike Rehbein, 110–18. Stuttgart: J. B. Metzler, 2014.

Ruesch, Jürgen, and Gregory Bateson *Communication. The Social Matrix of Psychiatry*. New York: W. W. Norton & Company, 1951.

Sahlins, Marshall D. "The Social Life of Monkeys, Apes and Primitive Man." *Human Biology* 31, no. 1 (1959): 54–73.

Shand, Alexander F. "Character and the Emotions." *Mind. New Series* 5, no. 18 (1896): 203–26.

— *The Foundations of Character. Being a Study of the Tendencies of the Emotions and Sentiments*. London: Macmillan and Co., Ltd., 1914.

Stengers, Isabel „Der kosmopolitische Vorschlag“. In *Spekulativer Konstruktivismus*. Übersetzt von Gabriele Ricke, Henning Schmittgen und Ronald Voullié, mit einem Vorwort von Bruno Latour, 153–85. Berlin: Merve, 2008.

Toepfer, Georg „Ethologie“. In Georg Toepfer, *Historisches Wörterbuch der Biologie. Geschichte und Theorie der biologischen Grundbegriffe, Bd. 1: Anatomie – Ganzheit*, 461–80. Stuttgart: J. B. Metzler, 2011.

ANTHONY UHLMANN

VIRGINIA WOOLF'S, *THE WAVES*, DESIRE, AND ETHOLOGY

ABSTRACT

This paper examines the particular concept of ethology developed by Deleuze and Guattari through a reading of Virginia Woolf's *The Waves*, Spinoza's 'Definitions of the Affects' (in the *Ethics*) and the work of Jacob von Uexküll. It argues that desire and disposition are essential to an understanding of how individuals seek and create meaning within their environments. It traces the emotions of 'longing' and 'emulation' described by Spinoza and emergent in *The Waves*, and situates them in relation to von Uexküll's 'Umwelt' and Deleuze and Guattari's 'territory'.

This paper will juxtapose and relate systems of thought which at times are distinct. Literary fiction is not philosophy or biology, philosophy is not biology or literary fiction. Virginia Woolf's thought, Deleuze and Guattari's thought, Spinoza's thought, Gilbert Simondon's thought, Jacob von Uexküll's thought by no means line up exactly since they each emphasise different kinds of relations.

Yet all are in sympathy since they involve the foundational idea that life and meaning are composed of relations, and things come into being and out of being through processes of becoming, rather than being fixed entities. For what it is worth, it is because of this that Deleuze and Guattari draw all of the others mentioned here into relation with their own systems of thought.

The other thinkers, however, were not directly engaged with the work of one another. I will begin with the postulate that the foundational affinities – relationality, becoming – are enough to justify the resonances that can be found among these works. Such affinities can be explained through the concept of analogy developed by Gilbert Simondon, which is, indeed, echoed by one of the founders of ethology, Konrad Lorenz. While there can be imprecise analogies, precise analogies are not accidental. To cite Muriel Combes on Simondon:

> The founding act of this method, the analogical act, is defined as a "putting into relation of two operations" [...] In the *Sophist*, Plato describes the analogical act as an act of thought that consists in "transporting an operation of thought [that has been] learned and tested with a particular known structure (for instance, the one that serves to define the fisherman in the *Sophist*) onto another particular structure [that is] unknown and the object of inquiry (the structure of the Sophist in the *Sophist*)" [...]. Plato's discussion already makes clear that the transfer of operations is not grounded in an ontological terrain common to the two domains, in a relation of identity between the sophist and the fisherman, but rather establishes an "identity of operative relations." Whatever the difference between the terms (on one side the sophist, on the other the fisherman), the operations (of productive seduction/capture) are the same.[1]

For his part, Konrad Lorenz explains the analogical act as follows:

> One of the most customary and hackneyed objections to which ethologists have to listen is that humans are unique and that every attempt to understand human nature by the approaches of ethology is not only doomed to failure but shows a contemptible blindness for the august nature of humanity. In particular, we are wont to hear that we are drawing false analogies and that we are hugely underestimating the essential differences separating humans from the rest of organic creation. The answer is that we are not and we do not. [...] In fact, there is no such thing as a false analogy: analogy can concern only a greater or a smaller number of characteristics and thereby endow the deduction of a common function with a greater or smaller probability.[2]

---

1 Muriel Combes, *Gilbert Simondon and the Philosophy of the Transindividual*, trans. with Preface and Afterword Thomas LaMarre (Cambride Mass.: MIT Press, 2013), 9.

2 Konrad Z. Lorenz, *Foundations of Ethology*, trans. Konrad Z. Lorenz and Robert Warren Kickert (New York: Springer Science + Business Media, 1981), 338.

With this said, it is still worth making some points with regard to differences between systems at the outset. Deleuze and Guattari's definition of ethology involves a drawing into relation of key examples and ideas from the work of Jacob von Uexküll with Spinoza.

> In the same way that we avoided defining a body by its organs and functions, we will avoid defining it by Species or Genus characteristics; instead we will seek to count its affects. This kind of study is called ethology, and this is the sense in which Spinoza wrote a true Ethics. A racehorse is more different from a workhorse than a workhorse is from an ox. Von Uexküll, in defining animal worlds, looks for the active and passive affects of which the animal is capable in the individuated assemblage of which it is a part.[3]

They then go on to cite again the famous example from von Uexküll of how the tick can be defined by three affects of which it is capable which they have discussed earlier in the book: 'its gravitational energy of falling, its olfactory characteristic of perceiving sweat, and its active characteristic of latching on.'[4]

I will return to this point, as affect and perception (via the disposition or *ingenium* of an individual) is essential to Spinoza's concepts of one's capacity to understand and increasing one's power to act, and these ideas too can be analogically related to von Uexküll's concept of the Umwelt.

Writing about the Umwelt in relation to Virginia Woolf and the complex affects human beings experience, Patricia Waugh, draws it into relation with contemporary theories of cognition.

> Neural activity is embedded in a dynamic system that informs an ongoing bodily schema, silently and implicitly orienting a core sense of self through feeling, sensation, perception, in relations of nearness, distance, depth, surface, here and now, and here and there. This provides our most fundamental sense of being in the world, a world of constantly changing and shifting relations where responses

---

3 Gilles Deleuze and Félix Guattari, *A Thousand Plateaus: Capitalism and Schizophrenia*, trans. and foreword by Brian Massumi (Minneapolis: University of Minnesota Press, 2005), 257.

4 Ibid., 51; see Jakob von Uexküll, "A stroll through the worlds of animals and men: A picture book of invisible worlds," trans. Claire H. Schiller, *Semiotica* 89, no. 4 (1992), 320–22.

> to environmental change alter the rhythms of the organism that in turn reshapes the environment as an "ecological niche". This idea was first adumbrated by Jacob von Uexküll in 1909 as the theory of the Umwelt [...]. It is how Woolf experienced the modern world, as "an age clearly when we are not fast anchored where we are; things are moving around us; we are moving ourselves.[5]

In *A Thousand Plateaus* Deleuze and Guattari only directly mention the Umwelt once, when they distinguish the Welt of the scientist with the Umwelt of the animal.[6]

Yet they avoid using this concept directly. Instead, they use von Uexküll's idea of transcoding where for example the spider's web finds its counterpoint in the fly, emphasising von Uexküll's insistence on the musical form of nature being a precise analogy of interactions between species to explore their own terminology. For Deleuze and Guattari rhythms and milieus emerge from the chaos and are drawn together

---

5 Praticia Waugh, "'Did I Not Banish the Soul?' Thinking Otherwise, Woolf-Wise," in *Contradictory Woolf*, ed. Derek Ryan and Stella Bolaki (Liverpool: Liverpool UP, 2012), 33.

6 Deleuze and Guattari, *A Thousand Plateaus*, 3. The point no doubt relates to critical responses to and adaptations of von Uexküll in German philosophy, beginning with Martin Heidegger, *Being and Time*, trans. John Macquarrie and Edward Robinson (Oxford: Blackwell, 2001) I.2, 84, who considers humans to possess a Welt while other creatures possess only an Umwelt, and to later thinkers such as Plessen and Gehlen, who see humans as poorly adapted to their environments and so possessing only a Welt and not an Umwelt (see Hans-Peter Krüger, "The Nascence of Modern Man: Two Approaches to the Problem – Biological Evolutionary Theory and Philosophical Anthropology," in *Plessner's Philosophical Anthropology: Perspectives and Prospects*, ed. Jos de Mul (Amsterdam UP: Amsterdam, 2014), 62–5; Joachim Fischer, "Exploring the Core Identity of Philosophical Anthropology through the Works of Max Scheler, Helmuth Plessner, and Arnold Gehlen," *Iris*, I [1 April 2009]: 153–70). In this paper I will not engage with these critiques, though I acknowledge a more detailed consideration of the philosophical reception, which largely seeks to modify and even pass over von Uexküll's original concepts, which I do not have space for here, would require this. Instead, I will set aside these new concepts and return to von Uexküll's original concept of Umwelt which I consider *does* relate to human understanding without the need for the particular human concept of Welt, in ways I seek to set out through readings developed below. My thanks to J.M. Coetzee and Christopher Conti for directing me to these debates.

through transcoding. Yet this is not the end of the process as they see it, as a territory has to be made through forms of expression, a territory in which one might live and into which one might invite and draw others.[7]

> There is a territory precisely when milieu components cease to be directional, becoming dimensional instead, when they cease to be functional to become expressive. There is a territory when the rhythm has expressiveness. What defines the territory is the emergence of matters of expression (qualities). Take the example of color in birds or fish: color is a membrane state associated with interior hormonal states, but it remains functional and transitory as long as it is tied to a type of action (sexuality, aggressiveness, flight). It becomes expressive, on the other hand, when it acquires a temporal constancy and a spatial range that make it a territorial, or rather territorializing, mark: a signature.[8]

Rather than going on to analyse the concept of the territory in Deleuze and Guattari, however, using their work as a centre of reflection on the nature of ethology, I want to turn to a reading of the work of Virginia Woolf in relation to Spinoza and von Uexküll. This, then, involves accepting Deleuze and Guattari's definition of ethology, cited above, which links von Uexküll's emphasis on defining an individual in relation to the affects of which is capable to Spinoza's similar understanding that the power of any individual body is determined by the affects of which it is capable, and our power increases insofar as we are capable of being affected by and affecting more things, and decreases insofar as we become less capable of being affected by or affecting other things.

Christina Alt has written of Virginia Woolf in relation to ethology, arguing that 'Woolf indicated her familiarity with the work of several of the pioneers of ethology, among them Jean-Henri Fabre, W.H. Hudson, and Julian Huxley.'[9] Alt's study goes into great detail about Woolf's own interest in natural history and her readings of these authors and how they influenced her works. The examples Alt uses are determined by tracing works Woolf read, and here, of course, the scientists she read are properly precursors to ethology, rather than the founders of the discipline.

---

7 Deleuze and Guattari, *A Thousand Plateaus*, 313–14.

8 Ibid., 315.

9 Christina Alt, *Virginia Woolf and the Study of Nature* (Cambridge: Cambridge UP, 2010), 54.

She is also more concerned with tracing lines of influence than exploring theoretical aspects of the relation of Woolf's work to the theoretical frames of ethology.

This paper will accept a definition of ethology that strongly associates ethology to the existence of animals within their environment; one which asserts that this relation, between a being and its environment, is essential to understanding the capacities of any being and its powers of existence. This concurs with Deleuze and Guattari's reading of Spinoza, which insists on bringing to light the relations that determine what a body can do. It also draws upon readings of Spinoza developed recently by Moira Gatens and I that highlight the importance of desire, understood as a dynamic relation between disposition (and modifications of disposition) and capacities.[10]

It further concurs with Gilbert Simondon's insistence that individuated beings always emerge from and carry with them pre-individual potential. The individuated crystal, for Simondon, can only emerge from the pre-individual potential of say, a supersaturated fluid, and it is the specific nature of this pre-individual environment that allows particular individuals to emerge.[11]

In Spinoza desire is forcefully linked with the essence of being to conatus and virtue.

> When this striving is related only to the mind, it is called will; but when it is related to the mind and body together, it is called appetite. This appetite, therefore, is nothing but the very essence of man, from whose nature there necessarily follow those things that promote his preservation ... desire can be defined as appetite together with consciousness of the appetite.[12]

---

10 Anthony Uhlmann and Moira Gatens, "Spinoza on art and the cultivation of a disposition toward joyful living," *Intellectual History Review* 30, issue 3: Spinoza and Art, Pages (2020): 429–45.

11 Gilbert Simondon, *L'individuation à la lumière des notions de forme et d'information* (Paris: Million, 2017), 77–85.

12 Benedictus de Spinoza, *Ethics*, trans. Edwin Curley (London: Penguin, 1996), 76. Short: Spinoza, E3P9S, 76. References follow the standard abbreviations for Spinoza's *Ethics*: E for *Ethics* Arabic numerals for the five parts, P for Proposition, S for Scholium, C for Corollary, Appen for Appendix, D for Definition, DefAff followed by Roman numerals for Definitions of the Affects, followed by the page number to the edition used (see Bibliography).

It is further linked to disposition and is capable of undergoing modification. In the first definition of the definition of the affects, Spinoza affirms that:

> I. Desire is man's very essence, insofar as it is conceived to be determined, from any given affection of it, to do something.[13]

This definition of desire links to the discussion of disposition or ingenium.[14] *Ingenium* can be translated as "innate quality", "temperament" or "natural disposition or capacity", "character" and "talent" and concerns the particularity of a given individual. Spinoza also uses the verb "*dispone*" (to manage, order, arrange) and the noun "*dispositio*" (disposition, arrangement) when discussing the way in which bodies are ordered or disposed, and here we take these terms to be closely connected insofar as they refer to how the capacities of bodies are aligned with the manner in which their affects are arranged or ordered. We also argue that, *ingenium, dispono* and *dispositio* can also be related to composite bodies or groups. Groups within societies are disposed in certain ways and their capacities to understand are determined by the disposition or arrangement of their typical affective characteristics. As Spinoza observed in the *Theological-Political Treatise*, customs and laws form individuals in ways that can "lead a nation to have its particular mentality, its particular character, and its particular prejudices."[15]

In other words, complex bodies, like bodies politic, take on a character or form according to the ways in which the affective lives of the individuals who compose it have been arranged.

If we are not able to live strictly according to reason, what other method might we use to counter these external forces and open up our capacity to understand? Spinoza shows how a different kind of relation to our disposition can offer a way out of this impasse. Surprisingly, perhaps, Spinoza demonstrates how we can move towards greater understanding through the affects. In E4P38 he states:

---

13 Spinoza, E3DefAffI, 104.

14 The following three paragraphs summarizes material from Uhlmann and Gatens, "Spinoza on Art".

15 Benedictus de Spinoza, "Theological Political Treatise," in *The Collected Works of Spinoza, Volume II.*, ed. and trans. Edwin Curley (Princeton: Princeton UP, 2016), chapter 17, section 93, 317.

> Whatever so disposes the human body that it can be affected in a great many ways, or renders it capable of affecting external bodies in a great many ways, is useful to man; the more it renders the body capable of being affected in a great many ways, or of affecting other bodies, the more useful it is; on the other hand, what renders the body less capable of these things is harmful.

In our paper on disposition Moira Gatens and I argue that even if we can never achieve the degree of adequate knowledge that would allow us to live in perfect accordance with reason, we can still develop a plan for living where we strive to arrange our affects such that we are affected more by joyful affects than sad affects.

If, as Deleuze and Guattari emphasise in linking von Uexküll with Spinoza, we are defined by the affects of which we are capable this correspondence of desire and disposition is essential to our understanding of our capacities as human beings.

From the very beginning of *The Waves* Woolf emphasizes the different dispositions and different capacities of the six protagonists, Bernard, Susan, Louis, Rhoda, Neville, and Jinny. Even when exposed to the same external stimuli as young children – the dawn chorus as the sun rises over their new day – they see and feel different things:

> "I see a ring," said Bernard, "hanging above me. It quivers and hangs in a loop of light."
> "I see a slab of pale yellow," said Susan, "spreading away until it meets a purple stripe."
> "I hear a sound," said Rhoda, "cheep, chirp; cheep, chirp; going up and down."
> "I see a globe," said Neville, "hanging down in a drop against the enormous flanks of some hill."
> "I see a crimson tassel," said Jinny, "twisted with golden threads."
> "I hear something stamping," said Louis. "A great beast's foot is chained. It stamps, and stamps, and stamps."[16]

This in turn is connected to ideas of desire and disposition. The novel follows the protagonists as their lives play out in accordance with

16 Virginia Woolf, *The Waves*, ed. Michael Herbert and Susan Sellers with research by Ian Blyth (Cambridge: Cambridge University Press, 2011), 5.

dispositions which announce themselves at the beginning but are nevertheless modified as the book follows them through the long day of their lives. Bernard offers a summary in the final section of the novel:

> But we were all different. The wax – the virginal wax that coats the spine melted in different patches for each of us. The growl of the boot-boy making love to the tweeny among the gooseberry bushes; the clothes blown out hard on the line; the dead man in the gutter; the apple tree, stark in the moonlight; the rat swarming with maggots; the lustre dripping blue – our white wax was streaked and stained by each of these differently. Louis was disgusted by the nature of human flesh; Rhoda by our cruelty; Susan could not share; Neville wanted order; Jinny love; and so on. We suffered terribly as we became separate bodies.[17]

Yet Woolf complicates the idea of disposition further, since each protagonist is not merely one person; rather, they carry contradictory selves within them, selves determined by competing desires. This is particularly true of Bernard, the protagonist who speaks most and is allowed to finish the novel with a long final monologue. Bernard reflects on this, underlining this problem of competing desires (which for him is connected to emulation, as he tries to imitate various heros or exemplars, such as Lord Byron, Percy Shelley or a character in Dostoevsky) as the reason the others fail to understand him, but it is equally true of all the others. He states:

> They do not understand that I have to effect different transitions; have to cover the entrances and exits of several different men who alternately act their parts as Bernard.[18]

As we will see desire is further complicated as it involves both longing (for what seems essential to each self) and emulation (as one desires to be loved and accepted by others, and so to want what they want, do what they do).

The working title for *The Waves*, was *The Moths*, as the original idea for the novel occurred to Woolf after her sister Vanessa Bell shared a story in a letter written from Cassis in the south of France where she was on holidays, about moths.

---

17 Woolf, *The Waves*, 194.
18 Ibid., 59.

> I sit with moths flying madly in circles round me and the lamp. You cannot imagine what it's like. One night some creature tapped so loudly on the pane that Duncan said 'Who is that?' 'Only a bat,' said Roger, 'or a bird.' But it wasn't man or bird, but a huge moth – half a foot, literally, across.[19]

The moth, led by the desires determined by the affects of which it is capable, is drawn to light, to the point of beating its body against sources of light, emblematic of desires: "a moth-like impetuosity dashing itself against hard glass."[20]

In his essay 'The new concept of Umwelt: A link between science and the humanities' von Uexküll, after repeating his famous example of the tick and how the affects of which it is capable define its Umwelt, moves to an example based on moths. Though it's unlikely Woolf knew this example and though von Uexküll refers to the senses of smell and sound her reading and his resonate:

> The odor from a female [moth] *Saturnia pyri* (Nachtpfauenauge) attracts the male moths over distances of several miles. The numerous odors that fill the air are non-existent to the males. In a completely odorless space, where the smell of the female is the only one perceived, its attraction becomes overwhelming.
> This effect also applies to sounds. There are moths that can hear only two tones. These tones correspond to the sound of the squeak of the bat that is the main enemy of these moths. In the complete silence of the Umwelt of the deaf the appearance of the only perceivable tone must have the overwhelming effect as the only smell in an odourless space. In this case it does not attract but, as it is emanating from an enemy, it triggers rapid flight away from the danger.[21]

The affects von Uexküll describes of course are also desires or dispositions that determine what the moth can do: fleeing a foe; seeking a mate. In both cases these are examples of the moth's conatus: striving to continue to exist, which Spinoza tells us involves the identification of desire,

---

19 Vanessa Bell, letter, cited in Woolf, *The Waves*, xlii.
20 Ibid., 67.
21 Jakob von Uexküll, "The new concept of Umwelt: A link between science and the humanities," *Semiotica*, 134–1/4 (2001): 119–20.

essence, power. So too Woolf's moths are emblems or symbols of desire itself and the motif recurs numerous times in the novel.[22]

The Waves examines the nature of desire and clearly relates this to individuated beings and their need to continue conatus and express. Neville states:

> The desire which is loaded behind my lips, cold as lead, fell as a bullet, the thing I aim at shopgirls, women, the pretence, the vulgarity of life (because I love it) shoots at you as I throw – catch it – my poem.[23]

Expression itself, the need to communicate desires and convey them to others is a desire shared by all of the protagonists in *The Waves*, who all might be read, in some sense, as versions of a creative self. If the moths described by Vanessa Bell was one of the key images that goaded Virginia Woolf towards her novel, another, which came before it, was that of a fin glimpsed far out at sea. *The Waves* first comes into view when Woolf writes in her diary on 30 September 1926: "One sees a fin passing far out. What image can I reach to convey what I mean?"[24] The fin becomes a symbol for meaning itself, for truth itself, that needs to be grasped, expressed, conveyed to others as a rhythm, a feeling, through poetry for example, or stories.[25]

Their experience involves the complex Umwelt of these desires: on the one hand the desires or affects that form one's disposition and that drive the self just as the moth is drawn to those things that affect it, that comprise the Umwelt. Yet they also desire to communicate, to express, the very Umwelt that limits and surrounds them, to convey or fail to convey the sense of meaning or truth one has felt, one has glimpsed, like a fin rising out of the waters far out to sea.

Deleuze and Guattari see art as being defined by affects (the desires that determine what a body can do) and percepts (the desire to perceive and to generate perceptions in others). I have written elsewhere of Woolf's interest in Paul Cézanne and his logic of sensations, which is in turn taken up by Deleuze. Cézanne emphasises how the sensation that comes from nature (which itself expresses sensation) is felt within (as sensation or affect), and expressed on the canvas (as the touches or

22 Woolf, *The Waves*, 110, 138, 141, 146, 186.
23 Ibid., 69.
24 Ibid., xli.
25 Ibid., 151, 219, 227.

sensations of the brush conveying percepts) conveying sensations to the viewer in turn.[26]

But in order for this circuit to be closed the hand of the reader must catch the ball thrown by the poem. If von Uexküll sees the contrapuntal sympathy of the spider and the fly just as Henri Bergson sees the sympathy of the wasp and the larvae in *Creative Evolution* as a precise analogue of musical form, Deleuze and Guattari extend this in *A Thousand Plateaus* so that the child that sings (to calm her nerves and make a world she can live in), or the bower bird that decorates and performs to charm his mate, desires to extend beyond the bubble of the self in order to create a territory that others can share.

This for Deleuze and Guattari is essentially the desire that is expressed through art. *The Waves* itself is an example of this desire to form a territory and to feel one's way towards a method of achieving it. Woolf approaches this through questions of form. Her early idea was to write "a new kind of play [...] Away from facts: free, yet concentrated; prose yet poetry; a novel & a play."[27] This new form would involve an emphasis on rhythm the poetic rather than the plot or narrative, although the idea of the story remains a crucial element in the novel, particularly through the protagonist Bernard, who writes stories. So too, the motif of the waves and the rhythms of poetic language tie together the six protagonists who are divided by their particular desires but connected by these rhythms.

This is in sympathy with the insights of von Uexküll, Bergson, and Deleuze and Guattari who all insist on the image of music as an analogue for sympathy that goes beyond an individual being. Woolf attempts to build a territory that can accommodate every individual desire (or only six as an example of a still greater whole). This complex idea might be imagined as a larger human Umwelt, shimmering with the myriad affects of which we, as many many different human individuals, are capable, and the contradictory desires that drive us.

Again, Bernard attempts a summary, sketching how individuated Umwelts melt into larger ones:

> The crystal, the globe of life as one calls it, far from being hard and cold to the touch, has walls of thinnest air. If I press them all will burst. Whatever sentence I extract whole and entire from this

---

26 Anthony Uhlmann, *Thinking in Literature: Joyce, Woolf, Nabokov* (New York: Continuum, 2011), 85–100.
27 Diary cited in Introduction to Woolf, *The Waves*, xli.

> cauldron is only a string of six little fish that let themselves be caught while a million others leap and sizzle, making the cauldron bubble like boiling silver, and slip through my fingers. Faces recur, faces and faces – they press their beauty to the walls of my bubble – Neville, Susan, Louis, Jinny, Rhoda and a thousand others. How impossible to order them rightly; to detach one separately, or to give the effect of the whole – again like music.[28]

THE AFFECTS

In the *Ethics* Spinoza offers a definition of the affects. These are tied to the three primary affects love hate and desire. An individual's disposition can be complex and even contradictory. Early in in the definition of the affects Spinoza defines desire:

> by the word desire I understand any of a man's strivings, impulses, appetites, and volitions, which vary as the man's constitution varies, and which are not infrequently so opposed to one another that the man is pulled in different directions and knows not where to turn.[29]

Affects then, are unavoidable: they necessarily involve 'our very essence' since we all feel desire, since we all are comprised of conatus which is identified with our desire and essence. Yet it is not necessary that these affects or dispositions be absolutely fixed.

After defining Desire, Spinoza turns to Joy and Sadness. Here he states that joy involves 'man's passage from a lesser to greater perfection' and sadness 'man's passage from a greater to lesser perfection'. He emphasises the idea of 'passage': these affects are not fixed states; sadness is not 'the lesser perfection itself, since man cannot be saddened insofar as he participates in some perfection'. He continues:

> Nor can we say that sadness consists in the privation of a greater perfection. For a privation is nothing, whereas the affect of sadness is an act ... an act by which man's power of acting is diminished or constrained.[30]

---

28 Woolf, *The Waves*, 205–6.
29 Spinoza, E3DefAffI, 104.
30 Spinoza, E3DefAffIII, 104.

The affects involve process, then, acts that involve change, and can never be resolved into fixed states. The movement of affects, the act of change of affects, is normally ongoing, as one affect is overtaken and replaced by a stronger affect, though it is possible to be fixed in place as I will touch on below.

LONGING AND EMULATION

The 'Definitions of the Affects' in Part 3 of Spinoza's *Ethics* are broken into a number of parts. Definitions I–V consider the three primitive affects, desire, joy, and sadness, and two 'non-affects', wonder and disdain. Definitions VI–XVII then consider how joy and sadness are related to or associated with *external* causes. For example, love is joy associated with the idea of an exterior cause, hate is sadness associated with the idea of an exterior cause. Definitions XVIII–XXIV concern how joy and sadness are associated through empathy or antipathy, with our feelings towards others. For example, pity is sadness associated with the idea of an evil that has befallen someone we imagine to be like us; favour is 'love towards someone who has benefited another', and indignation 'hate towards someone who has done evil to another'. Definitions XXV–XXXI concern feelings we have towards our own self. For example, self-esteem is a joy associated with the contemplation of our own power, and humility a sadness associated with the contemplation of our weakness. Definitions XXXII–XLVIII, however, move away from a consideration of those things that we associate with joy and sadness to a consideration of desire.

As such these affects might be understood not only to be acts or passages from greater to lesser power or lesser to greater, but also, and perhaps more tellingly to potentially involve our very essence or disposition. While the former might quickly pass as a different affect overcomes the former and replaces it, the latter might persist, and might even characterise individuals, either for an period of time (that might involve moments, days or years) or for a lifetime, becoming ruling passions that determine how we respond to the world more generally. Longing, Emulation, thankfulness, benevolence, anger, vengeance, cruelty, timidity, daring, cowardice, consternation, human kindness, ambition, gluttony, drunkenness, greed, and lust are not only affects but dispositions that might either vary (if we are able to reorder them and shift from one state to another state, whether it be good for us or bad for us) or might become fixed as we fixate upon these affects.[31]

In Part 5 Proposition 9 Demonstration, of *The Ethics*, Spinoza states that "An affect is only evil, or harmful, insofar as it prevents the mind from being able to think."[32] With this said, not all dispositions are equal: we should endeavour to align our dispositions with affects that are joyful rather than those that are aligned with sadness: this indeed, is where Spinoza underlines the power of the mind to order the affects. In discussing the last five of these affects of desire, ambition, gluttony and drunkenness (which are paired with regard to food and drink respectively), greed and lust, Spinoza underlines that they have no opposites because "moderation, sobriety, and chastity indicate the power of the mind, and not a passion."[33]

As he shows elsewhere and as Moira Gatens and I discuss in our paper on disposition, Spinoza recommends a plan for living that involves our engaging with a variety of experiences and feelings and stimulating the imagination through art, love of nature, and other such pursuits. These affects of desire, however, can be further divided. Apart from the final five, which have just been discussed.

The first two, I would argue, are essential to an understanding of the capacities of literature.

> Longing is a desire, *or* appetite, to possess something which is encouraged by the memory of that thing, and at the same time restrained by the memory of other things which exclude the existence of the thing wanted.[34]

This aligns with nostalgia, the elegiac, as well as for fantasies of maintaining or attaining what we know cannot be (any longer) or cannot be at all, or cannot be for much longer. So much literature is infused with longing, regret for what is past or might never come, nostalgia or utopia or dystopia. It might be argued that literature has the capacity not only to convey affects that might pertain to characters and the societies from which they emerge (anger, vengeance, cruelty, timidity, cowardice and consternation) or might momentarily affect those characters and situations (envy, hope, fear, confidence, despair, gladness, remorse, and so

31 Spinoza, E3DefAffXXXII–XLVIII, 110–12.
32 Ibid., 106.
33 Ibid., E3DefAffXLVIII, 112.
34 Ibid., E3DefAffXXXII, 110, italics in original.

on), but to offer underlying affects of desire such as longing and emulation, which situate the works and even direct the development of generic conventions.

Moira Gatens has written at length and profoundly on the importance of the exemplar to certain modes of literary production and I would argue that it is worth considering how this process might be tied to the affect of emulation, both for good and for bad.[35]

Spinoza states:

> Emulation is a desire for a thing which is generated in us because we imagine that others have the same desire.[36]

The power of imitation in literature has been highlighted since Aristotle. This affect involves, at its core, the imitation of the affects of others. As such, it is involved with affects understood as signs. It can be good, if we seek to emulate behaviour or aspire to norms that will increase our power. On the contrary it can be bad if we emulate norms that are contrary to our power. This of course, is not all that is involved with the concept of the exemplar and exemplarity that Spinoza develops, but it is useful to consider how it might engage with it, and how, it too, is made use of by artists to allow us to understand or reflect. René Girard's life's work was dedicated to the examination of various kinds of mimesis and mimetic desire, and this concept is very close to Spinoza's concept of emulation.

Spinoza ends the section Definition of the Affects by saying that he will pass over other affects (like jealousy) which arise from a composition or relation of affects he has already defined and 'because most of them do not have names' He states:

> it is clear that they all arise from desire, joy, or sadness – or rather, that they are nothing but these three, each one generally being called by a different name on account of its varying relations and extrinsic denominations.[37]

---

35 Moira Gatens, "Spinoza's Disturbing Thesis: Power, Norms and Fiction in the Tractatus Theologico-Politicus," *History of Political Thought* XXX, no. 3 (Autumn 2009): 455–68 sowie Moira Gatens, "Spinoza on Goodness and Beauty and the Prophet and the Artist," *European Journal of Philosophy* 23, no. 1 (2015): 1–16.
36 Spinoza, E3DefAffXXXIII, 110.
37 Ibid. E3DefAffXLVIII, 112.

Emulation and exemplar are related but there is complexity to these terms which don't simply mean that it is always a good thing to imitate behaviour.

In *The Waves* Bernard wants to be Byron, Shelley, a character from Dostoyevsky and there are so many examples of how Literary works enter into our worlds and form us, and right at the beginning of the form of the novel the problem of emulation was a key theme for Cervantes in *Don Quixote*, which Woolf seemingly alludes to at the very end of *The Waves*.[38] While emulation by no means accounts for everything in art it weaves its way in and out of it as positive and negative exemplars of beings that might be like or unlike ourselves fire our imaginations and provoke us to think

What of longing? Certain artistic forms such as the requiem in music or the elegy in poetry might be related to the kind of nostalgia for things lost Spinoza ties to longing. But longing is also a desire for things that have not yet come into being and so it can be found in lyrical forms linked to desire and sensual being, or longing can take on a spiritual dimension, one of material attainment, physical prowess: quests for spiritual or logical enlightenment, endeavour, adventure, expertise, accomplishment, all of these involve longing sometimes mixed with emulation as one seeks to imitate what seem to be the desirable affects and percepts of others.

LONGING STRUCTURES *THE WAVES*

The Waves moves from longings to be attained as the children seek to enter into life and become who they desire to be, but then it hardens as the possibilities of what might be attained narrows. The narrowing relates to habit, to obligations that stand in the way of pursuing what is longed for, but such habits have two sides: they not only reduce and narrow the protagonists but equally serve to hold them together, containing them in their characters, their Umwelts:

> Listen. There is a sound like the knocking of railway trucks in a siding. That is the happy concatenation of one event following another in our lives. Knock, knock, knock. Must, must, must. Must go, must

---

38 Again, a similar point is made by René Girard, *Deceit, Desire and the Novel: Self and Other in Literary Structure*, trans. Yvonne Freccero (Baltimore: Johns Hopkins Press, 1965).

> sleep, must wake, must get up – sober, merciful words which we pretend to revile, which we press tight to our hearts, without which we should be undone. How we worship that sound like the knocking together of trucks in a siding![39]

Insofar as this leads to disappointment (as who one wanted to be does not square with who one is), longing doesn't diminish; rather it takes on a different face, no longer looking forward in expectation but back, whether in satisfaction or disappointment. At the close of the day it might be overcome, but only insofar as one no longer desires or has expectations to reflect on the meaning or meaninglessness of what is and has been. This is seen with Bernard, who began with nothing but faith in stories and his ability to tell them. As things progress, however, he comes to doubt, wondering 'which is the true story.'[40] Finally, an old man whose youthful desires have largely run their course, he completely loses faith in the story that is neatly tied up and full of meaning, the story based on the idea of plot, or purpose. He states: 'Of story, of design, I do not see a trace.'[41] And later Bernard takes up the imagery of wasteland, that is usually associated with Louis in the novel (and critics have suggested that Louis is modelled on T.S. Eliot). The self that encompasses him seems to no longer work, no longer feel, no longer express.

> This self now as I leant over the gate looking down over fields rolling in waves of colour beneath me made no answer. He threw up no opposition. He attempted no phrase. His fist did not form. I waited. I listened. Nothing came, nothing. I cried then with a sudden conviction of complete desertion, Now there is nothing. No fin breaks the waste of this immeasurable sea. Life has destroyed me. No echo comes when I speak, no varied words. This is more truly death than the death of friends, than the death of youth.[42]

Yet this is not where things end. If death represents meaninglessness, senselessness, a failure of affect and percept, Bernard ends his monologue by returning to emulation and longing, however childish, however human, echoing Don Quixote's tilting at windmills.

---

39 Woolf, *The Waves*, 187.
40 Ibid., 174.
41 Ibid., 192.
42 Ibid., 227.

> Death is the enemy. It is death against whom I ride with my spear couched and my hair flying back like a young man's [...] I strike spurs into my horse. Against you I will fling myself, unvanquished and unyielding, O Death![43]

MEANING

I will end with what has been for me a problem, something that I haven't understood. Perhaps versions of this failure of understanding have repeated in my approach to what are similar problems. I see this failure of understanding as also being echoed in *The Waves*, and the passages I've just referred to. By failure of understanding I don't mean simple mistake, but some kind of limit point, some kind of limit to my capacity to understand. That is: do things mean at all? Or is meaning something we construct as a means of organisation?

VON UEXKÜLL'S UMWELT

Is the Umwelt particular to each individual – each moth, each tick, each human being – or is it always applied to a species – certain species of moths, certain species of tick, the human species? Woolf's *The Waves* and Spinoza's *Ethics* suggest that at least with regard to beings of the complexity of human beings we each have our own dispositions, our own capacities to affect and be affected and that these capacities differ among individuals of the same species. And yet *The Waves* and the *Ethics* attempt to also think in terms of human being and other living beings in general. So too it seems that von Uexküll mostly tries to get outside the particularity of individuals and to think in terms of species. As such any human Umwelt would needs be deviously complex since it would carry within it not simple operations and perceptions but an indefinite number of operations and perceptions.

Perhaps this explains von Uexküll's leap to the spiritual dimension. A dimension that somehow involves divine understanding or intelligent design, with God able to understand a complexity that is beyond our ken. Von Uexküll wrote a book called *The Theory of Meaning*. The word 'theory'

---

43 Woolf, *The Waves*, 238.

comes from the Greek for 'to spectate'. The word 'meaning' comes from the Indo-European root for 'mind'.

That is, to develop a theory of meaning involves spectating or speculating on thought. To see it as if from outside, as if with indifference, like the observers imagined by science. In *The Waves* two protagonists, Rhoda and Louis, desire *not to be* in the normal way. Rhoda imagines herself as barely being at all, invisible, abstract ... a pure spectator upon the world ... she may well be a portrait of the anonymous writer Woolf herself desires to become.[44] Louis, with an extreme effort of the will tries to become something other than his self, overwriting the ostracised outsider – the colonial boy from Australia – with a businessman who coolly connects worlds, a poet who exists across and within all civilisations. As I have said critics have argued his voice is based on Woolf's friend, the American immigrant to England, T.S. Eliot.[45]

These two are able to see a kind of vision where people are or can be abstract, before they resolve into particular being. It is seemingly only at this point that the meaning of being can be grasped, the fin far out in the sea might be caught. Louis says:

> But now look, as we stand here, a ripple breaks on the horizon. The net is raised higher and higher. It comes to the top of the water. The water is broken by silver, by quivering little fish. Now leaping, now lashing, they are laid on shore. Life tumbles its catch upon the grass. There are figures coming towards us. Are they men or are they women? They still wear the ambiguous draperies of the flowing tide in which they have been immersed.[46]

And Rhoda answers: "Now," said Rhoda, "as they pass that tree, they regain their natural size. They are only men and women. Wonder and awe change as they put off the draperies of the flowing tide. Pity returns."[47]

If one were to imagine the Umwelt being as Jacob von Uexküll imagined – a bridge between science and humanities – it would have to have these two sides. On the one side, a human is limited by the narrow sphere of their existence. On the other side, a human's will seemingly far exceeds the limits of their own particular being: driven by longing, spurred by

---

44 Hermoine Lee, *Virginia Woolf* (New York: Vintage, 1999), 733–55.
45 Lee, *Woolf*, 434.
46 Woolf, *The Waves*, 185.
47 Ibid., 185.

emulation, spreading, opening to affects and percepts beyond the reach of their own sensations, and then desiring to express this excess, to make a territory out of this chaos that others can share.

This is how Neville imagines himself to be:

> I am merely 'Neville' to you, who see the narrow limits of my life and the line it cannot pass. But to myself I am immeasurable; a net whose fibres pass imperceptibly beneath the world. My net is almost indistinguishable from that which it surrounds. It lifts whales – huge leviathans and white jellies, what is amorphous and wandering; I detect, I perceive.[48]

Is the great net of human understanding and imagination the Umwelt? Or one side of it? Or is the Umwelt the self one perceives, one's own self, as it is torn by life. Neville continues:

> Beneath my eyes opens – a book; I see to the bottom; the heart – I see to the depths. I know what loves are trembling into fire; how jealousy shoots its green flashes hither and thither; how intricately love crosses love; love makes knots; love brutally tears them apart. I have been knotted; I have been torn apart.[49]

CONCLUSION

This collection of essays wishes to address 'the limits of ethology' as a discipline that has not achieved its potential. Implied is the question as to why this might be so. What is striking as one reads into the discipline and considers the problems it sets out to confront is the imagined figure of the enemy that occurs in Lorenz, in Eibl-Eibesfeldt, in Bergson, in von Uexküll, in Simondon, in Spinoza, in Deleuze and Guattari, in Woolf.

The enemy has misunderstood and even discounted the importance of phylogenesis for Lorenz. For von Uexküll the enemy is like a colour-blind person: they are meaning blind and his very theory explains why: they are incapable of certain affects.[50] For Spinoza the enemy fails to understand so many things and perversely puts forward counter understandings

---

48 Woolf, *The Waves*, 171.

49 Ibid.

50 Uexküll, "The Theory of Meaning," 25–6.

based on their narrow vested interests (those who claim scripture and not Nature is where God reveals his truth; those who claim the human mind is a 'dominion within a dominion'[51] rather than merely being another mode of being among many which like all others is subject to the laws of Nature. Deleuze and Guattari see traditional philosophy as imposing an image of thought that narrows our potential.[52] For Simondon atomists and hylomorphic thinkers have long imposed a version of being that fixes it in place rather than seeing it as being comprised of relations that are only ever meta-stable, becoming individuated and then becoming something else.[53] For Bergson the enemy seeks to fix being by considering time to be another kind of space rather than essentially involving movement.[54] For Woolf the enemy may even be within: the Virginia Woolf who doubts and calls her masterpiece ugly and a failure, the Virginia Woolf who frets that readers will simply be confused. Who wonders whether the role of art is to entertain and cover over suffering rather than focusing on it, spectating on minds and what they feel.[55]

Could global capitalism be understood as an Umwelt? Could the concept be bent that far, even in fiction or literary critical speculation? If so, does it involve specific and identifiable limitations upon meaning? Do certain theoretical methods equally limit our capacities to think, perhaps because they are focused on practical outcomes that might be justified to governments, funding bodies or industry partners within globalised systems of higher education? Perhaps that is because these masters are disposed in certain ways?

Ethology requires an understanding that forcefully links our capacities to our environments. Our cultures on the other hand still see our principle capacities as human beings as mastery over the environment. The failure or limitation of ethology might merely reflect who is winning the struggle. Yet as we are perhaps seeing, the truth expressed by nature will have the final word.

There are many stories, Woolf claims in *The Waves*, but which story is true? This can be put another way: the story ethology tells is true to nature but this does not mean it will necessarily be the story that gets to be told when its truth threatens so many enemies, with their longings, their emulations, their deeply felt desires.

---

51 Spinoza, E3Preface, 68.

52 Deleuze and Guattari, *A Thousand Plateaus*, 374–79.

53 Simondon, *L'individuation*, 23–36.

54 Bergson, *Time and Free Will*, 120–21.

55 Woolf, *The Waves*, lviii.

BIBLIOGRAPHY

Alt, Christina *Virginia Woolf and the Study of Nature*. Cambridge: Cambridge UP, 2010.

Bergson, Henri *Time and Free Will. An Essay on the Immediate Data of Consciousness*. Translated by F.L. Pogson. New York: Dover, 2001.

Combes, Muriel *Gilbert Simondon and the Philosophy of the Transindividual*. Translated with Preface and Afterword by Thomas LaMarre. Cambridge Mass.: MIT Press, 2013.

Deleuze, Gilles, and Félix Guattari *A Thousand Plateaus: Capitalism and Schizophrenia*. Translated and Foreword by Brian Massumi. Minneapolis: University of Minnesota Press, 2005.

Fischer, Joachim "Exploring the Core Identity of Philosophical Anthropology through the Works of Max Scheler, Helmuth Plessner, and Arnold Gehlen." *Iris*, I (1 April 2009): 153–70.

Gatens, Moira "Spinoza's Disturbing Thesis: Power, Norms and Fiction in the Tractatus Theologico-Politicus." *History of Political Thought* III, no. 3 (Autumn 2009): 455–68.

— "Spinoza on Goodness and Beauty and the Prophet and the Artist." *European Journal of Philosophy* 23, no. 1 (2015): 1–16.

Girard, René *Deceit, Desire and the Novel: Self and Other in Literary Structure*. Translated by Yvonne Freccero. Baltimore: Johns Hopkins Press, 1965.

Heidegger, Martin *Being and Time*. Translated by John Macquarrie and Edward Robinson. Oxford: Blackwell, 2001.

Krüger, Hans-Peter "The Nascence of Modern Man: Two Approaches to the Problem – Biological Evolutionary Theory and Philosophical Anthropology." In *Plessner's Philosophical Anthropology: Perspectives and Prospects*, edited by Jos de Mul, 57–78. Amsterdam UP: Amsterdam, 2014.

Lee, Hermoine *Virginia Woolf*. New York: Vintage, 1999.

Lorenz, Konrad Z. *The Foundations of Ethology*. Translated by Konrad Z. Lorenz and Robert Warren Kickert. New York: Springer Science + Business Media, 1981.

Simondon, Gilbert *L'individuation à la lumière des notions de forme et d'information*. Paris: Million, 2017.

Spinoza, Benedict de *Ethics*. Translated by Edwin Curley. London: Penguin, 1996.

— "Theological Political Treatise." In *The Collected Works of Spinoza, Volume II.*, edited and translated by Edwin Curley, 65–354. Princeton: Princeton UP, 2016.

Von Uexküll, Jakob "A stroll through the worlds of animals and men: A picture book of invisible worlds." Translated by Claire H. Schiller. *Semiotica* 89, no. 4 (1992): 319–91.

— "The new concept of Umwelt: A link between science and the humanities." *Semiotica*, 134–1/4 (2001): 111–23.
— "The Theory of Meaning." *Semiotica*, 42–1 (1982): 25–82.
Uhlmann, Anthony *Thinking in Literature: Joyce, Woolf, Nabokov*. New York: Continuum, 2011.
Uhlmann, Anthony, and Moira Gatens "Spinoza on art and the cultivation of a disposition toward joyful living." *Intellectual History Review*, Vol. 30, Issue 3: Spinoza and Art, Pages (2020): 429–45.
Waugh, Patricia "'Did I Not Banish the Soul?' Thinking Otherwise, Woolf-Wise." In *Contradictory Woolf*, edited by Derek Ryan and Stella Bolaki, 23–42. Liverpool: Liverpool UP, 2012.
Woolf, Virginia *The Waves*, edited by Michael Herbert and Susan Sellers with research by Ian Blyth. Cambridge: Cambridge University Press, 2011.

ADRIAN ROBANUS

LITERARISCHE ETHOLOGIE IN MARCEL BEYERS ROMAN *KALTENBURG*

ABSTRACT - LITERARY ETHOLOGY IN MARCEL BEYER'S NOVEL *KALTENBURG*

Marcel Beyer's novel *Kaltenburg* presents the life of a fictitious German ethologist in the 20th century. It is based on the biography of Konrad Lorenz, a prominent as well as problematic figure in the history of ethology. This article demonstrates to what extent the ethologist's perspective on animals and humans is presented from a reflected position of second-order observation in Beyer's text. The specific literary ethology of his novel is characterized by four aspects: First, an ethologist and his scientific activity are at the center of the novel's theme. Second, the protagonist's ethological activity is closely related to the aesthetics of *Kaltenburg*. Ethology thus appears as an observational activity that can be compared in many ways to the technique of the novel. Third, the text implicitly and explicitly historicizes ethology and places it in historical contexts. Fourth, the novel reflects human-animal as well as human-human relations. The literary ethology of *Kaltenburg* thus presents a multi-layered aesthetics of second-order observation.

> Er kann ganze Tage auf der Wiese liegen, man glaubt, er rühre sich nicht, er schlafe, dabei ist er in die Tierbeobachtung versunken. Um ihn herum lagern ein paar Enten, an der Kellertreppe bearbeitet der Kolkrabe lärmend eine verschlossene Kiste, hinter dem Haus kämpft der Gelbhaubenkakadu mit der Wäscheleine, die Hunde jagen kläffend durch den Garten. ‚Leben heißt Beobachten', sagt Kaltenburg, und: Man müsse die Gesellschaft der Tiere suchen.[1]

So wird der Ethologe Ludwig Kaltenburg in Marcel Beyers gleichnamigem Roman charakterisiert. Greift man die beschriebene Szene isoliert auf, so scheint eine idyllische Unschuld in dieser Beobachtungstätigkeit des Verhaltensforschers zu liegen. Im Kontext des ganzen Romans wird allerdings deutlich, dass *Kaltenburg* eine reflektierte und komplexe Poetologie des Beobachtens enthält, die sich in der Formel „Leben heißt Beobachten" verdichtet, aber nicht erschöpft.[2]

Im Folgenden wird gezeigt, inwiefern aus der Beobachtung erster Ordnung des Tierforschers in Marcel Beyers Roman *Kaltenburg* eine reflektierte Beobachtung zweiter Ordnung entwickelt wird.[3] Das damit verbundene Formverfahren wird hier ‚literarische Ethologie' genannt.[4] Die für diesen Roman spezifische literarische Ethologie zeichnet sich durch vier Aspekte aus: Erstens stehen ein Ethologe und seine wissenschaftliche Tätigkeit im Zentrum des Romans. Zweitens wird die ethologische Tätigkeit des Protagonisten mit dem literarischen Verfahren des Textes in

---

1 Marcel Beyer, *Kaltenburg* (Frankfurt am Main: Suhrkamp, 2008), 145.

2 Zur Beobachtung in *Kaltenburg* bisher am ausführlichsten: Julia Bodenburg, *Tier und Mensch. Zur Disposition des Humanen und Animalischen in Literatur, Philosophie und Kultur um 2000* (Freiburg im Breisgau / Berlin / Wien: Rombach, 2012), 269–311. Bodenburg hat bereits den grundsätzlichen Zusammenhang zwischen Ethologie und Beobachtung in diesem Roman gesehen (cf. Bodenburg, *Tier und Mensch*, 276), der im vorliegenden Aufsatz im Hinblick auf die Beobachtungsebenen unter Rückgriff auf das Konzept der Beobachtung zweiter Ordnung ergänzt wird.

3 Zum Konzept der Beobachtung zweiter Ordnung grundlegend cf. Niklas Luhmann, *Die Kunst der Gesellschaft* (Frankfurt am Main: Suhrkamp, [9]2017), 92–164.

4 Damit schließe ich an die noch unveröffentlichte Habilitation Martin Roussels, *Literarische Ethologie*, an, die in ihrer Einleitung eine Programmatik literarischer Ethologie entfaltet. Das Konzept ist in diesem Aufsatz allerdings weitaus enger gefasst als in Roussels Ansatz, um die spezifische Poetik der Ethologie in *Kaltenburg* zu erfassen.

Bezug gesetzt. Die Ethologie erscheint so als Beobachtungstätigkeit, die sich in vielerlei Hinsicht mit der Technik des Romans vergleichen lässt. Drittens wird in diesem Roman implizit und explizit die Ethologie historisiert und in geschichtliche Kontexte eingeordnet. Viertens durchzieht die literarische Ethologie des Romans die Reflexion der Mensch-Tier-Beziehungen: Wie Aleida Assmann feststellt, arbeitet *Kaltenburg* damit, aus der Beobachtung der Tiere einen „verfremdenden und erweiternden Blick[]“[5] zu gewinnen.

I. ETHOLOGIE UND GESCHICHTE

Zusammen mit Michael Köhlmeiers *Abendland* beschreibt Leonhard Herrmann *Kaltenburg* als einen Text, der „die ‚ganze‘ Geschichte des 20. Jahrhunderts präsent machen und im Rahmen eines übergeordneten historiografischen Ansatzes deuten“ möchte. Damit rekurriere er auf „einen außersprachlichen, faktualen Bestandteil von Realität“[6]. Diese These erstaunt zunächst, ist doch die Hauptfigur des Romans, Kaltenburg, ein fiktiver Charakter, auch wenn seine Biografie an diejenige von Konrad Lorenz angelehnt ist, wie Herrmann selbst feststellt: es handelt sich um eine „fiktive Biografie[] in der Tradition des Gelehrtenromans“[7] Marcel Beyers Roman lotet anhand einer fiktiven Biografie das Erkenntnispotential der Literatur für Vergangenheitsdeutung aus. Diese Relevanz für das tatsächliche Geschichtsbild suggeriert bereits der Klappentext der Taschenbuchausgabe als Lektüreeindruck: „Vor dem Hintergrund von einem halben Jahrhundert DDR-Geschichte“ seien die „menschliche[n] Lebensläufe“ des Romans situiert.

Wenn hier das Exemplarische der Figurenbiografien für das Allgemeine der Geschichte des 20. Jahrhunderts steht, dann konkretisiert sich die Frage in Bezug auf die literarische Ethologie: Wieso ist die fiktive Biografie eines Verhaltensforscher exemplarisch für die Geschichte des

---

5 Aleida Assmann, „Geschichte aus der Vogelperspektive“, in *Marcel Beyer. Perspektiven auf Autor und Werk*, hg. Christian Klein (Stuttgart: Metzler, 2018), 157–70.

6 Leonhard Herrmann, „Kulturgeschichten des Wissens: Das ganze 20. Jahrhundert im Rückblick – fiktive Gelehrtenbiografien von Michael Köhlmeier und Marcel Beyer“, *KulturPoetik* 11, Nr. 2 (2011): 243.

7 Ibid., 243.

20. Jahrhunderts?[8] Implizit ergibt sich daraus die These: Die Geschichte eines Ethologen macht das 20. Jahrhundert besonders gut verstehbar. Herrmann kommt zu dem Schluss, dass sich der Roman auf die Formel bringen lasse, dass die „Naturalisierung des menschlichen Verhaltens [...]“ hier als einer der „epistemologische[n] Irrtümer des 20. Jahrhunderts [...] als Ursache [...] der historischen Katastrophe dargestellt“[9] werde. Herrmanns Deutung setzt also auf die Möglichkeit der eindeutigen Entschlüsselung; Lorenz' Ethologie wird zur Chiffre für die Biologisierung des Menschen, die für die Rassenideologie des Nationalsozialismus grundlegend ist.

Diese interpretatorische Eindeutigkeit wird sicherlich durch das literarische Verfahren des Romans ermöglicht, der über verschiedene Codierungen leser*innenlenkend die Defizite von Kaltenburgs durch die Ethologie geprägter Weltsicht als zentrale Defizite des 20. Jahrhunderts charakterisieren. Räumt man allerdings ein, dass der Erzähler nur über ein „unzuverlässige[s| und sehr selektive[s] Gedächtnis“[10] verfügt, so wird deutlich, dass es sich bei dieser Figurenansicht um eine vielfach vermittelte Perspektive handelt, so dass die Vermitteltheit der Vergangenheit durch den Roman miterzählt wird.[11] Der Roman enthält neben seinen Deutungsangeboten viele Passagen, die deren Endgültigkeit wieder verunsichern. Den Roman durchziehen Metaphern der Verunklarung von Bedeutungszuweisungen. Und daher lässt sich *Kaltenburg* genauso als Beispiel für die „Auflösung der Ordnung“[12] lesen, wie das Achim Geisenhanslücke in seiner Interpretation vorführt. Ausgangspunkt für seine Lektüre ist eine Schlüsselszene des Textes, in der die im Feuersturm verbrannten Tiere am 13. Februar 1945 als schwarze Klumpen vom Himmel fallen. „Wie hätte ich jetzt Krickente von Löffelente, Pfeifente von Reiherente oder Schellente von Tafelente unterscheiden sollen, da sämtliche Tiere

---

8 Hier „wird ein (vermeintlich) dominantes Epistem des 20. Jahrhunderts zur Chiffre für das ‚ganze' 20. Jahrhundert, das nur in dieser fiktiven Exemplarität in Erscheinung treten kann“ (Herrmann, „Kulturgeschichten“, 254).

9 Ibid., 255.

10 Assmann, „Vogelperspektive“, 160.

11 Es handelt sich um einen „Erinnerungsroman, der die Blockaden, Verstellungen und Verschiebungen im Prozess des Erinnerns gewissenhaft mitprotokolliert.“ Ibid., 160.

12 Achim Geisenhanslücke, „Ordnungen des Nichtwissens. Monströse Räume bei W. G. Sebald und Marcel Beyer“, in *Literarische Räume. Architekturen – Ordnungen – Medien*, hg. Martin Huber et al. (Berlin: De Gruyter, 2012), 290.

auf dem Wasser auf einmal brannten."[13] (K 106) Unterscheidung ist die Basisoperation wissenschaftlichen Arbeitens. Die Bestimmung des Speziellen, Individuellen läuft dabei immer auf eine Kategorienbildung hinaus. Der Brand Dresdens zerstört aber die Basis für die Möglichkeit dieser Unterscheidung: Die einzelnen Entenarten werden zu gleichzeitig brennenden Tieren, von der spezifischen muss auf eine allgemeinere Unterscheidung ausgewichen werden. Wenn es aber vor allem die Erfahrung des „Aussetzens des Wissens durch die Auflösung der sprachlichen und räumlichen Ordnungen, in denen es zur Erscheinung kommen sollte"[14] ist, die den Mittelpunkt des Romans ausmacht, dann ist die oben präsentierte Vereindeutigung des Romans nur eine Bedeutungsdimension. Versteht man die literaturwissenschaftlichen Lektüren von *Kaltenburg* als Beobachtung dritter Ordnung, so wird anhand der Lektüren deutlich, dass Beyers literarische Ethologie selbst ein divergentes Feld von Beobachtungspositionen eröffnet.[15]

II. KONRAD LORENZ

> VIII. Indoktrinierbarkeit
> Mein Lehrer Oskar Heinroth, Erznaturforscher und Erzspötter der Geisteswissenschaften, pflegte zu sagen: „Was man denkt, ist meistens falsch, aber was man weiß, ist richtig." Dieser erkenntnistheoretisch unbelastete Satz drückt ganz ausgezeichnet den Entwicklungsgang alles menschlichen Wissens, vielleicht allen Wissens überhaupt aus. Zuerst ‚denkt man sich' irgend etwas, dann vergleicht man es mit der Erfahrung und mit den weiteren einlaufenden Sinnesdaten, um dann aus Übereinstimmung oder Nichtübereinstimmung auf Richtigkeit oder Unrichtigkeit dessen, was man ‚sich gedacht' hat, zu schließen.[16]

---

13 Beyer, *Kaltenburg*, 106.

14 Geisenhanslücke, „Ordnungen", 294.

15 Cf. Peter-André Alt, „Beobachtungen dritter Ordnung. Literaturgeschichte als Funktionsgeschichte kulturellen Wissens", in *Grenzen der Germanistik. Rephilologisierung oder Erweiterung? DFG-Symposion 2003*, hg. Walter Erhart (Stuttgart: Metzler, 2004), 186–209.

16 Konrad Lorenz, *Die acht Todsünden der zivilisierten Menschheit* (München: Piper, ^{39}2020), 84.

So beginnt das achte Kapitel von Konrad Lorenz' *Die acht Todsünden der zivilisierten Menschheit* von 1973. Offenbar positioniert er sich im Streit der *two cultures* auf der Seite der Naturwissenschaften, auf der Seite eines erkenntnistheoretischen Optimismus. Der Glaube in die Macht des naturwissenschaftlichen Denkens ist bei ihm verbunden mit einem Optimismus bezüglich der Erklärungsmacht der Ethologie.

> Sowohl in meinem Buch über Aggression (1963) wie in öffentlichen Vorträgen (1968, 1969) habe ich die Frage diskutiert, worin wahrscheinlich die ethologischen Ursachen des Generationskrieges zu suchen seien [...]. Dem ganzen Erscheinungskreise liegt eine Funktionsstörung des Entwicklungsvorganges zugrunde, der sich beim Menschen in der Pubertätszeit abspielt. [...] Der instinktive Wunsch, für eine gute Sache auch *kämpfen* zu können, ist für die Objektwahl ausschlaggebend, besonders bei jungen Männern.[17]

Diese Zitate zeigen, dass Konrad Lorenz in seinem populärwissenschaftlichen Text einen erkenntnistheoretischen Optimismus vertritt, der aus der geisteswissenschaftlichen Perspektive äußerst naiv wirkt und in seinem Buch zahlreiche Übertragungen verhaltensbiologischer Erkenntnisse auf menschliche Gesellschaften vornimmt, die wissenschaftlich in Frage gestellt wurden und sich als anschlussfähig für konservative Gesellschaftsmodelle erweisen. Das Projekt der Humanethologie, die vor einigen Jahrzehnten als zukunftsträchtige Disziplin erschien,[18] hat sich für die historischen Wissenschaften als wenig anschlussfähig erwiesen, weil sie unter dem Verdacht steht, mit der Entität „des Menschen" zu arbeiten und damit die große historische und kulturelle Varianz menschlicher Gesellschaften nicht in den Blick bekommen zu können. Zudem erscheinen Erkenntnisse der Humanethologie oft als reduktionistische oder deterministische Beschreibungsmuster, die unzulässige Analogieschlüsse zwischen Tier- und Menschenverhalten herstellen. Auf einer Ebene populären Wissens sind allerdings humanethologische Erklärungsschemata nach wie vor beliebt, um sich die Welt zu erklären.

Konrad Lorenz, der von den Herausgebern des *Human Ethology*-Bandes als Gründervater des Ethologie adressiert wird, ist im kollektiven Bewusstsein im Gegensatz zur Humanethologie noch sehr präsent. Er

---

17 Lorenz, *Todsünden*, 75.

18 Cf. Mario von Cranach et al., eds., *Human ethology. Claims and Limits of a New Discipline* (Cambridge et al.: Cambridge University Press, 1977).

wird als *scientific persona* wahrgenommen.[19] Zahlreiche Fernseh- und Radiosendungen und Zeitungsartikel werden ihm gewidmet; einige Bilder von ihm sind ikonisch geworden und seine populärwissenschaftlichen Werke werden immer wieder neu aufgelegt.[20] Gleichzeitig wird seine ambivalente Rolle im Nationalsozialismus und sein problematisches Weitertragen von rassistischen und biologistischen Kategorien in seinen Aussagen und Texten in der Rezeption seit langem kontrovers diskutiert.[21] Die Rezeptionsgeschichte der Humanethologie im populären Diskurs wirft eine Vielzahl wissensgeschichtlicher Fragestellungen auf. Deutlich wird anhand von Lorenz, dass der öffentliche Diskurs über die Wissenschaften an vielen Konzepten von Wissenschaft festgehalten hat, die von der Wissenschaftsgeschichtsschreibung kritisch hinterfragt werden: Im Zentrum der Rezeption steht eine Wissenschaftlerfigur, kein Kollektiv von Wissenschaftler*innen. Das Private, die Person, steht in der öffentlichen Rezeption oft im Vordergrund, Anekdoten spielen eine wichtige Rolle und ikonische Bilder prägen die Präsenz der Forscher*innen. Figuren, die über ihre fachliche Forschung hinaus für ein breiteres Publikum publiziert haben, werden dabei besonders wahrgenommen,.

Lorenz' Biografie erweist sich hochgradig anschlussfähig für populäre Narrative von Wissenschaftlichkeit; durch die institutionelle Verankerung seiner Arbeiten im Biologieunterricht wurde er im kollektiven Bewusstsein präsent gehalten. Seine kontroversen Fortschreibungen von Elementen der nationalsozialistischen Rassenideologie macht ihn darüber hinaus zum potentiellen Gegenstand der Selbstverortung durch Affirmation oder Abgrenzung.[22] Durch seine Position zwischen Wissenschaft

---

19 Zu diesem Konzept cf. Lorraine Daston und Otto Sibum, „Scientific Personae and Their Histories", *Science in Context* 16 (2003): 1–8.

20 Cf. hierzu Doris Kaufmann, „Konrad Lorenz. *Scientific persona*, ‚Harnack-Pläncker' und Wissenschaftsstar in der Zeit des Kalten Krieges bis in die frühen 1970er Jahre (Berlin 2018)", aufgerufen am 31. Oktober 2020, https://pure.mpg.de/rest/items/item_3010668_5/component/file_3081258/content. Zur kritischen Evaluation von Lorenz' Ansätzen in der Verhaltensbiologie cf. Gerhard Medicus et al., Hg., *Konrad Lorenz und seine verhaltensbiologischen Konzepte aus heutiger Sicht* (Fürth: Filander, 2001).

21 Kaufmann, „Lorenz", 8.

22 Eine affirmative Biografie lieferte etwa Franz M. Wuketis, *Konrad Lorenz: Leben und Werk eines großen Naturforschers* (München: Piper, 1990). Zur kritischen Abgrenzung cf. Peter H. Klopfer, „Konrad Lorenz and the National Socialists. On the Politics of Ethology", *International Journal of Comparative Psychology* 7 (1994): 202–8. Zu Konrad Lorenz' nationalsozialistischer Vergangenheit cf.

und Gesellschaft, ethologischer Forschung und politischer Äußerung, Privatem und Öffentlichem wurde Lorenz selbst zur Bezugsfigur des Selbstverständnisses der Gesellschaft. Die Positionierungen zu Lorenz erhalten so den Charakter von Quellen zur narrativen Verfasstheit gesellschaftlichen Wissens. Wie häufig bei populärer Wissenschaftlerbiographik, lassen sie sich als Dokumente des jeweiligen Wissenschafts- und Weltverständnisses der einzelnen Akteure verstehen. Genau hier setzt die literarische Bearbeitung ein. Anstatt die „ethologischen Ursachen“ für gesellschaftliche Zusammenhänge zu suchen, kann die Rolle des Ethologen und der Ethologie in der Gesellschaft als Ausgangspunkt für ihre Beschreibung genutzt und so auf eine Ebene der Beobachtung zweiter Ordnung verschoben werden. Dieses Verfahren macht Konrad Lorenz' Biografie zum Material von Marcel Beyers Gesellschaftsroman *Kaltenburg*.

III. *KALTENBURG* ALS BEOBACHTUNG ZWEITER ORDNUNG EINER ETHOLOGENBIOGRAFIE

Die Interpretation des Romans im Hinblick auf die Ethologie lenkt den Fokus auf die Beobachtungsverfahren des Textes. Hier lassen sich heuristisch verschiedene Ebenen unterscheiden. Erstens beobachten die Tiere selbst: „Man meint unwillkürlich, die Dohle nehme einen sehr genau in den Blick, ja, sie habe die Fähigkeit, einen Menschen zu durchschauen.“ Zweitens beobachtet Kaltenburg die Tiere, insbesondere die Dohlen. Drittens beobachtet Hermann Funk Kaltenburg beim Beobachten der Tiere und Menschen. Viertens beobachtet die Dolmetscherin Kaltenburg bei der Darlegung seiner Beobachtungen. Und fünftens beobachten die Leser*innen alle diese verschiedenen Beobachtungsebenen. Über diese Beobachtung ergibt sich sofort die Frage nach den eigenen Beobachtungskategorien: Welche Schemata bestimmen eigentlich das eigene Beobachten?

Die jüngere Biografieforschung hat die wichtige Rolle narrativer Strukturierungen für die Erzeugung biografischer Ordnung hervorgehoben. Die Wahrheit des Biografischen liegt dann weniger auf der Ebene des faktisch Geschehenen, als vielmehr auf der Tatsache, dass Welt wesentlich durch solche biografischen Erzählmuster wahrgenommen

---

Benedikt Föger und Klaus Taschwer, *Die andere Seite des Spiegels: Konrad Lorenz und der Nationalsozialismus* (Wien: Czernin Verlag, 2001).

wird.[23] Aus dieser Perspektive hat insbesondere Romanliteratur einen besonderen Stellenwert, denn sie kann, ohne Anspruch auf faktischen, überprüfbaren Wahrheitswert, solche Erzählmuster wiedergeben und variieren und damit einen möglichen Blick auf die Welt insgesamt und auf die eigene Biografie und die Interaktion mit anderen Lebewesen präsentieren. Diese besondere Fähigkeit der Romanliteratur nennt Niklas Luhmann die Beobachtung zweiter Ordnung – im Unterschied zu einer Beobachtung erster Ordnung, die den Anspruch hat, Phänomene der Welt unmittelbar beschreiben zu können.[24] Indem der Vogelkundler Hermann Funk, Schüler von Ludwig Kaltenburg, als Biograf seiner selbst und Ludwig Kaltenburgs vorgestellt wird, wird er bei seiner Beobachtung der Welt beobachtet.

Bereits mit dem ersten Satz ist im Roman die Parallele zu Konrad Lorenz hergestellt. Denn Kaltenburg stirbt wie Konrad Lorenz im Februar 1989. Das wurde auch in den Rezensionen bemerkt. Aber der Roman heißt nicht „Lorenz", sondern *Kaltenburg*. Damit ist der fiktionale Charakter des Textes herausgestellt, der allerdings mit einem deutlichen Geschichtsbezug arbeitet. Mit seinen vielfältigen Realitätsbezügen, der Einbeziehung geschichtlich verortbarer Daten weist er sich als auf die faktuale deutsche Geschichte bezogen aus, wie in II. ausgeführt.[25] Mit dem fiktiven Biografen Hermann Funk präsentiert der Roman eine hergestellte Biografie, die zeigt, wie es gewesen sein könnte: Wie hätte ein Schüler eines renommierten Verhaltensbiologen seine eigene Geschichte und die seines Lehrers verfasst? Die Fragen, die sich die literaturwissenschaftliche Beobachtung hier stellen kann, lautet also: Welcher Formverfahren bedient sich die hier vorgestellte literarische Ethologie? Welche Interferenzen gibt es zwischen der Art, wie Hermann Funk die Geschichte seines Lehrers und seine eigene erzählt, mit den ethologischen Wissensbeständen, auf die er zugreift?

Die Beobachtungen des Erzählers erscheinen als stark geprägt durch seinen akademischen Lehrer Kaltenburg. Dennoch hat Herrmann Funk seine eigene Beobachtungsperspektive.[26] Er wird allerdings als Figur

---

23 Cf. Ansgar Nünnig, „Fiktionalität, Faktizität, Metafiktion", in *Handbuch Biographie*, hg. Christian Klein (Stuttgart: Metzler, 2009), 21–7.

24 Cf. Niklas Luhmann, Die Wissenschaft der Gesellschaft (Frankfurt am Main: Suhrkamp, 1990), 90.

25 Zu dieser Poetik zwischen Faktualität und Fiktionalität und zur Aufschlüsselung weiterer Bezugsfiguren cf. Assmann, „Vogelperspektive", 159–62.

26 Ob er ein „Mann ohne Eigenschaften" (Assmann, „Vogelperspektive", 159.)

präsentiert, die sich ihre eigene Position erst erarbeiten muss:[27] In der Logik des Romans wird Funks anfänglich starke Formbarkeit in Analogie zur Formbarkeit der Dohlen durch Kaltenburg lesbar. Die Aufarbeitung von Kaltenburgs Biografie ist für Funk gleichzeitig eine Emanzipationsgeschichte: Repräsentiert Kaltenburg eine erfolgreiche Ethologie, die aber tief in den Nationalsozialismus verstrickt ist, so tritt Hermann Funk eher als Präparator auf, denn die Vernachlässigbarkeit seiner ethologischen Arbeiten wird im Roman deutlich. Die Erinnerungsarbeit Hermann Funks, die konstitutiv mit dem Präparieren der Vögel verknüpft ist,[28] ist somit gleichzeitig eine Abgrenzung von der Verhaltensbiologie. Während die Übertragung der ethologischen Erkenntnisse auf menschliches Leben bei Kaltenburg verunmöglicht hat, einen angemessenen Blick auf die Vergangenheit zu gewinnen, gelingt Funk eine Art kritischer Distanz.

IV. EXPOSITION DER LITERARISCHEN ETHOLOGIE

„Ludwig Kaltenburg wartet bis zu seinem Tod im Februar 1989 auf die Rückkehr der Dohlen"[29]. *Kaltenburg* beginnt mit einer Rückschau. Der Protagonist der fiktiven Biografie wird zunächst am Ende seines Lebens eingeführt. Dieser kurze Abschnitt, der das erste Kapitel des Romans bildet, ruft bereits wesentliche Motive auf, die die weitere Erzählung durchziehen. Seinen Besuchern erzählt Kaltenburg zu Beginn dieser Szene davon, wie Kamindohlen in ihre Nester absteigen:

> Der Vogel springt nach einigem Zögern und Herumlaufen mit dem Schnabel voran in den Eingang der künstlichen Höhle, vollführt eine Drehung, findet mit abgespreizten Flügeln am rauhen Kamingemäuer Halt, streckt die Beine aus und stützt sich mit den Krallen ab. Dann geht es vorsichtig, man könnte sagen, Schritt für Schritt, hinunter in die Tiefe, zwei Meter oder mehr. Das laute Poltern, Rasseln, Schleifen.

---

sei, ist daher eher fraglich. Während Musils Protagonist über eine Überfülle an konkurrierenden Deutungsmustern verfügt, ist Funk ja gerade limitiert in seinen Beobachtungsmöglichkeiten.

27 Cf. Assmann, „Vogelperspektive", 165: „In Beyers Roman geht Beobachtung allerdings nie nur in eine Richtung. Jeder Beobachter wird auch beobachtet, sei es durch eine andere Person oder eine andere Spezies."

28 Cf. ibid., 163–64.

29 Beyer, *Kaltenburg*, 1.

> Momentaufnahmen dieser viele Male am Tag wiederholten Prozedur vermitteln den Eindruck, die Dohle stürze hilflos aus großer Höhe herab, aber das Gegenteil ist der Fall, jede Bewegung zeugt von überlegtem Vorgehen und äußerster Geschicklichkeit.[30]

Die Beschreibung dieser Beschreibung präsentiert Kaltenburg als Ethologen, als Wissenschaftler, als genauen Beobachter.[31] Gleichzeitig werden an dieser Beschreibung die sprachlichen Verfahren der Tierbeobachtung deutlich: das Verhalten des einzelnen Vogels steht repräsentativ für das Verhalten der Gattung. Die Beschreibungssprache ist notwendig aus dem Bereich menschlichen Verhaltens gewonnen. Das Verhalten der Tiere zu beschreiben, heißt daher auch immer, sie in den Beschreibungsraum menschlichen Verhaltens zu heben. Beobachten ist immer auch Interpretieren: Der Eindruck der Hilflosigkeit wird korrigiert durch die Unterstellung von „überlegtem Vorgehen". Der Dohle wird damit eine Intentionalität unterstellt, die Resultat der genauen Kenntnis der Dohlen ist.[32] Von Menschen ist allerdings zunächst nicht die Rede. Die Erzählperspektive macht aber deutlich, dass es sich hier von Beginn an um eine doppelte Beobachtung handelt: Kaltenburg wird beobachtet, wie er seine Dohlenbeobachtungen ausmalt. Die Parallelität dieser Beobachtungsvorgänge wird akustisch über ein Geräusch verbunden. Mancher der Besucher wird unsicher, „ober er tatsächlich die Gummireifen auf dem Parkett hört, oder ob er bereits den leisen Ruf einer Dohle vernimmt, die das Reifenquietschen täuschend echt zu imitieren weiß. Kaltenburg neigt den Kopf, als horche er."[33]

Die mehrfache markierte Determiniertheit des Anfangs als Exposition, die auch über die poetologischen Prinzipien des Romans Auskunft gibt, legt folgende Interpretation dieser Passage nahe: Die Verwechselbarkeit des Quietschens der Reifen von Kaltenburgs Rollstuhl und des Rufes seiner Dohlen macht beide zu Objekten eines Beobachtungsverhältnisses. Das potenziert die Interpretationsmöglichkeiten: Spricht Kaltenburg hier

---

30 Beyer, *Kaltenburg*, 10.

31 Zu Kaltenburg als Wissenschaftlerfigur cf. Matthias Aumüller, „Beobachtung und Anteilnahme. Wissenschaft und Wissenschaftler in Beyers *Kaltenburg*", in *Marcel Beyer. Perspektiven auf Autor und Werk*, hg. Christian Klein (Stuttgart: Metzler, 2018), 171–85.

32 Zu Kaltenburgs Dohlenforschung aus kulturwissenschaftlicher Perspektive cf. bes. Michael Eggers, „Liebhaberei. Marcel Beyers literarische Ornithologie", *Marcel Beyer. Edition Text + Kritik* 218/219 (2018): 148–58.

33 Eggers, „Liebhaberei", 148–58.

nur über Dohlen, die in einen Kamin herabsteigen? Oder werden die Dohlen zu Zeichentieren, zu Metaphern, über die er sein eigenes Gefühl am Ende seines Lebens codiert? Bereits in I wird also der Übergang zwischen Tieren und Menschen als Frage der Wahrnehmung präsentiert.[34] Beyers literarische Ethologie stellt damit implizit die Frage nach dem Zusammenhang zwischen ethologischer und literarischer Beobachtung.

Ein zweites Element, das in I/2 und I/3 eingeführt wird, ist Kaltenburgs ethologisches Schreiben. Das Werk „URFORMEN DER ANGST" habe Kaltenburg weltweit bekannt gemacht. Die Beschreibung des Werkes macht deutlich, dass hier die Frage des übergreifenden Zusammenhangs des Verhaltens verschiedener Tierarten und des Menschen thematisiert wird. Diese Frage ist gleichzeitig das Problem in der fiktiven Rezeption. Von einem Fachkollegen wird er über das Fernsehen aufgefordert, „sich auf sein Fachgebiet zu besinnen und Spekulationen über die Beschaffenheit des Menschen für alle Zukunft hinter sich zu lassen."[35] Anhand von jungen Singvögeln, der Schreckmauser von Turteltauben, am Beispiel von Hyänen und Pavianen werden Angstphänomene in der Tierwelt dargestellt. Die rhetorische Überschreitung der Mensch-Tier-Grenze wird durch den Blick in Kaltenburgs fiktives Buch lesbar gemacht: „Der Gesichtsausdruck im allerletzten Lebensausblick, da der Pavian blitzartig erfaßt, diesmal wird er dem Angreifer nicht entrinnen, unterscheidet sich laut Kaltenburg in nichts von einem Menschen, der seinem Todfeind rettungslos ausgeliefert ist."[36] Insbesondere in einem Ausblick, der „dem Verhältnis zwischen Tier und Mensch unter Extrembedingungen" gewidmet ist, „überschreite der Autor eine Grenze".[37] Diese Überschreitung wird auch anhand der Darstellung der Freundschaft eines jahrelang eingeschlossenen Häftlings mit Krähen, und der besonderen Klarheit des

---

34 Die bisher ausführlichste Untersuchung zur Tier-Mensch-Differenz in *Kaltenburg* bietet Bodenburg, *Tier und Mensch*, 269–311. Cf. auch Alan Bance, „‚Die Tierszenen beleuchten die Menschenszenen und die Menschszenen die Tierszenen': Marcel Beyer's Novel *Kaltenburg* and Recent German History", *Publications of the English Goethe Society* 80, no. 2–3 (2011): 180–95. Grundlegend zur Erforschung der Tiere in der Literatur cf. Roland Borgards, „Tiere in der Literatur. Eine methodische Standortbestimmung", in *Das Tier an sich. Disziplinenübergreifende Perspektiven für neue Wege im wissenschaftsbasierten Tierschutz*, hg. Herwig Grimm und Carola Otterstedt (Göttingen: Vandenhoeck & Ruprecht, 2012), 87–118.

35 Beyer, *Kaltenburg*, 15.

36 Ibid., 15.

37 Ibid.

Blicks von Tiere und Mensch deutlich. Am Ende der Wiedergabe von Kaltenburgs fiktivem Buch steht die Beschreibung einer Gruppe von Menschen und Affen, die sich in der Dresdner Bombennacht zu einer Horde zusammengefunden haben. Ein Schüler habe Kaltenburg beschrieben, wie die Affen sich den Menschen anschließen und die verstreuten Leichname gemeinsam in einer Reihe ins Gras betten.

Kaltenburg beginnt also mit einer ,unerhörten Begebenheit', einem unerwarteten Solidarisierungsakt von Menschen und Affen in einer Extremsituation. Diese Szene ist am Ende von URFORMEN DER ANGST und am Ende des ersten Kapitels des Romans platziert. Sie ist gleichzeitig die Leerstelle im öffentlichen Bewusstsein, an der der Erzähler des Romans eingesetzt wird. Damit lässt sich die Exposition als Prolepse mit einer retrospektiven Funktion verstehen. Schon in der Exposition werden somit mehrere Beobachtungsdimensionen eröffnet. Der Erzähler beobachtet Kaltenburg, Kaltenburg beobachtet die Dohlen, Kaltenburg beobachtet die Menschen, die Öffentlichkeit beobachtet Kaltenburg und all dies wird durch Hermann Funk und seine Leser*innen im Romantext beobachtet.

V. ETHOLOGIE UND SELBSTBEOBACHTUNG: DIE SPRACHE DER ETHOLOGIE

In *Kaltenburg* wird eine Art invertierte Ethologie vorgeführt: Die von ethologischen Beobachtungen ausgehenden Selbstdeutungen werden selbst zum möglichen Narrativ. Kaltenburg adoptiert die Gänse und Kaltenburg adoptiert Funk; Funk ist elternlos und lässt sich auf Kaltenburg prägen, bleibt ihm verbunden bis in den Tod. Die Übertragung ethologischer Deutungsmuster auf den Menschen wird hier also als eine Art zirkulärer Bewegung vorgeführt: Die Hermann Funk zur Verfügung stehenden Beschreibungsmodelle stammen wesentlich aus der von Kaltenburg gelernten Verhaltensbiologie; daher dienen sie ihm auch häufig zur Selbst- und Fremdbeobachtung. Prominent am Beginn von II/1, wo die eigentliche Geschichte des Erzählers beginnt, wird dies deutlich:

> Wo bleiben sie, die Regungen eines alten Mannes, die mich doch eigentlich überkommen sollten, wo bleibt der Anflug einer Hitzewallung, wo, frage ich mich, die schiere Kopflosigkeit, gepaart mit dem taxierenden Blick. Und wo das greisenhafte Imponiergehabe, das ich in Gegenwart einer Frau an den Tag legen müßte, die kaum halb so alt ist wie ich, aber trotzdem Interesse an mir zeigt, und sei es nur an

> meinen Worten, während wir miteinander reden und ich insgeheim verwundert bin, daß sich an meinem Verhalten keine Anzeichen des lächerlichen Tänzelns, Krächzens oder Plusterns ablesen lassen, nicht die leiseste Spur jenes Balzverhaltens, das ich von einem ergrauten Herrn wie mir erwartet hätte, als ich selbst noch jünger war.[38]

„[T]axierende[r] Blick“, „Imponiergehabe“; „Tänzeln“, „Krächzen“, „Plustern“, „Balzverhalten“: Die Sprache der Ethologie hat offenbar die Selbstbeobachtung Hermann Funks mitgeprägt. Gleichzeitig wird in diesem Auftakt deutlich, dass all diese Erwartungen nicht eintreffen: „Mitunter sehne ich mich fast danach, ich wäre einer dieser oft von mir beobachteten Männer, die tun, was man in ihrem Alter von ihnen verlangen kann.“[39] In dieser Beobachtung scheint die Grundfrage der Humanethologie auf, nämlich die Frage der Generalisierbarkeit erwarteter Handlungen. Die von Hermann Funk oft beobachteten Verhaltensweisen älterer Männer haben ihn dazu geführt, auch von sich selbst als älterer Mann solche Verhaltensweisen zu erwarten. Doch sie bleiben aus.

Auch an vielen anderen Stellen wird deutlich, wie Funks Weltmodell durch die Sprache der Ethologie mitkonstituiert wird. In der retrospektiven Beschreibung des entscheidenden Treffens zwischen Kaltenburg und seinem Vater, in dem es zum Bruch der beiden Professoren kommt, heißt es: „Zwei Männer, so hätte es auf einen Außenstehenden wirken können, die einander im Gewächshaus zunächst vorsichtig umtänzeln, als sei nicht klar, ob hier eine Freundschaft geschlossen wird oder ob Vorbereitungen zu einem Kampf getroffen werden.“[40] Die Diskussion der beiden Männer wird mit dem Begriff des „Umtänzelns“ erneut in der Sprache der Verhaltensbiologie beschrieben. Aber der Roman ist durchzogen von Momenten, an denen die Grenzen solcher Beschreibungen deutlich werden. Immer wieder durchkreuzt die Erinnerungsarbeit die exakten Beobachtungen. Hermann Funks Biografie wird als Produkt einer Erinnerungsarbeit vorgeführt, die selbst nicht den privilegierten, sondern nur den subjektiven Zugang zur Vergangenheit hat.[41] Das gilt zum Beispiel für die Urszene von Funks Biografie, in der ein Vogel in sein Zimmer gerät und sich dort dessen panische Angst auch auf den Vogel überträgt:

---

38 Beyer, *Kaltenburg*, 21.

39 Ibid.

40 Ibid., 88.

41 Cf. zu Funks subjektivem Blick und seinen blinden Flecken Assmann, „Vogelperspektive“, 160; Aumüller, „Beobachtung und Anteilnahme“, 172–77.

> In der Erinnerung nimmt der Vogel nach und nach die Form eine Mauerseglers an – auch wenn der Ornithologe in mir sagt, ein Mauersegler wird niemals durch eine offene Tür ins Haus fliegen, wird sich, bei seiner Fluggeschwindigkeit, den Kopf an einer Wand einschlagen und kann, falls er tatsächlich überleben sollte, sich keinesfalls wieder vom Boden lösen, um in den Vorhängen zu verschwinden.[42]

Diese Urszene formt sich zur Gewissheit, dass es sich um einen Mauersegler gehandelt habe – und führt damit gleichzeitig zum Erkenntnisdrang. Funk denkt, er müsse „den Mauersegler, dieses Wesen nur mit aller mir zur Verfügung stehenden Macht ergründen"[43], um zu verstehen, wieso sein Kindermädchen damals so niedergeschlagen war. Damit wird Hermann Funks Drang zur Wissenschaft gerade über seinen anthropologischen Erkenntnisdrang motiviert: Seine Beschäftigung mit den Vögeln ist eng mit seiner Beschäftigung mit den Menschen verwoben. Die literarische Ethologie des Romans bewegt sich ständig an dieser Grenze der Überschreitung der Beobachtung: Elemente des Nicht-Wissens, der Unsicherheiten und der Hybridisierung machen deutlich, dass die verwissenschaftlichte Vereindeutigung, die die Verhaltensbiologie leistet und leisten muss, in der literarischen Ethologie wieder aufgebrochen wird. Literarische Ethologie macht so gesehen die Zerstreuung der Ethologie jenseits ihrer naturwissenschaftlichen Spezialdiskurse sichtbar.[44]

VI. HERMANN FUNK ALS LITERARISCHER ETHOLOGE

Im Zentrum dieser Zerstreuung steht Kaltenburgs Wende zum Menschen, mit der im Roman gleichzeitig die Verlobte von Karl Funk als Repräsentantin der Literatur in den Blick gerät.[45] Der ethologischen wird die literarische

---

42 Beyer, *Kaltenburg*, 40–1.

43 Ibid., 46.

44 Der Begriff der Zerstreuung kann hier gegen alle abschließenden Lektüren in Stellung gebracht werden: „Zerstreuungen beschreiben das Paradox eines Wissens der Wissensdestruktion. Die poetologische Resistenz der Zerstreuungsmetaphorik instruiert so ein Spiel mit dem Wissen, das so wenig bildlich ist wie die Schrift, so sehr Wirklichkeit wie der Traum." (Martin Roussel, „Zerstreuungen: Kleists Schrift ‚Über das Marionettentheater' im ethologischen Kontext", *Kleist-Jahrbuch* (2007): 91).

45 Cf. zu dieser ‚anthropologischen Wende' den Abschnitt „Kaltenburgs Pers-

Beobachtung entgegengestellt: Funks Frau Clara hat schon früh gelernt, die Menschen zu beobachten und hat daher Kaltenburg einiges voraus. Die Dolmetscherin, die sich Funks Geschichte anhört, ist am Ende nicht etwa motiviert, sich in die Ethologie einzuarbeiten, oder noch mehr Vogelnamen zu lernen; vielmehr ist sie „fest entschlossen, den Roman von Proust zu lesen“[46]. Die Erzählung Funks hat bei ihrer Generation somit den Vorrang der Literatur vor der Ethologie bewirkt. Die Beobachtungen der Literatur werden im Verlauf des Romans zunehmend gegen die Beobachtungen des Ethologen in Stellung gebracht.[47] Die in der Eingangsszene beschriebene Wende zum Menschen in Kaltenburgs „URFORMEN DER ANGST“ wird in einer Schlüsselszene über Kaltenburgs Erfahrungen in Russland motiviert. Kaltenburg erinnert sich daran, wie er in einem russischen Militärkrankenhaus unter Stalins Blick Patienten behandelte. In Funks Erinnerung ist dieser Abend der Ausgangspunkt für seine Wende zur Humanethologie. „‚Er sprach bis weit in die Nacht von seinem Verhältnis zu einem Menschen, als widme er sich einem Tier.‘“[48] Funk ist sich mit seiner Verlobten einig, dass dieser Abend den Anstoß zur „Perspektivverschiebung“[49] gab:

> Nach und nach sollte sich Kaltenburg einem neuen Beobachtungsfeld zuwenden. Unsere klandestine Runde im Haus der Hagemanns hatte ihn bereits mit dem ersten Beispielfall seiner anstehenden Untersuchungen zusammengebracht, ja, die beiden hatten einander mehrere Stunden lang gegenübergesessen. Nur zeigte dieses zukünftige Studienobjekt zum Leidwesen des Professors vorerst kein Interesse daran, sich unter seine Beobachtung zu begeben.[50]

Die Übertragbarkeit auf den Menschen ist es immer wieder, an der sich die Konflikte im Roman entzünden. Zum Beispiel Kaltenburgs Vorwurf

---

pektivverschiebung: Vom Tier- zum Menschenstudium“, in Bodenburg, *Tier und Mensch*, 292–98. Cf. auch Herrmann, „Kulturgeschichten“, 250–54; Assmann, „Vogelperspektive“, 64–165 und Aumüller, „Beobachtung und Anteilnahme“, 181–82.

46 Beyer, *Kaltenburg*, 445.

47 Zum Zusammenhang zwischen Klaras literarischem Interesse und der Privilegierung ihres Beobachtens cf. Aumüller, „Beobachtung und Anteilnahme“, 183.

48 Beyer, *Kaltenburg*, 246.

49 Ibid.

50 Ibid.

an Funks Vater, dass es schädlich für den Jungen sein könnte, einen kranken Vogel im Haus zu haben; Kaltenburgs „URFORMEN DER ANGST" wird für diese Übertragung generell kritisiert.

Mit Kaltenburgs Wende zum Menschen ist gleichzeitig auch die Verschiebung der Deutungshierarchien im Roman verbunden. War Kaltenburg bisher unangefochtene Autorität in seinem Feld der Ethologie, so wird ihm nun Klara, die Verlobte Hermann Funks, entgegengesetzt. Mit ihr wird zugleich die Überlegenheit der Erkenntnisleistung der Literatur gegenüber der Erkenntnisleistung der Ethologie ins Feld geführt. Denn Marcel Beyers Roman ist nicht nur literarische Ethologie in dem bisher aufgeführten Sinne, dass hier die Biografie eines Ethologen erzählt wird und die ethologische Sprache literarisch genutzt wird. Der Roman enthält selbst die Doppelung von Literatur und Ethologie als Ausgangspunkt für die Beobachtung des Menschen. Mehrere Indizien im Text legen dabei nahe, dass insgesamt hier die Literatur als privilegiertes Erkenntnismedium erscheint, wenn es um das Feld der sozialen oder historischen Anthropologie geht.

> Er muß auf Anhieb begriffen haben, diese kaum Zwanzigjährige war ihm um einiges voraus. Sie betrieb das Menschenstudium mit der größten Selbstverständlichkeit, und zwar bereits in einem Alter, als er sich noch ganz auf seine Dohlen, auf seine Enten und Kleinsäuger konzentriert hatte.[51]

Mit Hermann Funks Verlobten wird die Figur in den Roman eingeführt, die einen anderen Weg zur Beobachtung der Menschen gefunden hat: die Literatur. Dafür steht Klaras Proustlektüre. Hermann Funk vermeidet die Lektüre der *Suche nach der Verlorenen Zeit* konsequent. Die Literatur überlässt er ganz Klara. Für sie dagegen ist der ‚PROUST' (in Großbuchstaben) die wesentliche Quelle zur Erfassung der Welt. Prousts Programm der literarischen Beobachtung entspricht ihrem Talent zum Menschenstudium. Indem darauf hingewiesen wird, dass Klara, anders als Hermann, die düsteren Vorgänge der Deportationen in ihrer Jugend beobachtet hat, während dieser immer nur seine Vögel sah, erscheint der ethologische Blick des Romans auch als Blick einer Verdrängung:[52]

---

51 Beyer, *Kaltenburg*, 249.

52 Diese Hellsichtigkeit Klaras, die die blinden Flecke Kaltenburgs und Funks erfassen kann, wird in der Forschung zum Teil übersehen oder etwas stiefmütterlich behandelt. Cf. aber Aumüller, „Beobachtung und Anteilnahme", 181, 183.

Kaltenburg flüchtet sich immer wieder vor dem Politischen in die Welt seiner Tierbeobachtung und Hermanns Blick ist so stark auf die Vögel fixiert, dass er die politische Gewalt um ihn herum ignoriert. Wie die Szene zeigt, in der Hermanns Vater mit Kaltenburg bricht, ist für lange Zeit die politische Dimension der biologischen Ansichten Kaltenburgs auch dessen blinder Fleck, nämlich die Übertragbarkeit auf sozialdarwinistische Modelle und die durchscheinende Rassenideologie. Indem Kaltenburg als jemand präsentiert wird, der keinen guten Umgang mit seiner Schuld im dritten Reich gefunden hat und diese bis zum Ende seines Lebens herunterspielt, während Klara über PROUST einen hellsichtigen Blick für die politischen Verhältnisse gewonnen hat, wird hier die Literatur gegen die Ethologie ausgespielt.

Der Roman führt also vor, wie die Ethologie als Beobachtungswissenschaft und die Ethologen als Tierbeobachter durch die literarische Beobachtung selbst zum Objekt der Beobachtung werden. Dieses Verfahren wird damit gleichzeitig als blinder Fleck der Ethologie markiert, den die Literatur sichtbar machen kann. Denn wie von der anfänglichen Beschreibung der Dohlen an deutlich wird, bergen die Verhaltensbeschreibungen der Tiere immer schon ein eminent metaphorisches und damit literarisches Potential. Wenn Kaltenburg betont, dass „Leben beobachten" sei und die Kunst Martin Spenglers, der in seinen Kunstwerken die Restriktionen der Beobachtung überschreitet, ablehnt, so verkennt er, dass er selbst auch solche metaphorischen Akte vollzieht, wenn er den Menschen analog zu seinen Tierbeobachtungen beschreibt.

Hermann Funk, dessen wissenschaftliche Bedeutung auf dem Feld der Ethologie eher epigonal und bescheiden zu werten ist, wird dagegen als Erzähler vorgestellt, der in seinem Schreiben die Zeichenpotentiale der Tierbeobachtungen als literarisches Verfahren nutzt. Seine ostentative Distanz von der Literatur, sein Nicht-Anrühren des PROUST läuft parallel zu seiner Begabung für Zeichengebungsverfahren, für das metaphorische Potential der Ethologie. In einer zentralen Passage, die die gemeinsame Arbeit am Küchentisch beschreibt, kreuzen sich die beiden Weltmodelle von Hermann und Klara, die inzwischen seine Frau geworden ist:[53] „Ja, es war mitunter, als kreuzten sich in unserer Küche die Wege verwandter Menschen und Figuren, die gleichwohl nichts voneinander, geschweige denn von ihrer Zugehörigkeit zur selben Familien

---

53 Zu den Kreuzungen dieser Passage cf. Bodenburg, *Tier und Mensch*, 285–86.

wußten."[54] Hier wird eine Poetik der Überkreuzung gestaltet, in der sich die Bereiche von Hermann und Klara Funk überschneiden: „[E]s wäre denkbar, daß sich im Laufe der Jahre einzelne jener die inneren Räume bevölkernden Wesen trotz ihrer unterschiedlichen Herkunft und Natur begegnet sind."[55] Die Machart von Funks Erinnerungen erscheint hier kondensiert: Die Zeichen lösen sich von den Dingen und dienen dazu, Gemeinsamkeiten herzustellen. Diese Gemeinsamkeiten sind idiosynkratisch und individuell, sie haben keine wissenschaftliche Aussagekraft mehr.

So könnte der „kleine Goldspatz", dem Klara in ihrem Proust begegnet, zur selben Zeit auftauchen, als sich der Erzähler mit der Erforschung von Kanarienvögeln beschäftigt. Die Eichelhäherfedern auf dem Kopf von Marcel führen Funk dazu, Klara von den verschiedenen Unterarten des Eichelhähers zu erzählen; Monsieur Moreau aus Prousts Roman wird mit dem Ornithologen Reginald E. Moreau enggeführt. Diese Zusammenhänge kulminieren in dem gemeinsamen Besuch der präparierten Seeadler im Naturhistorischen Museum in Wien. Sie spielen eine wichtige Rolle für die Erinnerungen des Paares: Ludwig Kaltenburg hatte Hermann Funk immer versprochen, diese Adler miteinander zu besuchen. Unversehens zeigt sich, dass der mit diesen Vögeln verbundene Kronprinz Rudolf, der über Kaltenburg biografische Relevanz für Funk erlangt hat, auch zweimal in der *Suche nach der verlorenen Zeit* erwähnt wird.[56]

Hermann Funk, so zeigen diese Beispiele, wird als ein Erzähler präsentiert, der selbst keinen Zugang zur Literatur hat, in seinen Erzählverfahren aber typische Techniken literarischer Zeichengebung verfolgt, in dem er Dinge über ihren Namen miteinander verbindet, verborgene Bedeutungszusammenhänge stiftet. So erscheinen diese Techniken als Sinngebungsverfahren zur Erschließung von Lebenszusammenhängen. Als Hermann Funk und Katharina Fischer sich verabschieden, äußert die Dolmetscherin den Entschluss, jetzt die *Suche nach der verlorenen Zeit* lesen zu wollen, die sie immer wieder auch an die Gespräche mit Hermann Funk erinnern würde. Der Abschluss der Geschichte scheint die Literatur zu privilegieren.

Dies führt zurück zu Leonhard Herrmanns Deutung: *Kaltenburg* ist ein literarischer Text über eine *lost discipline*: Die Ethologie wird zum Exempel der schuldhaften Verstrickung von Biologie und Rassenideologie

---

54 Beyer, *Kaltenburg*, 443.

55 Ibid., 442.

56 Diese Beispiele stammen aus dem Abschnitt VI/5 von ibid., 440–45.

im 20. Jahrhundert.[57] Kaltenburgs Beschäftigung mit den Tieren erscheint auch als Flucht vor politischer Verantwortung. Er ‚verbrennt sich nicht den Mund':

> ‚Als Zoologe weiß ich aber immerhin, es führt kein Weg in einmal überwundene Verhältnisse zurück.' Er hätte Darwin in den Blick genommen, von ‚schweren Kämpfen' und vom ‚Sieg über die Konterrevolution' gesprochen, er hätte an den Dresdner Zoologen Adolf Bernhard Meyer erinnert, einen glühenden Verfechter der Vererbungslehre und wäre am Ende mit solchen Formulierungen wie ‚historische Notwendigkeit' und ‚nicht von ungefähr' und ‚hier an diesem Ort' zu seinem eigenen Fachgebiet zurückgekehrt, ohne sich den Mund verbrannt zu haben.[58]

In einer Mischung aus Kritik und Verständnis wird Kaltenburg von Karl Funk differenziert in seinem Lavieren beschrieben, mit dem er versucht, dem Politischen auszuweichen, um sich seiner Tierforschung zu widmen. Er ist jemand, der Andeutungen einer Meinung zum Ausdruck gibt, aber nicht ganz ausführt, um Konflikte zu vermeiden. Die literarische Ethologie vermag es durch ihr Erzählverfahren, die politische Dimension der Ethologie, die damit verbundenen Übertragungsleistungen und deren blinde Flecken mitzubeobachten.

VII. NICHT-ABSCHLIESSBARKEIT DER ZEICHENGEBUNG

„Trotzdem habe ich von der Vorstellung nie ganz gelassen, man müsse jeden einzelnen Vogel persönlich kennenlernen, wenn man etwas über die Eigenart des jeweiligen Tieres in Erfahrung bringen will."[59] Hermann Funks Plädoyer für Individualität verweist auf seine Wende zur literarischen Biografik. *Kaltenburg* wurde hier als ein Roman der Beobachtung zweiter Ordnung gelesen. An die Stelle der Beobachtungen *der Ethologie* tritt die *Beobachtung* der Ethologie. Der potentielle Bedeutungsüberschuss und die Übertragbarkeit ethologischer Beobachtungen aufs menschliche Leben wird bereits in der Exposition als literarische Technik vorgeführt.

---

57 Cf. hierzu den Abschnitt „Lebenswerte: Sozialdarwinistisches Potenzial in Kaltenburgs Verhaltensforschung", in Bodenburg, *Tier und Mensch*, 299–306.
58 Beyer, *Kaltenburg*, 74.
59 Ibid., 117.

Die Figur der Klara dient dazu, der Anthropologie Kaltenburgs die Anthropologie der Literatur gegenüberzustellen. Durch die Beobachtungen Klaras wird nahegelegt, dass die Literatur und ihre Beobachtungsverfahren besser dazu geeignet sind, die Handlungen der Menschen zu erfassen, als die Ethologie. Insofern ist die hier vorgeführte literarische Ethologie eine Perspektive auf die Humanethologie als verlorene Disziplin. Als Schüler des großen Verhaltensbiologen Kaltenburg entwickelt der Erzähler aber sein eigenes Schreibverfahren, in dem die Tierbeobachtungen zur Deutung seiner eigenen Biografie führen.

Kaltenburg führt somit vor, wie die Ethologie ihres Protagonisten zu den verschiedensten Zeichengebungsprozessen und Übertragungen führen kann. Einerseits werden das Leben von Konrad Lorenz und dessen Tierbeobachtungen zum Material für den Roman. Andererseits wird das Wechselverhältnis ethologischer Beobachtungen und literarischer Menschenkunde zum Formverfahren des Textes gemacht. Insofern ist die Literarisierung des Lebens des berühmtesten Verhaltensforschers des 20. Jahrhunderts im doppelten Sinne literarische Ethologie: Inhaltlich und als Formverfahren.

Während Kaltenburg wissenschaftlich reüssiert hat, hat Hermann Funk mit seiner Wende zur Literatur, so wird suggeriert, das Schweigen und die blinden Flecken des Wissenschaftlers überwunden. Dort, wo die Erinnerung versagt oder ungenau ist, findet bei ihm kein bloßes Schweigen oder Verdrängen statt; vielmehr findet er gerade in den Tierbeobachtungen diejenigen Zeichen, die ihm ermöglichen, eine Sprache für die dunklen Kapitel in Kaltenburgs und in seinem eigenen Leben zu finden. Dennoch bleibt die Nicht-Abschließbarkeit dieser Zeichengebung Teil der literarischen Ethologie. Die „schwarzen Flecken", in denen sich die Vögel der Schlusspassage verdichten, machen deutlich, dass sich die literarische Beobachtung ihrer blinden Flecke bewusst ist:

> Mit trägem Flügelschlag bewegt sich eine einzelne Krähe durch das leichte Flockentreiben.
> Sie kommen aus Sibirien, aus dem Uralgebiet, dem Baltikum, und sie werden sich mit der herannahenden Kälte auch dieses Jahr im Elbtal sammeln. Aberhunderte Saatkrähen werden gemeinsam mit den Rabenkrähen, Nebelkrähen, Dohlen riesige Vogelwolken bilden, die über uns pulsieren, an den Rändern ausfransen und sich erneut zu schwarzen Flecken zusammenziehen.[60]

---

60 Beyer, *Kaltenburg*, 448.

LITERATURVERZEICHNIS

Alt, Peter-André „Beobachtungen dritter Ordnung. Literaturgeschichte als Funktionsgeschichte kulturellen Wissens". In *Grenzen der Germanistik. Rephilologisierung oder Erweiterung? DFG-Symposion 2003*, herausgegeben von Walter Erhart, 186–209. Stuttgart: Metzler, 2004.

Assmann, Aleida „Geschichte aus der Vogelperspektive. Die Erfindung von Vergangenheit in Marcel Beyers *Kaltenburg*". In *Marcel Beyer. Perspektiven auf Autor und Werk*, herausgegeben von Christian Klein, 157–70. Stuttgart: Metzler, 2018.

Aumüller, Matthias „Beobachtung und Anteilnahme. Wissenschaft und Wissenschaftler in Beyers *Kaltenburg*". In *Marcel Beyer. Perspektiven auf Autor und Werk*, herausgegeben von Christian Klein, 171–85. Stuttgart: Metzler, 2018.

Bance, Alan „‚Die Tierszenen beleuchten die Menschenszenen und die Menschszenen die Tierszenen': Marcel Beyer's Novel *Kaltenburg* and Recent German History." *Publications of the English Goethe Society* 80, no. 2–3 (2011): 180–95.

Beyer, Marcel *Kaltenburg*. Frankfurt am Main: Suhrkamp, 2008.

Bodenburg, Julia *Tier und Mensch. Zur Disposition des Humanen und Animalischen in Literatur, Philosophie und Kultur um 2000*. Freiburg im Breisgau / Berlin / Wien: Rombach, 2012.

Borgards, Roland „Tiere in der Literatur. Eine methodische Standortbestimmung". In *Das Tier an sich. Disziplinenübergreifende Perspektiven für neue Wege im wissenschaftsbasierten Tierschutz*, herausgegeben von Herwig Grimm und Carola Otterstedt, 87–118. Göttingen: Vandenhoeck & Ruprecht, 2012.

Cranach, Mario von, et al., eds. *Human ethology. Claims and Limits of a New Discipline*. Cambridge et al.: Cambridge University Press, 1977.

Daston, Lorraine, and Otto Sibum „Scientific Personae and Their Histories." *Science in Context* 16 (2003): 1–8.

Eggers, Michael „Liebhaberei. Marcel Beyers literarische Ornithologie." *Marcel Beyer. Edition Text + Kritik* 218/219 (2018): 148–58.

Föger, Benedikt und Klaus Taschwer *Die andere Seite des Spiegels: Konrad Lorenz und der Nationalsozialismus*. Wien: Czernin Verlag, 2001.

Geisenhanslücke, Achim „Ordnungen des Nichtwissens. Monströse Räume bei W. G. Sebald und Marcel Beyer". In *Literarische Räume. Architekturen – Ordnungen – Medien*, herausgegeben von Martin Huber et al., 285–90. Berlin: De Gruyter, 2012.

Herrmann, Leonhard „Kulturgeschichten des Wissens: Das ganze 20. Jahrhundert im Rückblick – fiktive Gelehrtenbiografien von Michael Köhlmeier und Marcel Beyer". *KulturPoetik* 11, Nr. 2 (2011): 240–57.

Kaufmann, Doris „Konrad Lorenz. *Scientific persona*, ‚Harnack-Pläncker' und Wissenschaftsstar in der Zeit des Kalten Krieges bis in die frühen 1970er Jahre (Berlin 2018)", aufgerufen am 31.Oktober 2020, https://pure.mpg.de/rest/items/item_3010668_5/component/file_3081258/content.

Lorenz, Konrad *Das sogenannte Böse. Zur Naturgeschichte der Aggression.* München: dtv, [30]2016.

— *Die acht Todsünden der zivilisierten Menschheit.* München: Piper, [39]2020.

Luhmann, Niklas *Die Kunst der Gesellschaft.* Frankfurt am Main: Suhrkamp, [9]2017.

— *Die Wissenschaft der Gesellschaft.* Frankfurt am Main: Suhrkamp, 1990.

Medicus, Gerhard et al., Hg. *Konrad Lorenz und seine verhaltensbiologischen Konzepte aus heutiger Sicht.* Fürth: Filander, 2001.

Nünnig, Ansgar „Fiktionalität, Faktizität, Metafiktion". In *Handbuch Biographie*, herausgegeben von Christian Klein, 21–7. Stuttgart: Metzler, 2009.

Roussel, Martin „Zerstreuungen. Kleists Schrift ‚Über das Marionettentheater' im ethologischen Kontext". *Kleist-Jahrbuch* (2007): 61–93.

Wuketis, Franz M. *Konrad Lorenz: Leben und Werk eines großen* Naturforschers. München: Piper, 1990.

SOPHIA GRÄFE

KOMMENTAR

ABSTRACT – COMMENTARY

This commentary deals with the contemporary conjuncture of ethologies. In the aftermath of the theory and history workshop *Ethology: Claims and Limits of a Lost Discipline*, it asks which reprises, rebuttals, reinterpretations, and shifts can be identified in ethology, a field of knowledge that is at once widely dispersed and that crosses the boundaries between the natural sciences and the humanities. The historiographies proposed in the volume beg the question of what, respectively, constitutes "ethological inquiry." Which epistemic figures can be found in the sciences as well as in philosophy, art, and literature? Moreover, can we derive from the problem of ethological observation aesthetic categories, even an ethological aesthetics?

Im Frühjahr 2019 veröffentlichte eine internationale Arbeitsgruppe technikwissenschaftlichen Typs in der Zeitschrift *Nature* den Anruf zur interdisziplinären Erforschung des Verhaltens intelligenter Maschinen, dem ‚Machine Behavior'. Angesichts merklicher Einflüsse von Künstlicher Intelligenz auf soziale, politische und ökonomische Sphären fordern Iyad Rahwan, Manuel Cebrian, Nick Obradovich et al. darin die empirische Erforschung maschineller Verhaltensmuster und -ökologien: „This is akin to how ethology and behavioural ecology study animal behaviour by integrating physiology and biochemistry – intrinsic properties – with the study of ecology and evolution – properties shaped by the environment."[1] Steht diesem Vorhaben das Bedürfnis nach Kontrolle

1 Iyad Rahwan et al., "Machine behaviour," *Nature* 568 (2019): 477.

und Schadensminimierung mit den Mitteln der Verhaltensforschung voran[2], so existieren in der zeitgenössischen Designforschung geradezu opponierende Projekte: Unter der Idee der ‚Behavioral Objects'[3] verleimen beispielsweise die Künstler-Designer Emanuele Quinz und Samuel Bianchini Kreativitätstechniken mit Strategien des künstlerischen Ungehorsams und einer Ästhetik des Lebendigen.[4] Ihre vor allem an Kunstakademien durchgeführten Experimente zum Verhalten von Maschinen, zielen auf eine ‚unsinnige' Aktivität, verstanden als eigensinnige und scheinbar von der Umwelt unabhängige Bewegung robotischer Artefakte ab. Dieser kunstphilosophischen Idee einer sich als ‚(Fehl-)Verhalten' qualifizierenden autonomen Bewegung unbelebter Objekte wären weitere Beispiele an die Seite zu stellen, suchte man nach aktuellen Konjunkturen und Ungleichzeitigkeiten für das Nachdenken über das Verhalten von Dingen jenseits der Biologie. Diese Ansätze zeichnen sich dabei weniger durch eine explizite Beschäftigung mit dem Verhaltensbegriff aus als vielmehr durch eine methodische Suche nach Beobachtungsweisen und Beschreibungkategorien für unterschiedlich gelagerte ‚Verhältnisse', d. h. Konstellationen belebter und unbelebter Entitäten und ihrer Wirkungsgefüge: Die 2019 im August Verlag erschienene Aufsatzsammlung *Ethologie der Kunst* der Philosophin Anne Sauvagnargues entgegnet beispielsweise mit Deleuze, Guattari und Simondon herkömmlichen Konzepten von Genie und Mimesis und rechnet unter anderem die Hervorbringung von Affekten im Moment eines Kunstwerks dem Bezirk der Ethologie zu.[5] Der Literaturwissenschaftler Martin Roussel wiederum bezeichnet mit der *Ethologie der Schrift* im Rückgriff auf die „Ontologie und Ethologie des Mit-Seins" Jean-Luc Nancys eine medienphilosophische „Handlungslehre" des Schreibens, in der sich mit dem Einzug der Schreibmaschine in

---

2 Die Autoren schreiben: "[...] control their actions, reap their benefits and minimize their harms" (Rahwan, "Machine behaviour," 477).

3 Cf. Samuel Bianchini and Emanuele Quinz, eds., *Behavioral Objects 1 – A Case Study: Céleste Boursier-Mougenot* (Berlin: Sternberg Press Berlin, 2016), 9–10 und Samuel Bianchini et al., "(Mis)behavioral Objects. Empowerment of Users Versus Empowerment of Objects", in *Empowering Users through Design. Interdisciplinary Studies and Combined Approaches for Technological Products and Services*, hg. David Bihanic (Heidelberg et al.: Springer International Publishing Switzerland, 2015), 129–52.

4 Siehe auch den Beitrag von Stefan Rieger in diesem Band auf Seite 167–89.

5 Cf. Anne Sauvagnargues, *Ethologie der Kunst*, übers. Daniela Voss (Berlin: August, 2019).

der Moderne die „Singularität“ der Schrift in ein Wissen von Gemeinschaft auflöse und derart Rezeptionen pluralisiere.[6]

Den hier exemplarisch versammelten Positionen zeitgenössischer *Ethologien* aus den Bereichen der Technik-, Kunst- und Medienphilosophie lässt sich deutlich ein politischer Zug ablesen. Mal ästhetisch gedeutet, mal soziologisch attestiert, mündet die Auseinandersetzung mit dem Verhalten von intelligenten Maschinen, Robotern, Kunstwerken und Texten in eine Hinwendung zu den Wirkmächten und Relationen unbelebter Dinge, die nicht so recht in den bekannten technikphilosophischen Thesen der *Actor Network Theory*[7] zur ‚Agency‘ der Dinge aufzugehen scheinen.[8] Auch stellt sich die Frage nach intendierten Assoziationen zu naturwissenschaftlich geführten Verhaltenstheorien. Denn diese in diesem Band vorgestellten Stimmen erklingen parallel zu einer fortwährenden lebenswissenschaftlichen Auseinandersetzung mit den evolutionsbiologischen, genetischen, sozialen und individuellen Bedingungen des Verhaltens, die mit der ‚Ethologie‘ gegenwärtig nur *eine* bestimmte Methode und Epoche der biologischen Verhaltensforschung seit Mitte des 20. Jahrhunderts bezeichnen.[9] Welche Reprisen, welche Entgegnungen,

---

6 Cf. Martin Roussel, „Schreibmaschine und Handschrift: Drei Szenen zur Ethologie des Schreibens“, in *Medien des Wissens: Interdisziplinäre Aspekte von Medialität*, hg. Georg Mein und Heinz Sieburg (Bielefeld: transcript, 2011), 142.
7 Siehe Bruno Latour, *Reassembling the Social. An Introduction to Actor-Network-Theory* (Oxford: Oxford University Press, 2005) und den einschlägigen Band zur Einführung Andréa Belliger und David J. Krieger, Hg., *ANThology: Ein einführendes Handbuch zur Akteur-Netzwerk-Theorie* (Bielefeld: transcript, 2006).
8 Angesichts der vorliegenden Hinwendung zum Begriffsregister des Verhaltens stellt sich darüber hinaus die Frage nach dem damit einhergehenden spezifischen konzeptuellen Zuschnitt der Wirkmächtigkeit und Eigenaktivität unbelebter Dinge: ‚Welche Qualität(en) besitzen Dinge, damit sich sich ‚verhalten‘? Welche konzeptuellen Überhänge aus dem Bereich des Lebendigen konservieren sich im jeweiligen Verhaltensbegriff? Die vorliegende diskursive Streuung des Verhaltens begründet folglich die Notwendigkeit einer strukturellen Befragung des Begriffs und gibt schließlich Anlass zu einer bis dato ausgebliebenen Historisierung; einer interdisziplinären Wissensgeschichte des Verhaltens. Zum Begriff des Lebens siehe: Georg Toepfer, „Der Begriff des Lebens“, in *Philosophie der Biologie. Eine Einführung*, hg. Ulrich Krohs und Georg Toepfer (Frankfurt am Main: Suhrkamp, 2005), 157–74.
9 Einschlägig, aber nicht vollständig sind die folgenden monographischen Historiographien der Ethologie, verstanden als Unterdisziplin der Biologie: Franz M. Wuketits, *Die Entdeckung des Verhaltens: eine Geschichte der Verhaltensforschung* (Darmstadt: Wissenschaftliche Buchgesellschaft, 1995); Peter Klopfer, *Politics and People in Ethology: Personal Reflections on the Study of Animal Behavior*

welche Umdeutungen und Verschiebungen lassen sich entsprechend im weit verstreuten, die Natur- und Geisteswissenschaften querenden „Wissensfeld der Ethologie"[10] registrieren? Und auch in einem weiteren Kontext wird die Aktualisierung des Metaphern- und Wissensraums ‚Ethologie' nicht nur erkenntnisphilosophisch, sondern auch wissenspolitisch virulent: Die besonders im Bereich der Human-Animal-Studies viel beachtete *philosophische Ethologie* der belgischen Philosophin Vinciane Despret schöpft unter anderem aus dem Erfahrungsreservoir eigener Feldstudien in der Vogel-Station des israelischen Verhaltensbiologen Amotz Zahavi.[11] Während sie mehreren Forschern beim Beobachten ihre Versuchstiere zusah, stellte sie eine genuine Abhängigkeit der erzielten Forschungsergebnisse und -thesen, insbesondere zum Umfang und zur Komplexität sozialer Verhaltensweisen, von der Beobachtungshaltung und Sprache der einzelnen Forscher fest. Die *Arabian Brabblers*, dt. Graudrosslinge, schienen Despret zufolge nicht nur komplexe Beziehungen mit Zahavi und Co. einzugehen, sondern modulierten auch ihr Verhalten in Anwesenheit des Beobachters: sie reagierten in der Art und Varianz des gezeigten Verhaltens auf Zahavis Erwartungshaltung. Despret zufolge schrieben die Vögel am Forschungspapier mit.[12] Diese Episode steht hier

---

(Lewisburg PA: Bucknell University Press, 1999), Richard W. Burkhardt, *Patterns of Behavior: Konrad Lorenz, Niko Tinbergen, and the Founding of Ethology* (Chicago/London: The University of Chicago Press, 2005); Volker Schurig, *Problemgeschichte des Wissenschaftsbegriffs Ethologie: Ursprung, Funktion und Zukunft eines Begründungsspezialisten* (Rangsdorf: Basilisken-Presse, 2014). Zur Geschichte der Ethologie siehe auch den Eintrag zur ‚Ethologie' in Georg Toepfer, *Historisches Wörterbuch der Biologie: Geschichte und Theorie der biologischen Grundbegriffe*, Bd. 1: Analogie – Ganzheit (Stuttgart/Weimar: Metzler, 2011), 461–80.

10 Siehe Martin Roussel und Andrea Allerkamp in der Einleitung zu diesem Band auf Seite 27.

11 Cf. Vinciane Despret, *Domesticating practices: the case of Arabian babblers*, in *Routledge Handbook of Human-Animal Studies*, ed. Garry Marvin and Susan McHugh (London: Routledge, 2014), 23–38.

12 "Babblers and humans share common traits, built by the work and the narratives of the ethologist. These traits include body posture, the shifting of glances, common anticipations (what happens next?), and, last but not least, common stories. These common stories are not just narratives that would create (or rest upon) mere hermeneutical analogies. These common stories are enacted in, as well as produced by, a common story and a common history. Both humans and babblers create narratives, rather than just telling them. They create/disclose new scripts." Ibid., 31.

nur exemplarisch für eine der vielen in der Folge Donna Haraways[13] entstandenen Überlegungen zur allgemeinen Interdependenz von menschlichen und nicht-menschlichen Akteuren, die mit einem eigenen Forschungsprogramm der Ethologie überindividuelle Allianzen nicht nur auf der epistemologischen, sondern auch ethischen Ebene einfordern:[14] Mit der Ethologie ist hier ein weiteres Mal eine „Beziehungslehre"[15] gemeint.

Würde man sich entsprechend zurücklehnen und die verschiedenen Stränge ethologischer Theoriebildung, ihre einzelnen Kontexte, Vergangenheiten und Zukünfte besehen, stünde weniger die ‚Frage nach dem ersten Ethologen'[16] im Raum. Dass sich sowohl eine Reihe von philosophischen als auch biologische Schulen für den Ethologie-Begriff interessieren und ihr Gründungsnarrativ wahlweise bei Aristoteles, Spinoza, Mill, Geoffroy Saint-Hilaire, Darwin, Uexküll, Heinroth und Lorenz (diese Liste wäre fortzuführen) auf den Weg schicken, ist weniger als Entmutigung für die gemeinsame Arbeit an einer Theorie- und Wissensgeschichte der Ethologie,[17] sondern vielmehr als Indiz für erste Forschungsperspektiven zu verstehen. Volker Schurig hat in einer Vielzahl anregender Arbeiten und zuletzt in seiner Monografie von 2014 zur Geschichte der Ethologie aller Ethologien, der klassischen vergleichenden Verhaltensforschung, deutlich gemacht, inwiefern sich auch für dieses, scheinbar auf bestimmte Personen, Orte und Begegnungen, Forschungsmethoden und Konzepte, Zeitschriften und Konferenzen beziehende Theoriefeld im historischen Sinne kein homogenes Feld feststellen lässt; gar Konrad Lorenz, Nikolaas Tinbergen, Karl von Frisch und weitere dem Ethologiebegriff im Publikationsalltag keine herausgehobene Bedeutung beimaßen. Schurigs These ist vielmehr, dass die heutige Wahrnehmung einer monolithischen und in jedem Sinne epochalen Besetzung des ethologischen Felds durch Lorenz' Ethologie vor allem mit den wissenschaftsrhetorischen Schachzügen des Forschers selbst zusammenhängt. Auch – und viel wichtiger – ist sie ein wissenschaftssoziologisch zu betrachtendes Phänomen der

13 Siehe vor allem: Donna Jeanne Haraway, *When Species Meet. Posthumanities 3* (Minneapolis: University of Minnesota Press, 2008).

14 Siehe hierzu auch den Beiträge von Stephan Zandt und Verena Andermatt Conley in diesem Band.

15 Cf. Toepfer, „Ethologie", 464.

16 Cf. Volker Schurig, „Wer war der ‚erste Ethologe'? Einige kritische Anmerkungen zur Geschichte der Ethologie", *Biologisches Zentralblatt* 112 (1993): 224–29.

17 Siehe dazu den Beitrag von Stephan Zandt in diesem Band auf Seite 199.

Selbstbehauptung und Rechtfertigung seiner Schüler, welche sowohl im Ringen um Anerkennung ihrer personellen und methodischen Verbindung zum Gänsevater, als auch in der Abgrenzung zu den biologischen Strömungen der Verhaltensökologie und Soziobiologie, die ab den 1970er Jahren an Bedeutung gewannen, die Ethologie als eindeutigen Begriff und konkreten Theorieschauplatz prägten.[18]

Die verheißungsvolle Stoßrichtung des vorliegenden Bandes liegt folglich nicht darin in einfacher Art und Weise neue (Rück-)Datierungen vorzunehmen, Prominenzen zu verhandeln und die Ressorts einzelner Stränge ethologischer Theoriebildung in Frage zu stellen. Der Ertrag der im Sommersemester 2020 zusammengetretenen Theorie- und Geschichtswerkstatt liegt viel mehr darin zu fragen, welche epistemischen, ästhetischen und ethischen Aspekte in je spezifischen Konzeptionen der Ethologie in den Vordergrund treten, welche Retrospektiven folglich auf eine Vorgeschichte von Texten, Ideen, Methoden möglich wären und wie sich Brüche, Missverständnisse, Auslöschungen, aber auch Nebenzweige und Neuinterpretationen ethologischen Denkens wissenshistorisch erklären lassen. Als Beispiele hierfür wären die Einfaltung ethnologischer Wissens- und Theoriebestände in die Geschichte der Ethologie durch Stephan Zandt zu nennen, aber auch Marc Röllis kritische Re-Lektüre der politischen Blindstellen in der Uexküll-Rezeption sowie Hajo Berressems Projektion verhaltensbiologisch-ethologischer Parameter in die ‚schizoanalytische Ökologie' Félix Guattaris. Als Nebeneffekt dieser Historiografien lässt sich eine unweigerliche Reflexion auf die jeweils maßgebliche Konstituente ‚ethologischen Fragens'[19] feststellen. Welches theoretische Rüstzeug und methodische Geschick, welche Beobachtungshaltung und welches Erfahrungswissen bedingt eine jeweilige Expertise zur Erforschung von Verhaltens- oder Beziehungsphänomenen? Welche epistemischen Figuren lassen sich entsprechend sowohl in den Wissenschaften als auch in Philosophie, Kunst und Literatur wiederfinden? Und mehr noch: Lassen sich aus dem Problem der Beobachtung ethologischer Phänomene, den Oberflächen ihrer Effekte und Beschreibungsmodi ihrer Dynamiken ästhetische Kategorien, ja eine Ästhetik des Ethologischen ableiten? Anthony Uhlmann und Adrian Robanus geben hierauf jeweils eigene Antworten. Während Virginia Woolfs experimenteller Roman *The Waves* (1931) für Ersteren zum Motivgeber einer allgemeinen Ästhetik der

---

18 Cf. Schurig, *Problemgeschichte des Wissenschaftsbegriffs Ethologie*, 157–164.
19 Siehe Martin Roussel und Andrea Allerkamp in der Einleitung zu diesem Band, Seite 8.

Analogie wird, stellt Adrian Rohbaus strukturelle Bezüge zwischen der Funktionsweise des Genres Roman und der in Marcel Beyers *Kaltenburg* (2008) vorzufindenden Beobachtungsemphase eines Tierfreunds und Vogelexperten her. Bemerkenswert ist dabei, dass sich aus dem gemeinsamen Gespräch der Beiträge trotz, oder vielleicht aufgrund einer behutsamen Umgangsweise mit der Historizität und Kulturalität ethologischen Denkens unweigerlich normative, dem der Ethik und Moral annähernde Züge im polysemischen Raum des Ethologischen[20] ergeben. Vor dem Hintergrund von stets neu zu perspektivierenden „Beziehungsgeschichten" fragen die Autorinnen und Autoren in diesem Band nach der Kongruenz bzw. Inkongruenz von Erfahrungswelten und nach den Formen einer jeweils angemessenen Beschreibung. Diese, dem Ressort der Ethik angehörenden Ethologien gilt es sich jedoch nicht, in den Fußnotenapparat zu verbannen, was zwei philosophische Beiträge die theoretische sowie gegenwartspolitische Notwendigkeit aktualisierter Mensch-Welt-Verhältnisse. Der Vorschlag von Kerstin Andermann, aus den spinozistischen Zügen der Umwelt-Theorie Jakob von Uexkülls eine allgemeine Ethologie des Individuums abzuleiten, lässt sich vor diesem Hintergrund als eine ‚Ethik der Affizierbarkeit'[21] verstehen, welche Verhaltenslehren und Ökologie im Metaphernraum der Ethologie in Kontakt bringt. Verena Andermatt Conley schließlich nimmt im Moment der gegenwärtigen Pandemie die augenscheinlich gewordenen Interdependenz zwischen menschlichen und nicht-menschlichen Akteuren, neokapitalistischem Expansionsdenken und bedrohten kulturellen und natürlichen ‚Ressourcen' zum Anlass die ethische Komponente ethologischer Philosophien beim Wort zu nehmen. Anstelle der Historisierung setzt sie ein Plädoyer für eine neue Etho-Ecology.

---

20 Hierzu sei noch einmal auf Volker Schurigs Ausführungen zu den verschiedenen Wortbedeutungen der Ethologie im 19. Jahrhundert verwiesen, in denen, so die These, die spätere Vielfalt, aber auch Frontstellung ethologischer Theorieschulen zwischen normativer Sittenlehre, Sozialwissenschaften, verhaltensbiologischer Ethologie und Ökologie angelegt ist. Cf. Schurig, *Problemgeschichte des Wissenschaftsbegriffs Ethologie*, 294. Zur Polysemie notwendig ‚offener Begriffe' in der Wissenschaft, verstanden als ‚epistemische Objekte' siehe: Hans-Jörg Rheinberger, „Begriffsgeschichte epistemischer Objekte", in *Begriffsgeschichte der Naturwissenschaften. Zur historischen und kulturellen Dimension naturwissenschaftlicher Konzepte*, hg. Falko Schmieder und Ernst Müller (Berlin / New York: Walter de Gruyter, 2008), 1–9.

21 Siehe den Beitrag von Kerstin Andermann in diesem Band, Seite 60.

LITERATURVERZEICHNIS

Belliger, Andréa und David J. Krieger, Hg. *ANThology: Ein einführendes Handbuch zur Akteur-Netzwerk-Theorie.* Bielefeld: transcript, 2006.

Bianchini, Samuel, and Emanuele Quinz *Behavioral Objects 1 – A Case Study: Céleste Boursier-Mougenot.* Berlin: Sternberg Press, 2016.

Bianchini, Samuel et al. "(Mis)behavioral Objects. Empowerment of Users Versus Empowerment of Objects. In *Empowering Users through Design. Interdisciplinary Studies and Combined Approaches for Technological Products and Services,* edited by David Bihanic, 129–52. Heidelberg et al.: Springer International Publishing Switzerland, 2015.

Burkhardt, Richard W. *Patterns of Behavior: Konrad Lorenz, Niko Tinbergen, and the Founding of Ethology.* Chicago/London: The University of Chicago Press, 2005.

Despret, Vinciane "Domesticating practices: the case of Arabian babblers." In: *Routledge Handbook of Human-Animal Studies,* edited by Garry Marvin and Susan McHugh, 23–38. London: Routledge, 2014.

Haraway, Donna Jeanne *When Species Meet. Posthumanities 3.* Minneapolis: University of Minnesota Press, 2008.

Klopfer, Peter. *Politics and People in Ethology: Personal Reflections on the Study of Animal Behavior.* Lewisburg, PA: Bucknell University Press, 1999.

Latour, Bruno *Reassembling the Social. An Introduction to Actor-Network-Theory.* Oxford: Oxford University Press, 2005.

Rahwan, Iyad et al. "Machine behaviour." *Nature* 568 (2019): 477–86.

Rheinberger, Hans-Jörg „Begriffsgeschichte epistemischer Objekte". In *Begriffsgeschichte der Naturwissenschaften. Zur historischen und kulturellen Dimension naturwissenschaftlicher Konzepte,* herausgegeben von Falko Schmieder und Ernst Müller, 1–9. Berlin / New York: Walter de Gruyter, 2008.

Roussel, Martin „Schreibmaschine und Handschrift: Drei Szenen zur Ethologie des Schreibens". In *Medien des Wissens: Interdisziplinäre Aspekte von Medialität,* herausgegeben von Georg Mein und Heinz Sieburg. Bielefeld: transcript, 2011.

Sauvagnargues, Anne *Ethologie der Kunst.* Übersetzt von Daniela Voss. Berlin: August, 2019.

Schurig, Volker *Problemgeschichte des Wissenschaftsbegriffs Ethologie: Ursprung, Funktion und Zukunft eines Begründungsspezialisten.* Rangsdorf: Basilisken-Presse, 2014.

— „Wer war der ‚erste Ethologe'? Einige kritische Anmerkungen zur Geschichte der Ethologie". *Biologisches Zentralblatt* 112 (1993): 224–29.

Toepfer, Georg „Der Begriff des Lebens", in *Philosophie der Biologie. Eine Einführung,* herausgegeben von Ulrich Krohs und Georg Toepfer, 157–74. Frankfurt am Main: Suhrkamp, 2005.

— „Ethologie". In Toepfer. *Historisches Wörterbuch der Biologie: Geschichte und Theorie der biologischen Grundbegriffe*, Bd. 1: Analogie–Ganzheit, 461–80. Stuttgart/Weimar: Metzler, 2011.
Wuketits, Franz M. *Die Entdeckung des Verhaltens: eine Geschichte der Verhaltensforschung*. Darmstadt: Wissenschaftliche Buchgesellschaft, 1995.

ZU DEN BEITRÄGERINNEN UND BEITRÄGERN

NOTES ON CONTRIBUTORS

ANDREA ALLERKAMP, W3-Lehrstuhl für Westeuropäische Literaturen an der Europa-Universität Viadrina, von 2011 bis 2015 Sprecherin des DFG-Graduiertenkollegs *lebensformen & lebenswissen*; Mitherausgeberin des Kleist Jahrbuchs (seit 2017); vor 2011 Professuren in Poitiers und Aix-Marseille. Forschungsschwerpunkte: Literatur und Philosophie, Traumkritik, Deutsch-französische Ideengeschichte, Geschichte und Kritik der Ästhetik, Kleist-Forschung. Publikationen zu Kleist, Valéry, Baumgarten et al., zuletzt: *Handbuch Literatur & Philosophie*, hg. mit Sarah Schmidt (Berlin: de Gruyter, Herbst 2021); *Unarten. Kleist und das Gesetz der Gattung*, hg. mit Sebastian Schönbeck und Matthias Preuß (Bielefeld: Transcript, 2019); *Paul Valéry: Für eine Epistemologie der Potentialität*, hg. mit Pablo Valdivia (Heidelberg: Rainer Winter, 2017); *Schönes Denken. Baumgarten im Spannungsfeld zwischen Ästhetik, Logik und Ethik*, hg. mit Dagmar Mirbach (Hamburg: Meiner, 2016); *Gegen/Stand der Kritik*, hg. mit Pablo Valdivia und Sophie Witt (Zürich: Diaphanes, 2015).

KERSTIN ANDERMANN, PD Dr., Habilitation an der Leuphana Universität Lüneburg. Arbeitsschwerpunkte: Frühneuzeit und Philosophie des 20./21. Jahrhunderts. Sozialphilosophie, Kulturphilosophie, Politische Philosophie. Letzte Publikationen: *Die Macht der Affekte. Spinozas Theorie immanenter Individuation* (Hamburg: Meiner, 2020); „Wissen. Wahrheit. Macht. Foucaults ‚Morphologie des Willens zum Wissen'", in *Foucaults Vorlesungen 1970–1984*, hg. Frieder Vogelmann (Wiesbaden: Springer VS, 2020); „Transindividuality. Affective continuity of the social in Spinoza", in *Critical theory and New Materialism*, ed. Bueno Rosa and Henning Gregor (London: Routledge, 2020); „Differenzphilosophie", in *Emotionen. Ein interdisziplinäres Handbuch*, hg. Hermann Kappelhoff et al. (Stuttgart/Weimar: J. B. Metzler, 2019).

VERENA ANDERMATT CONLEY teaches in the Departments of Comparative Literature and Romance Languages and Literature at Harvard University. She has written on ecology and etho-ecology in *Ecopolitics* (1999), *Spatial Ecology* (2013), and in a memoir, *The War Against the Beavers* (2003). She is finishing an essay on inhabiting etho-ecologically, under the title, *Care: Ecology, Technology, Worlds.*

HANJO BERRESSEM has been teaching American Studies at the University of Cologne since 2000. He has published extensively on the work of Thomas Pynchon, contemporary American fiction, media studies, the interfaces of art and science, poststructuralist theories, as well as literature and ecology. In 2019, he published in a tête-bêche format, *Eigenvalue: Vol. 1. On the Gradual Contraction of Media in Movement*; *Vol 2: Contemplating Media in Art [Sound Image Sense]* (Bloomsbury), as well as two companion volumes, *Gilles Deleuze's Luminous Philosophy* and *Félix Guattari's Schizoanalytic Ecology* (both Edinburgh UP). Also in 2019, former students co-edited a book of 26 essays in his honour, *Revisiting Style in Literary and Cultural Studies: Interdisciplinary Articulations* (Lang).

SOPHIA GRÄFE ist wissenschaftliche Mitarbeiterin im DFG-Heisenberg-Projekt „Transdisziplinäre Netzwerke des Medienwissens" an der Philipps-Universität Marburg. Sie studierte Medien- und Kulturwissenschaft in Weimar und Berlin. Von 2015 bis 2018 war sie als wissenschaftliche Mitarbeiterin des Instituts für Kulturwissenschaft der Humboldt-Universität (Lehr- und Forschungsbereich Kulturwissenschaftliche Ästhetik und Kulturtheorie) zu Berlin tätig, 2019 Mitglied des Forschungsschwerpunktes „Lebenswissen" des Leibniz-Zentrums für Kultur- und Literaturforschung in Berlin. Zu ihren Forschungsschwerpunkten gehören die kulturwissenschaftliche Wissenschaftsforschung, die gemeinsame Geschichte von Verhaltensforschung und wissenschaftlichem Film sowie die Überwachungsfilme des ehemaligen Ministeriums für Staatssicherheit (MfS) der DDR. In ihrem Promotionsprojekt entwickelt sie eine Medien- und Wissensgeschichte des Verhaltens.

STEFAN RIEGER Prof. Dr., seit 2007 Professor für Mediengeschichte an der Ruhr-Universität Bochum. Studium der Germanistik und Philosophie. Stipendiat im Graduiertenkolleg Theorie der Literatur (Konstanz), im Anschluss daran Mitarbeiter im Sonderforschungsbereich „Literatur und Anthropologie". Promotion über barocke Datenverarbeitung und Mnemotechnik, Habilitationsschrift zum Verhältnis von Medien und Anthropologie (*Die Individualität der Medien. Eine Geschichte der Wissenschaften vom Menschen* (Frankfurt am Main: Suhrkamp, 2001)). Heisenbergstipendiat der DFG. Aktuelle Arbeits- und Publikationsschwerpunkte: Wissenschafts- und Wissensgeschichte, Medientheorie, Kulturtechniken, Animal Studies, Virtualität. Zuletzt sind von ihm erschienen: *Die Enden des Körpers. Versuch einer negativen Prothetik* (Wiesbaden: Springer VS, 2018); zusammen mit Dawid Kasprowicz, *Handbuch Virtualität* (Heidelberg/Berlin: Springer VS, 2020).

ADRIAN ROBANUS, Dr., Research Assistant. Research focus: Enlightenment; History of the Novel; Literature and Institution; Cultural and Literary Animal Studies; History of Theory; Biographical Theory; Contemporary Poetry. Publications (selection): *Romantiere. Zoopoetik bei Wieland und Wezel* (Stuttgart: Metzler, 2021); *Biography – a Play? Poetologische Experimente einer Gattung ohne Poetik*, hg. Günter Blamberger, Rüdiger Görner (Paderborn: Fink, 2020); „Der Goldne Spiegel: Zoopolitik und ‚gehorsame Handlungsmacht' im Staatsroman", *Seminar. A Journal of Germanic Studies* 56, no. 2 (2020): 92–108; „Kapitel 73: Stubb and Flask kill a Right Whale; and Then Have a Talk over Him. Aberglaube, Seemannsgarn, Geschichtsphilosophie", *Neue Rundschau* 130, no. 1 (2019), 256–64.

MARC RÖLLI, Professor für Philosophie und Prorektor für Hochschulentwicklung und Forschung an der Hochschule für Grafik und Buchkunst (HGB) in Leipzig. Bis 2015 Leiter des Forschungsschwerpunkts „Theorie und Methoden" an der Zürcher Hochschule der Künste (ZHdK) und Full Professor für Philosophie an der Fatih University in Istanbul. Seine Arbeitsschwerpunkte liegen in der Geschichte des anthropologischen Wissens vom 18. Jahrhundert bis in die Gegenwart, in der politischen Ästhetik und in der philosophischen Macht- und Demokratietheorie. Letzte Publikationen: *Macht der Wiederholung* (Wien: Turia + Kant, 2019); *Immanent denken* (Wien: Turia + Kant, 2018); *Vierzig Jahre Überwachen und Strafen,* hg. mit Robert Nigro (Bielefeld: Transcript, 2017); *Gilles Deleuze's Transcendental Empiricism* (Edinburgh: Edinburgh University Press, 2016); *Fines Hominis?* (Bielefeld: Transcript 2015; als Hg.).

MARTIN ROUSSEL, PD Dr., von 2009 bis 2021 Wissenschaftlicher Geschäftsführer des Internationalen Kollegs Morphomata und seit 2021 des Erich Auerbach Institute for Advanced Studies der Universität zu Köln. Mitherausgeber des *Kleist-Jahrbuchs.* Forschungsschwerpunkte:

Literatur vom 18. bis 21. Jahrhundert (u. a. Kleist, Karl May, Robert Walser), Grammatologie der Literatur, (literarische) Ethologie. Zuletzt erschienen: „Life – Death – Writing: Robert Walser's Snow Images", in *Inscribed Identities. Life Writing as Self-Realization*, ed. Joan Ramon Resina (New York / London: Routledge, 2019), 42–60; „On Style, Prospectively: Derrida's Gestures of Circumspection", in *Revisiting Style in Literary and Cultural Studies. Interdisciplinary Articulations*, Jasmin Herrmann et al. (Berlin: Lang, 2019), 67–80; „Urs Widmers *Buch des Vaters* und das metaleptische Erbe der Literatur", *Zeitschrift für deutsche Philologie* 139, no. 4 (2020): 567–90.

MIRJAM SCHAUB, Dr. phil. habil., ist ausgebildete Journalistin und Professorin für Philosophie auf Zeit an der Kunsthochschule Burg Giebichenstein in Halle a. d. Saale. Zuvor war sie Professorin für Ästhetik und Kulturphilosophie am Department Design der HAW Hamburg und Gründungsmitglied des künstlerisch-wissenschaftlichen Graduiertenkollegs „Performing Citizenship", eine Kooperation aus Fundustheater, K3, HCU und HAW Hamburg. Sie promovierte als eine ersten in Deutschland 2001 über Gilles Deleuze und habilitierte sich 2009 über Sinn und Unsinn der Beispiele in Philosophie und Ästhetik (beides an der FU Berlin). Ihre besonderen Interessen gelten der Kunst- und Kulturphilosophie, der Epistemologie sowie der politischen Philosophie. Gerade beendet sie eine Monographie über *Radikalität. Eine andere Geschichte der Popkultur* (voraussichtlich 2022; *Performing Radicality – An Untold History of Pop Culture*). Zusammen mit Reinhold Jaretzky schreibt sie an einem Treatment über (Umberto) Ecos Welt/Ecomania für die Schweizer Produktionsfirma C-Films. Zuletzt erschien der von ihr mitherausgegebene Sammelband *Performing Citizenship* 2019 bei Palgrave Macmillan in London.

ANTHONY UHLMANN, Professor of Literature and a member of the Writing and Society Research Centre at Western Sydney University. His work focuses on the exchanges that take place between literature and philosophy and the way in which literature itself is a kind of thinking about the world. He has written two books on Samuel Beckett, *Beckett and Poststructuralism* (Cambridge: Cambridge UP, 1999) and *Samuel Beckett and the Philosophical Image* (Cambridge: Cambridge UP, 2006). He has also the author of *Thinking in Literature: Joyce, Woolf, Nabokov* (Sydney et al.: Bloomsbury, 2011) and his most recent academic monograph is *J.M. Coetzee, Truth, Meaning, Fiction* (Sydney et al.: Bloomsbury 2020). He is also the author of a novel, *Saint Antony in His Desert* (Perth: University of Western Australia Press, 2018).

STEPHAN ZANDT, Dr., war von 2013 bis 2021 wissenschaftlicher Mitarbeiter am Institut für Kulturwissenschaft der Humboldt-Universität zu Berlin und ist seit 2021 Senior Fellow des Internationalen Forschungszentrums Kulturwissenschaften in Wien. 2019 schloss er seine Promotion mit dem Titel „Die Kultivierung des Geschmacks. Eine Transformationsgeschichte der kulinarischen Sinnlichkeit" an der HU Berlin ab. Zu seinen Forschungsinteressen zählen: Human-Animal-Studies und politische Zoologie; Kulturgeschichte der Ökologie und Ethologie; Kulinarische Anthropologie und Anthropologie der Sinne. Thematisch relevante Publikationen sind et al.: *Andere Ökologien. Transformationen von Mensch und Tier*, hg. mit Iris Därmann (München: Fink, 2017); „Die Tiere der Mythologie", in *Tiere. Ein kulturwissenschaftliches Handbuch*, hg. Roland Borgards (Stuttgart: Metzler, 2017), 271–80; "'Experimental Life' – Tier-Ökonomien im Alltag und in der Ethologie der Moderne", in *Tiere Bilder Ökonomien. Aktuelle Forschungsfragen der Human-Animal-Studies*, hg. Chimaira – Arbeitskreis für Human-Animal-Studies (Bielefeld: transcript, 2013) 137–60.

Bislang in der Morphomata-Reihe erschienen:
The following publications have appeared in Morphomata series so far:

1 Günter Blamberger, Dietrich Boschung (Hrsg.), Morphomata. Kulturelle Figurationen: Genese, Dynamik, Medialität, 2011. ISBN 978-3-7705-5148-4.

2 Martin Roussel (Hrsg.), Kreativität des Findens. Figurationen des Zitats, 2012. ISBN 978-3-7705-5305-1.

3 Jan Broch, Jörn Lang (Hrsg.), Literatur der Archäologie. Materialität und Rhetorik im 18. und 19. Jahrhundert, 2012. ISBN 978-3-7705-5347-1.

4 Dietrich Boschung, Corinna Wessels-Mevissen (Eds.), Figurations of Time in Asia, 2012. ISBN 978-3-7705-5447-8.

5 Dietrich Boschung, Thierry Greub, Jürgen Hammerstaedt (Hrsg.), Geographische Kenntnisse und ihre konkreten Ausformungen, 2012. ISBN 978-3-7705-5448-5.

6 Dietrich Boschung, Julian Jachmann (Hrsg.), Diagrammatik der Architektur, 2013. ISBN 978-3-7705-5520-8.

7 Thierry Greub (Hrsg.), Das Bild der Jahreszeiten im Wandel der Kulturen und Zeiten, 2013. ISBN 978-3-7705-5527-7.

8 Guo Yi, Sasa Josifovic, Asuman Lätzer-Lasar (Eds.), Metaphysical Foundation of Knowledge and Ethics in Chinese and European Philosophy, 2014. ISBN 978-3-7705-5537-6.

9 Wilhelm Voßkamp, Günter Blamberger, Martin Roussel (Hrsg.), Möglichkeitsdenken. Utopie und Dystopie in der Gegenwart, 2013. ISBN 978-3-7705-5554-3.

10 Dietrich Boschung, Sebastian Dohe (Hrsg.), Meisterwerk als Autorität. Zur Wirkmacht kultureller Figurationen, 2013. ISBN 978-3-7705-5528-4.

11 Stefan Niklas, Martin Roussel (Hrsg.), Formen der Artikulation. Philosophische Beiträge zu einem kulturwissenschaftlichen Grundbegriff, 2013. ISBN 978-3-7705-5608-3.

12 Ryōsuke Ōhashi, Martin Roussel (Hrsg.), Buchstaben der Welt - Welt der Buchstaben, 2014. ISBN 978-3-7705-5609-0.

13 Thierry Greub (Hrsg.), Cy Twombly. Bild, Text, Paratext, 2014. ISBN 978-3-7705-5610-6.

14 Günter Blamberger, Sebastian Goth (Hrsg.), Ökonomie des Opfers. Literatur im Zeichen des Suizids, 2014. ISBN 978-3-7705-5611-3.

15 Sabine Meine, Günter Blamberger, Björn Moll, Klaus Bergdolt (Hrsg.), Auf schwankendem Grund. Schwindel, Dekadenz und Tod im Venedig der Moderne, 2014. ISBN 978-3-7705-5612-0.

16 Larissa Förster (Ed.), Transforming Knowledge Orders: Museums, Collections and Exhibitions, 2014. ISBN 978-3-7705-5613-7.

17 Sonja A.J. Neef, Henry Sussman, Dietrich Boschung (Eds.), Astroculture. Figurations of Cosmology in Media and Arts, 2014. ISBN 978-3-7705-5617-5.

18 Günter Blamberger, Sidonie Kellerer, Tanja Klemm, Jan Söffner (Hrsg.), Sind alle Denker traurig? Fallstudien zum melancholischen Grund des Schöpferischen in Asien und Europa, 2015. ISBN 978-3-7705-5724-0.

19 Dietrich Boschung, Ludwig Jäger (Hrsg.), Formkonstanz und Bedeutungswandel, 2014. ISBN 978-3-7705-5710-3.

20 Dietrich Boschung, Jan N. Bremmer (Eds.), The Materiality of Magic, 2015. ISBN 978-3-7705-5725-7.

21 Georgi Kapriev, Martin Roussel, Ivan Tchalakov (Eds.), Le Sujet de l'Acteur: An Anthropological Outlook on Actor-Network Theory, 2014. ISBN 978-3-7705-5726-4.

22 Dietrich Boschung, Alfred Schäfer (Hrsg.), Römische Götterbilder der mittleren und späten Kaiserzeit, 2015. ISBN 978-3-7705-5727-1.

23 Dietrich Boschung, Alan Shapiro, Frank Wascheck (Eds.), Bodies in Transition. Dissolving the Boundaries of Embodied Knowledge, 2015. ISBN 978-3-7705-5808-7.

24 Dietrich Boschung, Christiane Vorster (Hrsg.), Leibhafte Kunst. Statuen und kulturelle Identität, 2015. ISBN 978-3-7705-5809-4.

25 Eva-Maria Hochkirchen, Gerardo Scheige, Jan Söffner (Hrsg.), Stimmungen des Todes und ihre Bestimmung. Ein Experiment, 2015. ISBN 978-3-7705-5810-0.

26 Dietrich Boschung, Marcel Danner, Christine Radtki (Hrsg.), Politische Fragmentierung und kulturelle Kohärenz der Spätantike, 2015. ISBN 978-3-7705-5811-7.

27 Ingo Breuer, Sebastian Goth, Björn Moll, Martin Roussel (Hrsg.), Die Sieben Todsünden, 2015. ISBN 978-3-7705-5816-2.

28 Eva Youkhana, Larissa Förster (Eds.), GraffiCity. Visual practices and contestations in urban space, 2015. ISBN 978-3-7705-5909-1.

29 Dietrich Boschung, Jürgen Hammerstaedt (Hrsg.), Das Charisma des Herrschers, 2015. ISBN 978-3-7705-5910-7.

30 Dietrich Boschung (Hrsg.), Archäologie als Kunst. Archäologische Objekte und Verfahren in der bildenden Kunst des 18. Jh.s und der Gegenwart, 2015. ISBN 978-3-7705-5950-3.

31 Dietrich Boschung, Patric Kreuz, Tobias Kienlin (Eds.), Biography of Objects. Aspekte eines kulturhistorischen Konzepts, 2015. ISBN 978-3-7705-5953-4.

32 Dietrich Boschung, Alexandra Busch, Miguel John Versluys (Eds.), Reinventing 'The invention of tradition'? Indigenous Pasts and the Roman Present, 2015. ISBN 978-3-7705-5929-5.

33 Michael Squire, Johannes Wienand (Eds.), *Morphogrammata* / The Lettered Art of Optatian. Figuring Cultural Transformations in the Age of Constantine, 2017. ISBN 978-3-7705-5809-4.

34 Dietrich Boschung, François Queyrel (Hrsg.), Bilder der Macht. Das griechische Porträt und seine Verwendung in der antiken Welt, 2017. ISBN 978-3-7705-6126-1.

35 Thierry Greub, Martin Roussel (Hrsg.), Figurationen des Porträts, 2018. ISBN 978-3-7705-6223-7.

36 Dietrich Boschung, Werke und Wirkmacht. Morphomatische Reflexionen zu archäologischen Fallstudien, 2017. ISBN 978-3-7705-6282-4.

37 Thierry Greub (Ed.), Cy Twombly: Image, Text, Paratext, 2018. ISBN 978-3-7705-6283-1.

38 Dietrich Boschung, Julian Jachmann (Hrsg.), Selbstentwurf. Das Architektenhaus von der Renaissance bis zur Gegenwart, 2018. ISBN 978-3-7705-6281-7.

39 Michael Squire, Paul Kottman (Eds.), The Art of Hegel's Aesthetics. Hegelian Philosophy and the Perspectives of Art History, 2018. ISBN 978-3-7705-6285-5.

40 Dietrich Boschung, François Queyrel (Hrsg.), Porträt als Massenphänomen – Le portrait comme phénomène de masse, 2019. ISBN 978-3-7705-6422-4.

41 Dietrich Boschung, Alfred Schäfer (Hrsg.), Monumenta Illustrata. Raumwissen und antiquarische Gelehrsamkeit, 2019. ISBN 978-3-7705-6427-9.

42 Günter Blamberger, Dietrich Boschung (Eds.), Competing Perspectives. Figures of Image Control, 2019. ISBN 978-3-7705-6490-3.

43 Anja Bettenworth, Dietrich Boschung, Marco Formisano (Eds.), For Example. Martyrdom and Imitation in Early Christian Texts and Art, 2020. ISBN 978-3-7705-6526-9.

44 Dietrich Boschung, Art and Efficacy. Case Studies from Classical Archaeology, 2020. ISBN 978-3-7705-6562-7.

45 Dietrich Boschung, François Queyrel (Hrsg.), Formats et fonctions du portrait – Formate und Funktionen des Porträts, 2021. ISBN 978-3-7705-7057-7.

46 Thierry Greub (Hrsg.), Revisionen des Porträts: Jenseits von Mimesis und Repräsentation, 2020. ISBN 978-3-7705-6561-0.

47 Günter Blamberger, Rüdiger Görner, Adrian Robanus (Eds.), Biography – A Play? Poetologische Experimente mit einer Gattung ohne Poetik, 2020. ISBN 978-3-7705-6535-1.

48 Dietrich Boschung, François Queyrel (Hrsg.), Porträt und soziale Distinktion – Portrait et distinction social, 2020. ISBN 978-3-7705-6611-2.

49 Dietrich Boschung, Effigies. Antikes Porträt als Figuration des Besonderen, 2021. ISBN 978-3-7705-6619-8.

50 Dietrich Boschung, Alfred Schäfer, Marcus Trier (Hrsg.), Erinnerte Macht. Antike Herrschergräber in transkultureller Perspektive, 2021. ISBN 978-3-7705-6611-2.

51 Dietrich Boschung, Ludwig Jäger (Hrsg.), ›Wort‹ und ›Stein‹. Differenz und Kohärenz kultureller Ausdrucksformen, 2021. ISBN 978-3-7705-7061-4.

52 Thierry Greub, Sinah Theres Kloß, Thoralf Schröder (Hrsg.), Kontextwechsel und Bedeutung, 2021. ISBN 978-3-7705-7062-1.

53 Dietrich Boschung, Effigies. Ancient Portraiture as a Figuration of the Particular, 2021. ISBN 978-3-7705-6652-5.